EXPLICATION PRATIQUE

DE LA

LOI DU 29 JUILLET 1881

SUR

LA PRESSE

D'APRÈS

LES TRAVAUX PARLEMENTAIRES ET LA JURISPRUDENCE

PAR

GUSTAVE DUTRUC

AVOCAT, ANCIEN MAGISTRAT,

Rédacteur en chef du *Journal du Ministère public* et de plusieurs autres
Recueils judiciaires.

PARIS

| BUREAUX | MARCHAL, BILLARD et Co |

du JOURNAL DU MINISTÈRE PUBLIC | LIBRAIRES-ÉDITEURS

19, rue de Lille. | place Dauphine, 27.

1882

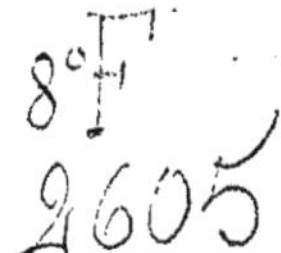

Paris. — Imprimerie L. BAUDOIN, rue Christine, 2.

AVERTISSEMENT

Ce livre n'a pas le privilège d'arriver le premier ; il a été précédé par diverses publications écloses presque aussitôt après la promulgation de la loi dont il renferme le commentaire.

Mais il a l'avantage de paraître à l'heure où le nouveau régime de la presse a subi déjà l'épreuve instructive de l'application et où la jurisprudence a résolu les difficultés que cette première application devait faire surgir.

Il n'aura pas un succès de nouveauté. Puisse-t-il se recommander par son utilité réelle, par les services qu'il rendra en présentant, à côté des enseignements tirés de la législation précédente et des travaux préparatoires de la loi nouvelle, l'interprétation consacrée par la jurisprudence, et particulièrement, avec l'autorité souveraine qui leur est réservée, par les arrêts de la Cour suprême !

Un long exercice de la critique judiciaire aura mis peut-être l'auteur en mesure d'imprimer à son œuvre un caractère doctrinal propre à lui permettre de trouver, à la suite des publications plus hâtives, la place qui n'est jamais refusée aux travaux où la vérité est consciencieusement recherchée.

Le plan de l'ouvrage est simple. L'auteur a conservé, en les modifiant à peine, les divisions très rationnelles qu'a adoptées la loi du 29 juillet 1881. A la forme du commentaire proprement dit, qui présente l'inconvénient de scinder tantôt l'exposé de l'économie de la loi, tantôt les explications qu'exigent des textes appartenant au même ordre d'idées, il a préféré celle du traité, qui *permet de donner à certains développements l'unité nécessaire, et de faire des appréciations d'ensemble sans lesquelles on risquerait souvent de ne pas saisir exactement l'esprit dans lequel le législateur a statué.*

Pour offrir au lecteur un moyen facile d'embrasser, en quelque sorte d'un coup d'œil, le contenu des différentes divisions de l'ouvrage, un sommaire concis, quoique détaillé, est placé en tête de chacune d'elles, et à la fin du volume une table alphabétique des matières permet de trouver sans peine le point sur lequel on désire un éclaircissement.

Le texte de la loi, dont les termes sont reproduits au fur et à mesure des explications qu'il comporte, est encore inséré dans son ensemble, et d'après le Journal officiel *et le* Bulletin des Lois, *à la suite du traité. — L'auteur a également donné, avec les explications nécessaires, le texte du décret du 14 mars 1882, concernant l'exécution de la loi du 29 juillet 1881 en Algérie et dans les colonies, celui de la loi complémentaire de cette même date, 29 juillet 1881, et celui de la loi du 2 août 1882, relative à l'outrage aux bonnes mœurs.*

Enfin, des tableaux disposés en notes présentent, les uns la répartition des diverses infractions entre les trois juridictions (Cours d'assises, tribunaux correctionnels, tribunaux de police) appelées à en connaître, les autres la nomenclature des délits supprimés par la loi nouvelle et la liste des textes législatifs se rattachant à la matière de la presse qu'elle n'a pas abrogés.

On vient d'indiquer ce que l'auteur a fait pour tâcher de rendre son livre digne de la bienveillance du public. Si cette nouvelle publication rencontre la même sympathie que ses précédents travaux, il sera payé de ses efforts.

EXPLICATION PRATIQUE

LOI SUR LA PRESSE

DU 29 JUILLET 1881

OBSERVATIONS PRÉLIMINAIRES.

La loi du 29 juillet 1881 a réalisé deux précieux avantages, depuis longtemps attendus : — un progrès considérable dans la voie de la liberté de la presse ; — l'unité dans la législation sur cette matière si délicate et si féconde en débats.

Par l'abrogation qu'elle prononce de tous les actes législatifs antérieurs sur la presse, la loi nouvelle a singulièrement facilité la tâche soit des écrivains qui ont à observer les prescriptions du législateur, soit des magistrats qui ont à en requérir ou à en faire l'application. Mais si homogène et si complète qu'elle puisse paraître, toute législation, — c'est le sort commun des œuvres humaines, — a ses obscurités et ses lacunes, et réclame, de la part des jurisconsultes et des tribunaux, une interprétation qui, trop trouvent, n'est pas sans difficulté.

A peine promulguée, la loi du 29 juillet 1881 a été l'objet de commentaires intéressants, et a provoqué, par sa mise à exécution, un certain nombre de décisions judiciaires. En même temps, le garde des sceaux s'est efforcé d'en préciser le sens et la portée dans une circulaire adressée aux procureurs généraux.

Il m'a paru néanmoins qu'il y avait encore place pour une étude moins hâtive et plus pratique de cette loi. C'est le travail que j'entreprends ici. Rechercher la pensée du législateur dans les rapports qui ont été présentés et dans les discussions qui se sont produites à la Chambre des députés et au Sénat; la pressentir, lorsque ces documents sont silencieux, à l'aide d'un rapprochement entre l'ancienne et la nouvelle législation, ou d'après l'économie générale de cette dernière ; contrôler mes appréciations personnelles par l'examen soit des opinions émises dans la circulaire ministérielle et dans les publications récentes que j'ai signalées plus haut, soit des solutions consacrées par une jurisprudence dont je recueille chaque jour les monuments : tel est le plan que je me propose de suivre et qui, si je ne me trompe, me permettra de jeter quelque clarté sur les points que le texte de la loi du 29 juillet 1881 ne met pas suffisamment en lumière.

Les matières étant divisées d'une façon très rationnelle dans la loi nouvelle (1), j'adopterai cette division même pour mon travail, sans lui donner précisément la forme du commentaire, qui a parfois l'inconvénient de scinder d'une manière fâcheuse l'exposé de la théorie de la loi.

CHAPITRE Ier.

DE L'IMPRIMERIE ET DE LA LIBRAIRIE.

SOMMAIRE.

1. Liberté de l'imprimerie et de la librairie.
2. Professions analogues.
3. Librairie permanente. — Librairie accidentelle. — Profession de colporteur.
4. Suite.
5. Indication du nom et du domicile de l'imprimeur.
6. Fausse désignation.
7. Dispense de cette indication pour les ouvrages de ville ou bilboquets, mais non pour les bulletins de vote et les circulaires industrielles ou commerciales.
8. Dépôt au ministère de l'intérieur.
9. Exemption pour les bulletins de vote et les circulaires industrielles et commerciales aussi bien que pour les ouvrages de ville ou bilboquets.
10. Le dépôt est exigé pour les réimpressions.
11. L'imprimeur n'est pas tenu de le faire avant la publication. Il ne peut le faire après.
12. Mention du titre de l'imprimé et du chiffre du tirage. — Cette dernière mention permet d'apprécier l'opportunité de la poursuite.

---

(1) Voy. le texte de la loi à la fin du présent ouvrage.

13. La mention du titre de l'imprimé détermine le droit de priorité à l'égard des ouvrages portant le même titre.
14. La prescription de ces deux mentions est-elle sanctionnée par la peine prononcée contre l'omission du dépôt ?
15. Suite.
16. Par qui doit être fait le dépôt.
17. Les contraventions prévues par les art. 2 et 3 ne peuvent être excusées par la bonne foi.
18. A quels imprimés ou reproductions ces articles sont applicables. — Nombre des exemplaires à déposer pour les estampes et la musique.
19. Pour les reproductions autres que les imprimés.
20. Un amendement tendant à faire déclarer que, pour tous les imprimés à poids égal à celui des journaux, le service de la poste serait fait aux mêmes prix et conditions que pour ceux-ci, n'a pas été adopté.

1. Le décret du 10 sept. 1870, en déclarant libres les professions d'imprimeur et de libraire, avait soumis cependant les personnes qui voulaient exercer l'une ou l'autre de ces professions à l'obligation d'en faire la déclaration au ministère de l'intérieur. La loi du 29 juill. 1881 a supprimé cette restriction. « L'imprimerie et la librairie sont libres », porte en termes absolus son art. 1ᵉʳ, qui a été voté sans discussion par les deux Chambres.

2. On ne saurait d'ailleurs douter que cette disposition s'applique aux professions qui sont étroitement liées à celle d'imprimeur, et qui n'étaient anciennement réglementées que parce que l'imprimerie l'était elle-même, comme celles de fondeur de caractères, de clicheur, etc. — V. Faivre et Benoît Lévy, *Code manuel de la presse*, p. 32.

3. Dans son rapport à la Chambre des députés, M. Lisbonne faisait remarquer, relativement à la librairie, que le projet de loi ne distinguait pas entre la librairie permanente et la librairie accidentelle ; et cette observation est reproduite par M. Petit, dans son opuscule intitulé : *Texte de la loi sur la presse du 29 juill.* 1881, *commenté par la circulaire ministérielle relative à son exécution*, p. 45, à la note. Je n'en vois pas bien l'à-propos. Si elle a été inspirée par le souvenir de la distinction que la jurisprudence établissait, sous l'empire de l'art. 6 de la loi du 27 juill. 1849, quant au droit de vendre les journaux à domicile, entre le libraire exerçant sa profession d'une manière sérieuse et permanente et l'individu qui, sous les apparences de cette profession, déguisait un véritable colportage (Voy. notamment les décisions mentionnées dans le *Journ. du Minist. publ.*, t. 19,

p. 109, et t. 20, p. 172 et suiv.), elle paraîtrait impliquer que l'art. 1ᵉʳ de la loi nouvelle met, au contraire, sur la même ligne le colportage et la librairie, ce qui serait manifestement inexact, puisque les art. 18 et 19 subordonnent à une déclaration l'exercice de la profession de colporteur. Et dans le cas où l'observation dont il s'agit aurait simplement pour objet d'expliquer que la liberté proclamée par l'art. 1ᵉʳ est assurée à celui qui n'exerce la profession de libraire que momentanément ou provisoirement, aussi bien qu'à celui pour qui cet exercice est définitif ou durable, le caractère général et absolu de la disposition de l'art. 1ᵉʳ la rend tout à fait superflue.

4. C'est avec plus de justesse que MM. Faivre et Benoît-Levy, p. 32, recommandent de ne pas confondre, au point de vue de la liberté de la profession, le libraire, qui est essentiellement sédentaire, avec le colporteur, qui est essentiellement ambulant.

5. La loi du 29 juill. 1881 n'a retenu, des diverses dispositions qui régissaient l'imprimerie, que celles concernant l'indication du nom et du domicile de l'imprimeur sur les écrits qui sortent de ses presses et le dépôt de deux exemplaires au ministère de l'intérieur. — L'art. 2 dispose : « Tout imprimé rendu public, à l'exception des ouvrages dits de ville ou bilboquets, portera l'indication du nom et du domicile de l'imprimeur, à peine, contre celui-ci, d'une amende de 5 francs à 15 fr. — La peine de l'emprisonnement pourra être prononcée, si, dans les douze mois précédents, l'imprimeur a été condamné pour contravention de même nature. »

Selon la remarque du rapport à la Chambre des députés, cette disposition, destinée seulement à assurer la responsabilité de l'imprimeur, ne saurait être considérée comme restrictive de la liberté de l'imprimerie ; elle atténue d'ailleurs considérablement la pénalité qu'édictait la législation antérieure.

6. Ainsi que le dit très bien la circulaire du garde des sceaux, une fausse désignation de l'imprimeur équivaudrait à l'omission et serait punie comme elle.

7. Un député, M. Logerotte, avait présenté un amendement tendant à dispenser de l'indication du nom et du domicile de l'imprimeur les bulletins de vote, les circulaires industrielles et commerciales et les ouvrages dits de ville ou bilboquets. Il a reconnu ensuite que la suppression de cette indication sur les deux premières sortes d'imprimés ne serait pas sans inconvénients, et il a restreint sa proposition à ceux de la dernière es-

pèce, en signalant la nécessité qu'il y avait de faire cesser, par une disposition précise, l'incertitude dans laquelle se trouvaient les imprimeurs, placés entre l'usage qui affranchissait les ouvrages de ville de l'indication dont il s'agit, et la jurisprudence de la Cour de cassation qui la déclarait obligatoire pour tous les écrits sans distinction (V. Rolland de Villargues, *Code des lois de la presse*, p. 5). L'amendement ainsi réduit a été accepté par la commission et voté sans discussion par la Chambre. Et le Sénat, de son côté, n'a fait aucune difficulté d'adopter l'art. 2 avec cette modification.

8. C'est aussi sans aucun débat que les deux Chambres ont adopté l'art. 3, ainsi conçu : « Au moment de la publication de tout imprimé, il en sera fait, par l'imprimeur, sous peine d'une amende de 16 francs à 300 francs, un dépôt de deux exemplaires, destinés aux collections nationales.—Ce dépôt sera fait au ministère de l'intérieur, pour Paris; à la préfecture, pour les chefs-lieux de département; à la sous-préfecture, pour les chefs-lieux d'arrondissement; et, pour les autres villes, à la mairie.—L'acte de dépôt mentionnera le titre de l'imprimé et le chiffre du tirage. —Sont exceptés de cette disposition les bulletins de vote, les circulaires commerciales ou industrielles et les ouvrages dits de villes ou bilboquets. » Seulement, au Sénat, M. de Rozière, ne trouvant point suffisamment efficace le mode de dépôt prescrit par cet article, a annoncé l'intention de saisir prochainement cette assemblée d'une proposition de loi destinée à le perfectionner.

9. Ici, comme on vient de le voir, l'exemption n'est pas limitée aux ouvrages de ville ou bilboquets; elle s'étend aux bulletins de vote et aux circulaires commerciales ou industrielles. Comment, en effet, exigerait-on le dépôt de semblables écrits, alors que les exemplaires déposés sont destinés aux collections nationales? Sous la législation précédente, la Cour de cassàtion avait bien assimilé les circulaires commerciales aux ouvrages de ville, quant à la double formalité de la déclaration et du dépôt (arrêt du 5 juill. 1845); mais elle avait refusé cette immunité aux bulletins électoraux (arrêt du 11 janv. 1856).

10. La jurisprudence qui, avant la loi nouvelle, décidait que la réimpression d'un ouvrage donnait lieu au dépôt tout aussi bien que l'impression faite pour la première fois (Cass., 12 déc. 1822, 6 juill. 1832, 18 juill. 1833 et 5 août 1834; Paris, 25 nov. 1837; Aix, 22 nov. 1855), doit incontestablement être suivie encore aujourd'hui.

11. Le dépôt doit avoir lieu au moment de la publication ; il n'a pas besoin, comme pour les lois antérieures, de la précéder. Mais il doit être opéré aussitôt que le premier exemplaire est rendu public (circulaire du garde des sceaux). Effectué après la publication, il ne mettrait pas obstacle à la poursuite. — Paris, 2 mai 1849.

12. La disposition du paragraphe 3 de l'art. 3, d'après laquelle l'acte de dépôt doit mentionner le titre de l'imprimé et le chiffre du tirage, a été introduite dans la loi par la commission du Sénat, qui l'a empruntée, en ce qui concerne cette dernière mention, à l'art. 7 de la loi du 27 juill. 1849. « On pourrait dire, pour justifier cette disposition, observe le rapport de M. Pelletan, que le titre d'un ouvrage constitue une propriété ; qu'il importait de fixer le droit de priorité par l'acte de dépôt ; qu'il importait non moins de constater le chiffre du tirage. Quand un auteur vend une édition, il la vend tirée à un nombre déterminé d'exemplaires ; si l'acte de dépôt ne le constate pas authentiquement, quel sera le moyen de vérifier, en cas de litige, que ce nombre a été ou n'a pas été dépassé ? Mais la commission n'avait pas à s'occuper de la propriété littéraire ; elle s'est surtout placée au point de vue de la répression ; elle a pensé que l'importance du tirage serait, en certain cas, un motif déterminant de la poursuite : une publication tirée à quelques exemplaires pourrait ne présenter aucun danger, tandis qu'elle pourrait en offrir un si le tirage était considérable. »

Ainsi, les magistrats du parquet pourront apprécier, d'après le chiffre du tirage de l'imprimé, si, dans le cas où il aurait un caractère délictueux, il convient ou non de le déférer aux tribunaux.

13. Quant à la mention du titre de l'imprimé, elle aura pour résultat de fixer le droit de priorité en cas de dépôt de plusieurs ouvrages portant le même titre. — Faivre et Benoît-Levy, p. 38.

14. Mais quelle est la sanction de la double prescription de ce paragraphe 3 ? Pour que la disposition fût complète, elle aurait dû, comme l'art. 7 déjà rappelé de la loi de 1849, exiger de la part de l'imprimeur, sous peine d'amende, une déclaration dont il lui aurait été donné récépissé. Elle se borne à dire que *l'acte de dépôt* devra contenir les mentions qui viennent d'être indiquées. L'acte de dépôt, si l'on s'en tient à l'acception ordinaire de cette xpression, semble devoir s'entendre de la constatation du dépôt faite par l'agent de l'administration, et non d'une déclaration de l'imprimeur; mais comme l'agent de l'administration ne peut mentionner dans cet acte de dépôt le chiffre du tirage que d'après les indications de l'imprimeur, il faut bien admettre que ce dernier est tenu de faire une déclaration à cet égard en effectuant le dépôt. Seulement, il est permis de se demander si le défaut de déclaration ou une déclaration inexacte constitue, à la charge de l'imprimeur, une infraction punissable.

15. Tandis que l'art. 7 de la loi de 1849 déclarait passible d'une amende de 100 à 500 francs toute infraction à ses dispositions, et, par conséquent, à celle concernant la déclaration du nombre d'exemplaires tirés, l'art. 3 de la loi du 29 juill. 1881 commence par frapper d'une amende de 16 francs à 500 francs l'omission du dépôt, sans étendre ensuite cette pénalité au défaut de mention soit du titre de l'imprimé, soit du chiffre du tirage. Pour décider néanmoins qu'elle est applicable à ce dernier cas, il faudrait admettre que, dans la pensée de la loi, le dépôt, la déclaration de l'imprimeur et l'acte qui en est dressé ne constituent qu'une seule et même formalité, indivisible dans son ensemble. Or, la contexture de l'article résiste à une semblable induction, que doit également faire repousser l'origine du troisième paragraphe de l'art. 3. En ajoutant ce paragraphe aux dispositions qui prescrivent le dépôt, sous peine d'amende, et déterminent les endroits où il y a lieu de l'opérer, la commission du Sénat aurait dû se référer au § 1er qui édicte cette peine. Si elle a gardé le silence sur ce point, et si le texte de son amendement a passé sans modification dans la loi, il ne saurait appartenir aux interprètes de celle-ci de combler cette lacune, fût-il certain qu'elle a été involontaire.—V. toutefois Faivre et Benoît-Lévy, p. 39.

16. Le dépôt doit être fait par l'imprimeur lui-même; ce dernier ne peut s'en remettre de ce soin à la personne pour laquelle il imprime.—Caen, 29 nov. 1849. Cette solution n'est pas moins exacte sous la loi nouvelle qu'elle ne l'était sous la législation précédente.

17. Il convient de remarquer que les infractions prévues par les art. 2 et 3 étant purement matérielles, constituent des contraventions que la bonne foi ne saurait excuser, — Faivre et Benoit-Lévy, p. 34 et 38. — Compar. Cass., 21 fév. 1824, 3 juin 1826, 8 avr. 1836, 15 sept. 1837 et 21 janv. 1854; Metz, 31 août 1833; Montpellier, 1er fév. 1847.

18. Le projet de la commission de la Chambre des députés

contenait, sous l'art. 6 qui est devenu l'art. 4, une seule prescription portant : « Les dispositions qui précèdent (celles des art. 2 et 3 actuels) sont applicables à tous les genres d'imprimés ou de reproductions destinés à être publiés. » A cette disposition, dont l'adoption n'a fait aucune difficulté, ni à la Chambre des députés, ni au Sénat, M. Fallières, sous-secrétaire d'Etat de l'intérieur, a proposé et la Chambre a décidé d'ajouter un paragraphe qui n'est que la consécration de ce qui existait déjà, et conçu en ces termes : « Toutefois, le dépôt prescrit par l'article précédent sera de trois exemplaires pour les estampes et la musique. »

19. Au Sénat, M. Bozérian a présenté un amendement tendant à compléter ce paragraphe additionnel en le terminant par les mots : « et en général les reproductions autres que les imprimés. » Pour justifier cette proposition, il a fait observer qu'en dehors des estampes et de la musique, on publie encore beaucoup d'autres œuvres destinées à être reproduites, par exemple, les dessins, les gravures, les photographies, les photo-gravures, etc. Pour de telles reproductions, combien faudra-t-il déposer d'exemplaires ? Devra-t-on les assimiler aux imprimés, ou les ranger dans la catégorie des estampes ? Avec le texte proposé toute difficulté disparaît. « Ainsi, disait M. Bozérian, tout ce qui sera imprimé devra être déposé à deux exemplaires, tout ce qui ne sera pas imprimé devra être déposé à trois exemplaires. »

L'amendement, auquel a adhéré la commission du Sénat, a été adopté successivement, sans discussion, par les deux Chambres.

20. Lors de la deuxième délibération à la Chambre des députés, un membre de cette assemblée, M. Sourigues, avait proposé d'ajouter encore à l'art. 4 une disposition conçue en ces termes : « Pour tous imprimés, sous quelque forme qu'ils se produisent, mais à poids égal avec celui des journaux, le service de la poste sera fait aux mêmes prix et conditions que pour ces derniers. » Bien que l'auteur de cet amendement se soit défendu de vouloir y viser une question fiscale, et se soit efforcé de le justifier par l'unique désir d'assurer aux citoyens qui veulent, par exemple, repousser dans une brochure des imputations outrageantes ou diffamatoires dirigées contre eux par un journal, la même faveur qu'aux journalistes, la commission d'abord et la

Chambre ensuite ont écarté cette proposition, qui n'avait en effet qu'un rapport éloigné avec l'objet de l'art. 4.

CHAPITRE II.

DE LA PRESSE PÉRIODIQUE.

§ 1er. — *Du droit de publication, de la gérance, de la déclaration et du dépôt au parquet.*

SOMMAIRE.

21. La loi nouvelle a pour objet de concilier ces deux principes essentiels en matière de presse : la liberté et la responsabilité.

22. Une simple déclaration suffit à celui qui veut publier un journal. La loi n'exige plus ni autorisation ni cautionnement.

23. Le papier employé à l'impression des journaux cesse d'être soumis à la surtaxe établie par la loi du 4 sept. 1871.

24. Gérance.—Dépôt au parquet.

25. La déclaration préalable doit être faite au parquet. Un amendement qui demandait qu'elle fût faite à la préfecture a été rejeté.

26. Elle n'a pas besoin d'énoncer le nom et la demeure des propriétaires.

27. Ni d'être accompagnée du dépôt des titres de propriété du journal.

28. La déclaration doit être faite avant la publication; mais celle-ci peut la suivre immédiatement.

29. Ce qu'il faut entendre par le titre et le mode de publication du journal, que doit indiquer la déclaration.—Énonciation du nom et de la demeure du gérant.—Indication de l'imprimerie.

30. Déclaration des mutations. — Délai.

31. Signature du gérant. Celle des propriétaires n'est pas exigée.

32. Récépissé de la déclaration. Il ne peut être refusé par le parquet; mais celui-ci doit contrôler avec soin les énonciations de la déclaration.

33. Il convient que les magistrats du parquet transmettent des copies des déclarations aux préfets ou sous-préfets, ou se concertent avec ces fonctionnaires pour qu'ils puissent en recevoir communication sur place.

21. De la discussion générale du projet de la commission à la Chambre des députés (séance du 24 janvier 1881), une idée fondamentale se dégage ; c'est que la loi nouvelle a pour objectif de concilier deux principes également essentiels en matière de presse : la liberté et la responsabilité. Elle consacre la liberté en supprimant toutes les mesures préventives; elle assure la responsabilité en prenant pour règle le droit commun. Je n'ai à envisager en ce moment que le premier de ces deux principes, et je le trouve formulé dans l'art. 5, qui porte : « Tout journal ou écrit périodique peut être publié sans autorisation préalable et sans dépôt de cautionnement, après la déclaration prescrite par l'art. 7 ». V. ci-après, n. 25.

22. Ainsi, une simple déclaration suffit désormais à celui qui veut publier un journal ou écrit périodique, de quelque nature qu'il soit. Non seulement l'autorisation n'est plus nécessaire, soit pour la publication des journaux, qui en avait d'ailleurs été déjà affranchie par la loi du 11 mai 1868, soit pour celle des dessins, gravures, etc., qui, même sous cette loi, s'y trouvait encore soumise, en vertu de l'art. 22 du décret du 17 février 1852; mais la garantie du cautionnement, qui n'avait été supprimée par le gouvernement de la défense nationale (décret du 10 oct. 1870), que pour être bientôt rétablie par la loi du 6 juillet 1871, a définitivement disparu. « D'origine essentiellement censitaire, le cautionnement, a dit M. Lisbonne dans son rapport à la Chambre des députés, est un non-sens dans un pays de suffrage universel. Qui a le droit de voter doit avoir la liberté d'écrire, ainsi que la liberté de parler : aucun obstacle préventif ne doit y être apporté. Contraire au droit, à la raison, au principe même de nos institutions politiques, ce dernier vestige du système préventif doit disparaître de notre législation. Le cautionnement n'existe ni en Belgique, ni en Suisse, ni en Italie, ni en Hollande, ni en Espagne, ni en Bavière, ni en Suède, ni en Norwège, ni en Danemark, etc. »

Ces réflexions n'ont trouvé de contradicteur ni à la Chambre ni au Sénat.

23. La nécessité de l'autorisation pour les dessins, gravures, etc., et le cautionnement pour les journaux ou écrits périodiques traitant de matières politiques ou d'économie sociale, n'étaient pas les seules entraves auxquelles la loi de 1868 eût laissé la presse assujettie; elle n'avait point abrogé l'art. 6 du décret du 17 février 1852, qui avait soumis à un droit de timbre les jour-

naux et écrits périodiques autres que ceux qui étaient exclusivement relatifs aux lettres, aux sciences, aux arts et à l'agriculture, et les recueils périodiques de gravures ou lithographies politiques d'une étendue déterminée. Le gouvernement de la défense nationale abolit cette mesure fiscale par un décret du 5 septembre 1870; mais la loi du 4 septembre 1871 y substitua un autre impôt. Par son art. 7, elle frappa d'une surtaxe de 20 fr. par 100 kilogrammes le papier employé à l'impression des journaux et autres publications périodiques assujetties au *cautionnement*. Comme le constatent deux circulaires du directeur général des contributions indirectes et du directeur général des douanes, en date, la première du 3 juillet 1881, et la seconde du 6 août suivant, l'art. 5 de la nouvelle loi sur la presse, en affranchissant tout journal du dépôt d'un cautionnement, a par cela même abrogé la disposition susappelée de l'art. 7 de la loi du 4 sept. 1871. Le papier servant à l'impression des journaux ne se trouve plus soumis dès lors qu'au droit de 10 fr. par 100 kilogrammes, établi par le même article sur tous les papier à imprimer ou à dessiner en général.

24. Si la création de toute publication périodique devait être absolument libre, le principe de la responsabilité de l'auteur de la publication exigeait cependant que certaines mesures fussent prescrites pour déterminer la personne qui assume cette responsabilité, et pour permettre à l'autorité investie de l'action répressive de s'assurer si l'écrit publié ne renferme rien de délictueux. Tel est l'objet des art. 6 et 10 de la loi du 29 juill. 1881, relatifs l'un à la gérance, l'autre au dépôt d'un certain nombre d'exemplaires au parquet.

25. Avant d'entrer dans le détail de ces dispositions, il convient d'examiner les conditions auxquelles est soumise la déclaration que doit faire le fondateur d'un journal ou écrit périodique. L'art. 7 de la loi nouvelle dispose :

« Avant la publication de tout journal ou écrit périodique, il sera fait, au parquet du procureur de la République, une déclaration contenant : — 1° Le titre du journal ou écrit périodique et son mode de publication ; — 2° Le nom et la demeure du gérant ; — 3° L'indication de l'imprimerie où il doit être imprimé. — Toute mutation dans les conditions ci-dessus énumérées sera déclarée dans les cinq jours qui suivront. »

A la Chambre des députés, M. de Janzé avait proposé un amendement suivant lequel le premier paragraphe de l'art. 7

aurait commencé par ces mots : « Cinq jours avant la publication de tout journal ou écrit périodique, il sera fait, à Paris, à la préfecture de police, et dans les départements, à la préfecture, une déclaration contenant... » (le reste comme dans le texte du projet de la commission). En développant cet amendement, M. de Janzé avait consenti à la suppression du délai de *cinq jours avant la publication*, afin de mieux marquer le caractère non préventif de la déclaration ; mais il s'était emparé de cette exclusion même du caractère préventif, pour soutenir que rien ne justifiait la disposition qui transportait les déclarations de la préfecture, organisée pour les recevoir, au parquet, qui ne l'était point. M. Lelièvre a répondu, au nom de la commission, que celle-ci avait voulu soustraire d'une manière absolue la presse au régime administratif ; que si la déclaration contenait des inexactitudes constituant des contraventions, c'était au ministère public qu'il appartenait d'en poursuivre la répression ; que c'était donc à lui que la déclaration devait être remise pour qu'il pût la contrôler et la déférer, s'il y avait lieu, aux tribunaux. Vainement M. de Janzé a-t-il répliqué que ce n'était pas la déclaration, mais le journal lui-même qui pouvait provoquer des poursuites, et que le ministère public était suffisamment armé à cet égard, puisque tous les numéros du journal devaient être déposés au parquet; son amendement a été rejeté par la Chambre (séance du 24 janv. 1881).

On ne saurait douter que ce ne soit à bon droit. Il n'y a aucune corrélation entre l'obligation d'adresser au parquet la déclaration préalable à la publication d'un journal, et la remise qui doit être faite également au parquet, au moment de la publication, de deux exemplaires de cette feuille (art. 10). C'est bien pour donner au procureur de la République un moyen de vérifier si les prescriptions de la loi relatives à la déclaration ont été observées, et dans ce but exclusivement, que la première de ces formalités est exigée ; tandis que la seconde est seule destinée à mettre le chef du parquet en mesure de reconnaître si le journal contient quelque infraction punissable.

26. Dans le projet de la commission, l'art. 7 renfermait un paragraphe aux termes duquel la déclaration devait énoncer « le nom et la demeure des propriétaires. » Lors de la première délibération, M. Ribot avait fait adopter par la Chambre un amendement qui restreignait cette disposition aux propriétaires « autres que les commanditaires », restriction em-

pruntée à l'art. 2 de la loi du 11 mai 1868, et ayant pour objet de soustraire les commanditaires à la responsabilité que l'art. 47 du projet (devenu l'art. 44 de la loi) faisait peser sur les propriétaires de journaux. L'article ainsi modifié avait été voté aussi en deuxième lecture, avec la seule addition des mots « ou actionnaires » au membre de phrase qui y avait été introduit sur la proposition de M. Ribot. Mais tout ce nouveau paragraphe a été supprimé par la commission du Sénat. « Il serait à craindre, a dit M. Pelletan dans son rapport, que le déclarant ne portât des noms de propriétaires apparents, et, dans ce cas, le poursuivant serait en présence d'une double difficulté, car il aurait à prouver non seulement que la déclaration est fausse, mais à démontrer quel est le véritable propriétaire. » Ces raisons ont paru déterminantes au Sénat, qui a maintenu la suppression.

27. D'après le projet de la commission, la déclaration devait être « accompagnée du dépôt des titres de propriété du journal ou écrit périodique. » Cette disposition a été vivement critiquée, lors de la première délibération, par plusieurs députés, qui lui ont particulièrement reproché de créer une obligation analogue à celle du cautionnement. Le rapporteur, M. Lisbonne, s'est efforcé de la justifier en expliquant qu'elle avait pour unique objet d'assurer la réalisation de la responsabilité des propriétaires de journaux. « Il faut, a-t-il dit, que le propriétaire soit connu d'une façon permanente; il ne peut l'être si la déclaration n'est pas accompagnée du dépôt de certaines pièces. » Puis, répondant au reproche que je viens de rappeler, il a ajouté : « Le cautionnement est une mesure préventive préalable, tandis que la responsabilité est une mesure répressive, subordonnée à l'événement d'une condamnation. Voilà la différence. Le cautionnement, en tant que mesure préventive, restreint la liberté de la presse; la responsabilité civile ne la restreint pas le moins du monde. »

L'orateur n'est pas parvenu à convaincre la Chambre; et, devant l'espèce de réprobation que soulevait le paragraphe en discussion, devant surtout les objections qu'a rencontrées l'idée d'un contrôle inquisitorial des affaires de ceux qui voudraient fonder des journaux, il a déclaré que la commission renonçait à ce paragraphe.

28. L'élaboration de l'art. 7 ainsi exposée, il importe d'en reprendre les dispositions une à une pour en bien préciser la portée. Et, d'abord, la déclaration exigée par cet article doit être

faite au parquet *avant la publication* du journal ou écrit périodique; mais, comme aucun délai n'est fixé, la publication pourra, ainsi que M. Lisbonne l'a fait remarquer dans son rapport à la Chambre des députés, suivre immédiatement le dépôt de la déclaration. V. aussi Faivre et Benoit-Lévy, p. 50.

29. La déclaration doit contenir :

En premier lieu, le titre du journal, ce qui s'entend aussi du sous-titre (mêmes auteurs, *ibid.*), et son mode de publication, c'est-à-dire l'indication des époques auxquelles il doit paraître (Rapport de M. Lisbonne). MM. Faivre et Benoit-Lévy, *loc. cit.*, estiment que, pour faire connaître le mode de publication, la déclaration doit indiquer, en outre, le format du journal et son genre, par exemple, s'il est illustré ou non. Je ne saurais, à cet égard, partager leur avis. Le genre de publication est signalé par le titre même, et rien n'autorise à croire que la loi ait entendu comprendre la désignation du format dans l'énonciation du *mode de publication*, expressions dont le sens naturel résiste à cette interprétation.

En second lieu, le nom et la demeure du gérant. On a vu, *suprà*, n. 26, qu'il n'est pas nécessaire d'indiquer, en outre, dans la déclaration, le nom et la demeure du propriétaire.

En troisième lieu, l'indication de l'imprimerie où le journal doit être imprimé. La loi (art. 9, 11, 42 et 43) impose à l'imprimeur des obligations et une responsabilité qui rendent cette désignation indispensable.

30. Telles sont les seules conditions de publication du journal ou écrit périodique qui doivent être énoncées dans la déclaration faite avant la publication. Mais des changements peuvent être apportés plus tard dans ces conditions. La loi devait naturellement exiger que ces changements soient eux-mêmes déclarés. L'art. 7 prescrit, en effet, par sa disposition finale, que la déclaration en soit faite « dans les cinq jours qui suivront. » MM. Faivre et Benoit-Lévy, p. 51, remarquent, avec raison, que ce délai n'est pas franc, mais que le jour où a eu lieu la mutation et le cinquième jour après celle-ci doivent être compris dans la supputation du délai; en sorte qu'une mutation opérée le 1er du mois serait tardivement déclarée le 6.

31. « Les déclarations, dit l'art. 8, seront faites par écrit, sur papier timbré, et signées des gérants. Il en sera donné récépissé. » Le projet de la commission exigeait de plus la signature des propriétaires-fondateurs ou de leurs successeurs, et un récé-

pissé du dépôt des titres de propriété. Cette dernière prescription a
dû nécessairement disparaître par suite du rejet du paragraphe de
l'art. 7 du projet concernant le dépôt des titres de propriété du
journal ou écrit périodique (V. *suprà*, n. 27). Quant à la signature des propriétaires-fondateurs, M. Ribot, dans la discussion
à la Chambre, n'a pas eu de peine à en démontrer tout à la fois
l'inutilité et l'inconvénient :—l'inutilité, car on ne comprend pas
pourquoi, lorsqu'il s'agit, par exemple, d'un changement d'imprimeur, la déclaration devrait être signée par le propriétaire·
du journal; — l'inconvénient, car si l'un des propriétaires de-
meurait à une grande distance du lieu de la publication, la déclaration dans le délai prescrit deviendrait impossible. Aussi la
Chambre a-t-elle voté la suppression de cette partie de l'art. 8
du projet.

32. Dans son rapport, M. Lisbonne a très justement fait remarquer que l'absence de tout délai entre le dépôt au parquet et la
déclaration, a pour effet de soustraire celle-ci à l'examen du procureur de la République. « S'il lui était permis, a dit l'honorable
rapporteur, d'exiger à ce moment la preuve de la sincérité des
énonciations qu'elle contient, on comprend à quels abus pourraient
conduire son hostilité ou même ses plus honorables scrupules.
Le parquet doit la recevoir telle quelle, et il doit se borner à
en constater le dépôt par la délivrance d'un simple récépissé. »

Le garde des sceaux reconnaît aussi, dans sa circulaire, que le
parquet ne peut refuser le récepissé, alors même que la déclaration lui paraîtrait irrégulière ou inexacte. Mais il ajoute très
justement que le parquet doit ensuite contrôler avec soin les énonciations qu'elle renferme et dont la fausseté constituerait une
contravention aussi bien que l'omission de la déclaration. V.
conf., sur ce dernier point, Faivre et Benoit-Lévy, p. 50.

33. La circulaire ministérielle observe, d'un autre côté, que si
l'autorité administrative ne reçoit plus elle-même les déclarations, elle n'en est pas moins intéressée à les connaître, quand
ce ne serait que pour assurer l'exécution de la disposition de
l'art. 10, qui prescrit le dépôt de deux exemplaires entre ses
mains; et qu'il appartient aux magistrats du parquet de sup-
piéer au silence de la loi à cet égard, en transmettant des copies
des déclarations aux préfets ou sous-préfets, ou en se concer-
tant avec ces fonctionnaires pour qu'ils puissent en recevoir
communication sur place.

34. L'obligation de la gérance pour les journaux ou écrits pé-

riodiques s'imposait aux auteurs de la loi nouvelle comme une des restrictions nécessaires au principe de la liberté de la presse. L'art. 6 dispose, en effet, § 1ᵉʳ : « Tout journal ou écrit périodique aura un gérant ». M. Lisbonne constate dans son rapport que le maintien de la gérance n'a donné lieu à aucune difficulté sérieuse au sein de la commission. « Sans doute, dit-il, il y a eu et il y aura encore des gérants fictifs. Mais la fiction n'est pas organisée par la loi ; elle est l'œuvre de ceux qui cherchent, en la violant, à échapper à ses prescriptions. Ce qu'a voulu la loi, c'est que le journal se personnifiât en quelqu'un. Le gérant, c'est le répondant auquel on s'adresse tout d'abord quand un délit est commis ou un préjudice causé. Sa présence empêche les recherches de s'égarer, comme elle prévient les mesures de rigueur, que pourrait, à son défaut, nécessiter la découverte de la vérité. Telles sont les raisons qui nous ont déterminés à maintenir une institution dont le fonctionnement est facile et régulier, et dont la presse pourrait être la première à regretter la suppression. » — Le maintien de la gérance a été voté également sans contestation par la Chambre et par le Sénat.

35. Le § 2 de l'art. 6 précise les conditions que le gérant doit remplir. Il porte : « Le gérant devra être français, majeur, avoir la jouissance de ses droits civils, et n'être privé de ses droits civiques par aucune condamnation judiciaire ». Cette disposition est empruntée, pour une partie, à la législation antérieure, qui exigeait que le gérant eût les qualités requises par l'art. 980 du Code civil, lequel prescrit aussi que les témoins appelés pour être présents aux testaments soient français, majeurs et jouissant des droits civils (V. notamment l'art. 5 de la loi du 18 juill. 1828). Mais, à la différence des lois précédentes sur la presse, notre art. 6 retranche des conditions énoncées dans l'art. 980 du Code civil celle de la masculinité. Aussi, M. Pelletan, dans son rapport au Sénat, a-t-il expressément déclaré que la disposition de l'art. 6 n'exclut pas les femmes de la gérance d'un journal. C'est ce que le garde des sceaux remarque aussi dans sa circulaire : « Le doute, dit-il, pouvait provenir de ce que les femmes n'ont pas la jouissance des principaux droits civiques ; mais cette circonstance ne les exclut pas de la gérance ; on devra seulement exiger d'elles qu'elles n'aient subi aucune des condamnations qui font perdre les droits civiques aux Français mâles et majeurs ». Telle est d'ailleurs l'interprétation que la Cour suprême avait consacrée, par un arrêt du 11 juillet 1879 (*Journ. du*

Minist. publ., t. 22, p. 153), à l'égard de la déclaration qui était exigée par l'art. 1er de la loi du 9 mars 1878 pour le colportage des journaux.

36. Relativement aux droits civils, dont l'art. 6 veut que le gérant soit en possession, il y a dans le texte de cet article un défaut de clarté regrettable. En disposant que le gérant devra « avoir *la jouissance* de ses droits civils », sans ajouter, comme pour les droits civiques, qu'il devra n'en « être privé par aucune condamnation judiciaire », il semblerait admettre que le gérant peut ne pas avoir *l'exercice* de ses droits civils ; et cette induction aurait une apparence de fondement d'autant plus grande, que l'art. 980 du Code civil, d'où la disposition que j'examine est tirée, ainsi qu'on l'a vu au numéro précédent, n'exige lui-même des témoins testamentaires que la jouissance et non l'exercice des droits civils, ce qui fait décider par des jurisconsultes éminents que l'individu interdit pour cause de démence, d'imbécillité ou de fureur, peut être témoin quand il a des intervalles lucides (V. Aubry et Rau, d'après Zachariæ, t. 4, p. 507, note 10 ; Demolombe, *Donat. entre-vifs et testam.*, t. 4, n. 185). Il résulterait de là que la gérance pourrait être confiée, soit à un individu frappé d'interdiction judiciaire, qui se trouverait dans un intervalle lucide, soit à un condamné frappé d'interdiction légale, et auquel cette peine accessoire ne fait perdre, comme l'interdiction judiciaire, que l'exercice et non la jouissance de ses droits civils (Demolombe, *Publication des lois*, etc., n. 191 et s.) ; c'est-à-dire que des personnes déclarées par la justice incapables d'administrer leurs biens, pourraient être chargées de l'administration des intérêts souvent si importants des propriétaires de journaux !

Evidemment telle n'a pas été la pensée de la loi ; et il ne faut pas hésiter à considérer ici les mots *jouissant des droits civils* comme exprimant tout à la fois la jouissance et l'exercice de ces droits. Du reste, quelques auteurs leur attribuent cette portée, même dans l'art. 980 du Code civil (V. Saintespès-Lescot, *Donat. entre-vifs et testam.*, t. 4, n. 1196 ; Dalloz, *Répert.*, vo *Dispos. entre-vifs et testam.*, n. 3168). — L'interprétation que j'indique est adoptée aussi par MM. Faivre et Benoît-Lévy, p. 46.

37. Les conditions énoncées dans l'art. 6 sont les seules qui soient exigées du gérant. Les auteurs de la loi du 29 juill. 1881 n'ont pas cru devoir reproduire les dispositions qui interdisaient à un membre du Sénat ou de la Chambre des députés de deve-

nir le gérant responsable d'un journal (L. 27 juill. 1849, art. 9 ;
L. 11 mai 1868, art. 8).

38. L'art. 9 édicte la sanction des prescriptions relatives à la
gérance et à la déclaration préalable. Il porte : « En cas de contravention aux dispositions prescrites par les articles 6, 7, 8, le
propriétaire, le gérant, ou, à défaut, l'imprimeur, seront punis
d'une amende de 50 francs à 500 francs.—Le journal ou écrit périodique ne pourra continuer sa publication qu'après avoir rempli
les formalités ci-dessus prescrites, à peine, si la publication
irrégulière continue, d'une amende de 100 francs, prononcée
solidairement contre les mêmes personnes, pour chaque numéro
publié à partir du jour de la prononciation du jugement de condamnation, si ce jugement est contradictoire, et du troisième
jour qui suivra sa notification, s'il a été rendu par défaut ; et ce,
nonobstant opposition ou appel, si l'exécution provisoire est ordonnée.—Le condamné, même par défaut, peut interjeter appel.
— Il sera statué par la Cour dans le délai de trois jours. »

Les deux premiers paragraphes n'ont donné lieu à aucune discussion. Ils appellent toutefois quelques remarques.

39. Le rapport de M. Lisbonne à la Chambre des députés exprime cette proposition, que la condamnation à l'amende édictée
par le § 1er de l'art. 9 doit être prononcée *solidairement* contre le
propriétaire et l'imprimeur, si le journal a été publié sans gérant,
ou contre ces trois personnes ensemble, s'il n'a pas été satisfait
aux prescriptions relatives à la déclaration. C'est par une erreur
manifeste que le rapport proclame ici la solidarité de l'imprimeur.
Bien loin de la consacrer, notre article l'exclut formellement en
ne frappant l'imprimeur de l'amende qu'*à défaut* du propriétaire et du gérant. La condamnation ne peut donc atteindre
l'imprimeur que si le propriétaire et le gérant sont inconnus.
On ne saurait surtout en douter si l'on se reporte à l'art. 42 qui,
déterminant l'ordre suivant lequel les auteurs principaux des
crimes ou délits commis par la voie de la presse tombent sous
le coup des peines prononcées contre ces crimes ou délits, ne
place les imprimeurs qu'en troisième ligne, c'est-à-dire ne les
déclare passibles des peines dont il s'agit qu'à défaut, 1° des gérants ou éditeurs ; 2° des auteurs. — V. en ce sens, Faivre et
Benoit-Lévy, p. 55.

40. A l'égard de l'amende distincte à laquelle donne lieu la
continuation d'une publication irrégulière, le § 2 de l'art. 9 dit
en termes exprès que la condamnation devra être prononcée

solidairement *contre les mêmes personnes* dont il est question dans l'art. 1ᵉʳ. Mais, dans ce cas aussi, l'imprimeur doit échapper à la solidarité, car on ne concevrait pas que, lorsque l'irrégularité de la publication ne le rend punissable qu'à défaut du propriétaire et du gérant, la continuation de la publication irrégulièrement entreprise le soumît directement à la pénalité qu'entraîne cette infraction.—Conf., Faivre et Benoit-Lévy, p. 56.

41. L'expression *propriétaire,* dans les deux premiers paragraphes de l'art. 9, ne saurait comprendre les commanditaires ou actionnaires, qui ne peuvent être déclarés ni civilement ni pénalement responsables des infractions commises par les fondateurs, le gérant ou l'imprimeur du journal.—V. encore en ce sens, MM. Faivre et Benoit-Lévy, p. 55.

42. Lorsque le jugement de condamnation pour contravention aux prescriptions des art. 6, 7, et 8 a été rendu contradictoirement, l'amende à raison de la continuation de la publication irrégulière est encourue pour chaque numéro publié à partir du jour de la prononciation de ce jugement. La publication d'un numéro faite après la prononciation du jugement, le jour même de cette prononciation, donnerait donc lieu à l'application de l'amende. Quand la condamnation a été prononcée par défaut, c'est pour chaque numéro publié à partir du troisième jour qui suit la notification du jugement, que l'amende est encourue, et ce délai doit s'entendre de trois jours francs, c'est-à-dire que le jour de la prononciation et celui où expire le délai en sont exclus. Conf., Faivre et Benoit-Lévy, p. 56.

43. L'appel dont le jugement de condamnation serait frappé, l'opposition qui y serait formée lorsqu'il a été rendu par défaut, suspendraient l'exécution de ce jugement, conformément au droit commun, et soustrairaient dès lors les parties condamnées (propriétaire, gérant, imprimeur) à l'application de la pénalité édictée par le § 2 de l'art. 9. Il n'en serait autrement, aux termes mêmes de la disposition finale de ce paragraphe, que si l'exécution provisoire du jugement avait été ordonnée.

En reconnaissant ainsi au tribunal correctionnel qui prononce la condamnation (l'art. 45 soumet en effet à ce tribunal, comme on le verra plus loin, les infractions prévues par l'art. 9), le droit d'ordonner l'exécution provisoire de son jugement, la loi du 29 juill. 1881 déroge aux principes du droit criminel, qui n'admettent pas cette exécution provisoire (V. Cass. 2 juill. 1807 ; F. Hélie, *Inst. crim.*, t. 6, n. 3026).

44. Il est essentiel de remarquer, puisqu'il faut appliquer ici les règles concernant les jugements correctionnels, que ce n'est pas seulement l'appel interjeté, mais le délai même de l'appel qui est suspensif de l'exécution (Cod. instr. crim., 203, § 2). Par conséquent, lorsque l'exécution provisoire de la condamnation prononcée en vertu du § 1er de l'art. 9 n'aura pas été ordonnée, les peines édictées par le § 2 de cet article ne deviendront applicables qu'après l'expiration du délai de l'appel, ou après l'arrêt confirmatif si un appel avait été interjeté.

45. C'est un principe constant, en matière correctionnelle, que les jugements par défaut peuvent être frappés d'appel aussi bien que les jugements contradictoires. L'art. 9 de la loi du 29 juill. 1881 consacre surabondamment, au profit du condamné par défaut, le droit d'interjeter appel.

Le projet de la commission poussait même la précision plus loin en disant : « Le condamné, même par défaut, peut *immédiatement* interjeter appel. » Sur l'observation de M. Cunéo d'Ornano, approuvée par les membres de la commission, la Chambre des députés a supprimé le mot « immédiatement » comme inutile (Séance du 24 janvier 1881).

MM. Faivre et Benoit-Lévy, p. 57, critiquent cette suppression. « Le législateur, disent-ils, ne s'est point aperçu qu'en supprimant ce mot, il laissait le condamné dans le droit commun, c'est-à-dire qu'il ne peut interjeter appel qu'après l'expiration du délai de l'opposition. Donc le mot « immédiatement » n'était pas inutile ; il constituait une innovation en faveur de la presse ». Ces auteurs commettent une erreur manifeste. En matière correctionnelle, le délai de l'appel court simultanément avec celui de l'opposition ; l'art. 203, Cod. instr. crim., le démontre clairement en donnant pour point de départ au délai de l'appel, à l'égard des jugements par défaut, le jour même de la signification du jugement à la partie condamnée. La jurisprudence et la doctrine sont d'ailleurs établies en ce sens. V. mon *Mémorial du Ministère public*, v° *Appel correctionnel*, n. 64, et les autorités qui y sont mentionnées.

46. Quant à l'opposition, elle fait tomber immédiatement la condamnation par défaut contre laquelle elle est formée dans le délai légal (Cod. instr. crim., 187).

47. D'après la disposition finale du § 3 de notre art. 9, la Cour doit statuer sur l'appel dans le délai de trois jours. L'art. 13 de la loi du 11 mai 1868 contenait une disposition semblable

relativement à l'opposition ou à l'appel du jugement qui, en prononçant la suspension ou la suppression d'un journal ou écrit périodique, avait ordonné l'exécution provisoire de la condamnation ; et la Cour de cassation avait décidé, par arrêt du 15 janv. 1869 (S.-V. 69.1.438), que cette disposition ne constituant qu'une prescription réglementaire, son inobservation n'emportait pas nullité. La jurisprudence et les auteurs reconnaissent de même un caractère purement comminatoire au délai d'un mois fixé par l'art. 209, Cod. instr. crim., pour le jugement des appels correctionnels (V. mon *Mémorial du Ministère public, verb. cit.*, n. 192, ainsi que les indications qui y sont données). Rien n'autorise à croire que les auteurs de la loi nouvelle aient entendu attribuer une portée plus rigoureuse à la prescription dont il est question.

48. La commission de la Chambre des députés n'avait pas hésité à maintenir, par l'art. 10 de son projet, l'obligation du dépôt d'un certain nombre d'exemplaires de tout journal ou écrit périodique au parquet. Mais elle avait rejeté le dépôt à la préfecture, et le rapport de M. Lisbonne donnait à cet égard l'explication suivante : « Nous dispensons du dépôt à la préfecture, parce que la formalité du dépôt n'a, à nos yeux, d'autre utilité que de mettre à même le chef du parquet de première instance de vérifier par lui-même si l'écrit déposé ne renferme rien de délictueux. La préfecture n'a nullement à intervenir. »

Lors de la discussion à la Chambre, M. de Janzé a fait remarquer l'inexactitude de cette affirmation du rapport. Il a observé que le service de la presse, au ministère de l'intérieur, a pour mission de tenir le gouvernement au courant de l'opinion publique, de porter à sa connaissance les imputations dirigées contre les fonctionnaires, les faits au sujet desquels il pourra être interpellé. Il a montré qu'en supprimant le dépôt, on ne supprimerait certainement pas le travail quotidien de dépouillement des journaux auquel se livre le service de la presse, parce que c'est là une condition nécessaire de gouvernement ; mais qu'on obligerait le ministre de l'intérieur à s'abonner à tous les journaux de Paris et des départements, ce qui grèverait le trésor d'une dépense considérable ; tandis que le dépôt de deux exemplaires de plus serait pour chaque journal une charge insignifiante. En conséquence, M. de Janzé a présenté un amendement tendant au maintien du dépôt de deux exemplaires au ministère de l'intérieur pour le service de la presse.

Cet amendement a été repoussé en première lecture ; mais la commission l'ayant accepté à la deuxième délibération, la Chambre l'a elle-même finalement adopté. Le nouveau paragraphe auquel il a donné lieu a été également voté par le Sénat, qui en a seulement retranché les mots « pour le service de la presse », par le motif que « ce service est aboli en partie et pourra l'être plus tard tout à fait » (Rapport de M. Pelletan).

L'art. 10, ainsi modifié, est conçu en ces termes : « Au moment de la publication de chaque feuille ou livraison du journal ou écrit périodique, il sera remis au parquet du procureur de la République, ou à la mairie, dans les villes où il n'y a pas de tribunal de première instance, deux exemplaires signés du gérant.—Pareil dépôt sera fait au ministère de l'intérieur, pour Paris et le département de la Seine, et pour les autres départements, à la préfecture, à la sous-préfecture, ou à la mairie, dans les villes qui ne sont ni chefs-lieux de département, ni chefs-lieux d'arrondissement. — Chacun de ces dépôts sera effectué sous peine de 50 francs d'amende contre le gérant. »

49. La déclaration exigée par l'art. 7 pouvant n'être faite que quelques instants avant la publication (V. *suprà*, n. 28), et le dépôt devant avoir lieu, d'après l'art. 10, au moment de la publication, il faut en conclure que les deux formalités peuvent être remplies simultanément. Il suffit qu'elles n'interviennent ni l'une ni l'autre après la publication commencée. V. Benoit-Lévy, p. 58.

50. Il est à peine besoin de faire remarquer que les deux dépôts prescrits par l'art. 10 sont distincts et indépendants de celui qu'exige l'art. 3, et qui, étant imposé pour tout imprimé en général, s'applique, conséquemment, aux journaux ou écrits périodiques. Tandis que celui-ci, en effet, est à la charge de l'imprimeur et a pour objet d'enrichir les collections nationales (V. *suprà*, n. 8), ceux-là doivent être effectués par le gérant et sont destinés à mettre le gouvernement en communication avec l'opinion publique. Ils doivent donc être faits tous cumulativement, selon l'observation de la circulaire du garde des sceaux, et contrairement à l'opinion émise dans la discussion par M. Cunéo d'Ornano, que les journaux ne sont plus assujettis qu'au dépôt fait par le gérant (séance du 24 janv. 1881).

51. Le gérant ne saurait échapper à l'application de l'amende édictée contre lui par le § 3 de l'art. 10 en cas d'infraction aux prescriptions des §§ 1 et 2, sous prétexte d'oubli, d'erreur ou

d'ignorance. Il s'agit là, comme le remarquent MM. Faivre et Benoit-Lévy, p. 59, d'une contravention matérielle qui ne comporte pas l'excuse de la bonne foi.

52. Outre la signature que le gérant est tenu d'apposer, aux termes de l'art. 10 (§§ 1 et 2), sur les exemplaires déposés au parquet et au ministère de l'intérieur, et qui doit être manuscrite, chacun de ces exemplaires doit, d'après l'art. 11, porter, au bas de la feuille, le nom imprimé du gérant. Et, au lieu que la peine attachée à l'inobservation de la première de ces deux prescriptions n'atteint que le gérant, c'est l'imprimeur seul que frappe celle dont est punie la contravention à la seconde.

L'art. 11 porte, en effet : « Le nom du gérant sera imprimé au bas de tous les exemplaires, à peine, contre l'imprimeur, de 16 francs à 100 francs d'amende par chaque numéro publié en contravention de la présente disposition. »

C'est par une inadvertance assez étrange que M. Lisbonne a écrit dans son rapport qu'à l'amende de 500 fr. qui était prononcée *contre l'imprimeur* par l'art. 8 de la loi du 18 juill. 1828, le projet de la commission a substitué une amende de 100 fr. « contre le *gérant*, qui seul doit veiller à l'accomplissement de la formalité prescrite. »

53. Cette peine fixe de 100 fr. d'amende n'a pas, d'ailleurs, été maintenue par la commission du Sénat, qui, la considérant comme trop exagérée, a ramené l'amende au chiffre de 16 fr. au minimum et de 100 fr. au maximum (Rapport de M. Pelletan). Cette modification a passé dans la loi, comme on l'a vu par le texte ci-dessus.

§ 2. — *Des rectifications et réponses.*

SOMMAIRE.

54. Obligation, pour le gérant d'un journal ou écrit périodique, d'insérer les rectifications qui lui sont adressées par un dépositaire de l'autorité publique.
55. Quels fonctionnaires la loi entend désigner par les expressions *dépositaire de l'autorité publique.*
56. Autorisation des supérieurs hiérarchiques du fonctionnaire qui demande l'insertion. — Droits et devoirs des magistrats du parquet.
57. Dans quels cas le gérant est fondé à refuser l'insertion.
58. Suite.
59. Gratuité de l'insertion. — Etendue de la rectification.
60. Suite.

61. Le fonctionnaire ne peut exiger l'insertion de rectifications d'une longueur supérieure au double de celle de l'article qui y a donné lieu, même en offrant le paiement de l'excédent.

62. Place de l'insertion. — En quels caractères les rectifications doivent ou peuvent être imprimées.

63. L'infraction aux prescriptions de l'art. 12 constitue un délit, et non une contravention purement matérielle.

64. Droit de réponse des particuliers.

65. A quelle place et en quels caractères l'insertion doit être faite. — La partie non gratuite est payée au prix des annonces judiciaires.

66. Suite.

67. Il n'existe pas aujourd'hui de tarif légal des annonces judiciaires. Le prix de ces annonces est débattu avec les journaux ; et il en est de même du prix de la partie non gratuite des réponses des particuliers.

68. Rejet d'un amendement de M. Sourigues tendant à déclarer le gérant passible de dommages-intérêts en cas de refus ou de retard de l'insertion, à ne permettre le refus que si la réponse était injurieuse ou diffamatoire à l'égard des tiers, et à imposer au gérant, sous peine d'amende, l'obligation de faire connaître le rédacteur des articles s'attaquant à la personne des individus nommés ou désignés.

69. Dans quels cas l'insertion de la réponse peut être refusée par le gérant.

70. Suite. — Droit du gérant d'exiger la consignation préalable du prix de l'insertion supplémentaire.

71. Ce n'est pas seulement des rectifications que la personne nommée ou désignée a le droit de faire insérer.

72. Un amendement de M. Bozérian proposant de n'obliger le gérant à insérer la réponse à la même place que l'article auquel elle était faite, que si la personne nommée ou désignée le demandait, a été retiré par son auteur.

73. Pour qu'une personne qui n'a pas été nommée ait le droit de réponse, il faut qu'elle ait été clairement désignée. — Exemple.

74. Dans quel cas le droit de réponse peut être exercé par le rédacteur ou le gérant d'un autre journal.

75. Une personne non nommée ni désignée dans un article de journal ne peut prétendre y répondre, sous prétexte qu'il lui nuit. — Les annonces d'un journal ne comportent pas de réponse.

76. La publication, dans un journal, d'une lettre de son rédacteur en chef à un tiers autorise une réponse de la part de celui-ci.

77. Le droit de réponse peut être exercé par les héritiers de la personne nommée ou désignée.

78. Ce droit persiste tant que dure la provocation.

79. Le délai de trois jours pour l'insertion de la réponse n'est pas franc. — Il ne profite d'ailleurs qu'aux journaux quotidiens.

80. En cas de cessation de la publication du journal, avant l'insertion, un autre journal ne peut être contraint à la faire. — Mais la personne

de qui émane la réponse peut faire ordonner l'impression et l'affiche,
aux frais du gérant du journal qui a cessé de paraître, tant de la réponse que de l'extrait du jugement qui en a reconnu la légitimité, ou
faire condamner le gérant à des dommages-intérêts.

81. Le refus d'insertion de la réponse d'un particulier constitue un délit,
et non une contravention matérielle.

82. Outre l'amende, ce refus peut entraîner des dommages-intérêts.

83. Indépendamment du droit de réponse, la personne nommée ou désignée peut exercer contre le gérant toute poursuite ou action en dommages-intérêts à raison du caractère délictueux ou dommageable de
l'article auquel elle a répondu.

84. Le gérant d'un journal ne peut être contraint à insérer un jugement
ou arrêt auquel il n'a pas été partie.

85. Amendement de M. Trarieux tendant à faire rembourser les frais
d'insertions de jugements autorisées par les tribunaux, d'après le tarif
des annonces judiciaires, s'il n'en avait été autrement ordonné.

86. Malgré les critiques dont il a été l'objet, à la tribune, de la part de
quelques députés, cet amendement a été voté par la Chambre.

87. Mais le Sénat a supprimé la nouvelle disposition, et cette suppression a été admise ensuite par la Chambre des députés elle-même.

88. De la discussion à laquelle l'amendement dont il s'agit a donné lieu,
se dégagent ces deux points : droit, pour les gérants de journaux, de
refuser d'insérer les documents qui leur sont remis dans cet objet,
même en vertu d'une décision judiciaire ; — abrogation de l'art. 23
du décret du 17 févr. 1852, relatif aux annonces judiciaires, et faculté
pour les parties de faire insérer ces annonces dans tel journal du
département qu'il leur plaît et au prix convenu entre elles et ce
journal.

54. La liberté dont jouit le journaliste ne peut aller jusqu'à
lui permettre de dénaturer impunément les actes des fonctionnaires qui sont l'objet de ses critiques. S'il expose inexactement
les agissements ou les faits relatifs à la fonction d'un dépositaire de l'autorité publique, il est juste d'accorder à celui-ci le
droit d'exiger que les inexactitudes soient rectifiées dans le
journal où elles ont été commises : ce n'est là, à vrai dire, que
le droit de défense. L'art. 12 de la loi du 29 juill. 1881 le consacre en ces termes : « Le gérant sera tenu d'insérer gratuitement, en tête du plus prochain numéro du journal ou écrit
périodique, toutes les rectifications qui lui seront adressées par
un dépositaire de l'autorité publique, au sujet des actes de sa
fonction qui auront été inexactement rapportés par ledit journal ou écrit périodique. — Toutefois ces rectifications ne dépasseront pas le double de l'article auquel elles répondront. — En

cas de contravention, le gérant sera puni d'une amende de 100 francs à 1,000 francs. »

En empruntant à la législation antérieure le principe sanctionné par cette disposition, les auteurs de la loi nouvelle l'ont, avec raison, renfermé dans de plus étroites limites. Non seulement ils ont, comme le fait remarquer le rapport de M. Lisbonne, abrogé le *communiqué*, qu'avait inauguré l'art. 19 du décret du 17 février 1852, et qui consistait dans la faculté reconnue aux dépositaires de l'autorité publique d'imposer aux gérants de journaux l'insertion de toute réponse aux articles dont les appréciations déplaisaient à ces fonctionnaires ; mais ils ont supprimé le droit que l'art. 8 de la loi du 9 juin 1819, l'art. 18 de la loi du 9 sept. 1835, l'art. 13 de la loi du 27 juill. 1849 et l'art. 19 déjà mentionné du décret du 17 février 1852 avaient attribué au gouvernement ou à ses agents de faire insérer en tête des journaux les documents officiels, relations authentiques ou renseignements qu'il leur conviendrait de publier. Désormais, la rectification d'assertions inexactes se rapportant à la fonction est la seule communication que les fonctionnaires soient en droit de faire admettre dans les journaux.

55. La loi entend ici par fonctionnaire, selon l'observation du rapport à la Chambre des députés, « tout dépositaire de l'autorité publique dans le sens juridique de l'expression ». Sous la législation antérieure, il était admis que le droit d'exiger l'insertion, dans les conditions qui viennent d'être rappelées, appartenait aux dépositaires de l'autorité publique de tous les degrés, à un maire, par exemple (Rennes, 9 juill. 1879, *Journ. du Minist. publ.*, t. 22, p. 145, et les auteurs indiqués à la suite), et aux fonctionnaires de l'ordre judiciaire, tels notamment que les chefs de parquet de première instance, aussi bien qu'à ceux de l'ordre administratif (Agen, 26 fév. 1869, et Cass., 14 mai suivant, *Id.*, t. 12, p. 57 et 287, ainsi que mes observations sur ces deux arrêts). Cette jurisprudence doit être suivie encore aujourd'hui relativement au droit de rectification.

56. A la Chambre des députés, M. Allain-Targé a exprimé l'espoir que le gouvernement continuerait à se conformer à l'usage, admis jusqu'alors, d'après lequel aucun dépositaire de l'autorité publique ne pouvait demander d'insertion aux journaux sans l'autorisation de ses supérieurs hiérarchiques et, au besoin, du ministre. Un autre membre a justement observé que c'est là une affaire d'administration.

Dans sa circulaire, le garde des sceaux recommande aux procureurs généraux d'assurer en toute circonstance l'exercice du droit de rectification, en ayant soin de constater que leurs substituts et eux-mêmes pourront avoir à en faire usage. Ils devront veiller, dit-il, à ce que ces rectifications soient insérées exactement, et, comme le prescrit l'art. 12, en tête du plus prochain numéro.

57. Le gérant d'un journal serait incontestablement fondé, sous la loi actuelle, comme il l'était sous l'empire du décret de 1852 (Cass., 5 août 1853, S.-V.53.1.790 ; Rennes, 9 juill. 1879, cité au n. 55), à refuser l'insertion d'une réponse dans laquelle un dépositaire de l'autorité publique, sous prétexte de rectification, attaquerait le journal ou proclamerait des doctrines contraires aux principes qu'il a pour mission de défendre.

58. Il est à peine besoin de remarquer, avec MM. Faivre et Benoit-Lévy, p. 64, qu'un agent du gouvernement ne pourrait obliger le gérant à insérer la rectification d'assertions qui n'auraient pas été publiées dans le journal, soit comme œuvre personnelle de ses rédacteurs, soit comme simple reproduction.

59. Les lois de 1819, de 1835 et de 1849 voulaient que les frais d'insertion fussent payés au gérant. Le décret de 1852 décida au contraire que l'insertion serait gratuite, et la nouvelle loi a conservé cette disposition. En imposant ainsi au gérant la condition de la gratuité, la commission de la Chambre n'avait assigné aucune limite à l'étendue de la rectification. Lors de la deuxième délibération (séance du 14 février 1881), M. Lockroy présenta un amendement qui portait que la rectification ne dépasserait pas le triple de l'article auquel elle répondrait, et qui avait pour objet d'empêcher le renouvellement de l'abus que l'administration avait fait autrefois de la faculté de répondre aux journaux qui critiquaient ses actes, en remplissant en quelque sorte leurs colonnes de ses communiqués. L'article ayant été renvoyé à la commission, celle-ci, à la séance suivante, déclara, par l'organe de son rapporteur, qu'elle maintenait sa rédaction, et voici les raisons sur lesquelles elle se fondait : « D'abord, il n'est pas plus possible de limiter par anticipation la longueur d'une réponse qu'il n'est possible de limiter l'étendue de l'attaque. En second lieu, l'adoption de l'amendement proposé par M. Lockroy aurait pour effet de placer les fonctionnaires et les agents du gouvernement dans une situation plus défavorable que celle des simples particuliers. En effet, à l'égard

des simples particuliers, d'après l'art. 13, le droit de réponse n'est nullement circonscrit ; la réponse peut excéder le double de l'attaque, à la seule condition de payer les frais de l'excédent. L'assimilation entre la situation des simples particuliers et celle des fonctionnaires et agents du gouvernement aurait pour conséquence de grever le Trésor d'une façon par trop aléatoire et onéreuse pour les contribuables. Enfin, il y a un intérêt public de premier ordre à ce que la réponse à une attaque qui concerne les fonctionnaires et les agents du gouvernement soit la plus éclatante et la plus répandue possible. »

Sur une réplique de M. Lockroy, appuyée d'un grand nombre d'exemples et terminée par ces mots : « La commission est préoccupée des abus qu'on peut faire de la liberté... Je me préoccupe, avant tout, des abus qu'on peut faire de l'autorité, et malheureusement les faits jusqu'ici me donnent raison », l'amendement fut adopté.

60. Au Sénat, la nouvelle disposition a été modifiée dans un sens encore plus libéral. L'étendue du droit de rectification a été réduite au double de l'article auquel il est répondu, « pour assimiler, explique le rapport de M. Pelletan, le droit du particulier au droit de l'autorité. »

61. Il y a toutefois cette différence entre l'autorité et le particulier, que celui-ci peut faire insérer une réponse dépassant le double de l'article du journal, pourvu qu'il paie les frais de l'excédent (art. 13, § 3) ; tandis que, même en offrant le paiement de cet excédent, un dépositaire de l'autorité ne serait point en droit d'exiger l'insertion de rectifications d'une étendue supérieure au double. — Conf., Faivre et Benoit-Lévy, p. 64.

62. Une autre différence entre les conditions de l'insertion des rectifications des dépositaires de l'autorité publique, et celles de l'insertion des réponses des particuliers, c'est que la première doit être faite, en tête du journal, et non pas, comme la seconde, à la même place que l'article qui l'a provoquée, et qu'il n'est pas exigé, comme pour celle-ci, qu'elle ait lieu en mêmes caractères que cet article. Les rectifications peuvent donc être imprimées en tels caractères que le gérant juge convenables. MM. Faivre et Benoit-Lévy, p. 63, ont raison de penser que l'emploi de caractères d'une exiguïté dérisoire serait contraire au vœu du législateur ; mais ils vont trop loin en disant que l'insertion *doit* être faite en caractères usités à la première page. Pourquoi, dans le silence de la loi, imposerait-on au gérant l'obligation

d'employer de semblables caractères lorsque, par exemple, la rectification ne porte que sur un entrefilet imprimé en caractères très fins ? Il y a là une question d'appréciation et de bonne foi à laquelle on ne peut donner *à priori* une solution absolue.

63. Il ne me semble point douteux que l'infraction aux prescriptions de l'art. 12 ne constitue un délit, et non une contravention purement matérielle, et que dès lors l'intention délictueuse n'en soit une condition nécessaire. — Conf., Faivre et Benoit-Lévy, p. 64. On ne saurait, selon moi, décider ici, comme la Cour de cassation l'avait fait au sujet de l'art. 19 du décret du 17 février 1852, que la mauvaise foi n'est point un élément essentiel de la contravention, et que celle-ci, pouvant résulter de la négligence ou de l'inexactitude du gérant dans l'accomplissement de l'obligation qui lui est imposée, ne saurait être effacée par l'allégation même justifiée de sa bonne foi (Cass., 5 août 1853, deux arrêts, S.-V. 53.1.790). Cette solution était un corollaire du principe posé par la Cour suprême, que le fonctionnaire qui usait du droit de communiqué était seul juge de la forme et de la teneur des documents dont il requérait l'insertion. Mais aujourd'hui, rien de pareil. Le gérant n'est plus à la merci des dépositaires de l'autorité ; il n'est plus tenu d'admettre dans ses colonnes, les yeux fermés, toutes les communications de ces fonctionnaires. Il a le droit de vérifier si elles présentent bien réellement le caractère de rectifications qui seul en rend l'insertion obligatoire, et si elles n'excèdent pas les limites assignées par la loi à ces rectifications (V. *suprà*, n. 57). Par conséquent, son refus d'insertion ne constitue pas nécessairement la contravention punie par le § 3 de l'art. 12 ; ce refus est légitime, lorsque les prétendues rectifications ne remplissent pas les conditions prescrites ; et le retard apporté dans l'insertion peut lui-même être excusé, si, par exemple, il ne s'est pas écoulé entre la remise de la réponse du fonctionnaire et la publication du plus prochain numéro du journal, un temps suffisant pour permettre au gérant d'apprécier la nature et l'exacte étendue de cette réponse. — C'est à tort, selon moi, que MM. Celliez et Le Senne, *Loi de 1881 sur la presse*, etc., p. 112, supposent le contraire.

64. Les dépositaires de l'autorité publique ne devaient pas être seuls admis à se défendre contre de fausses imputations dans le journal même où elles ont été publiées. Le droit de ré-

ponse, qui n'est pas certes moins légitime, avait été, dès l'an XII,
réclamé devant le conseil des Cinq-Cents ; mais la rigueur excessive de la sanction qu'on prétendait y attacher fit malheureusement échouer cette proposition (séance du 6 prairial). L'idée n'en
fut pas néanmoins perdue ; les auteurs de la loi du 25 mars 1822
la recueillirent et lui donnèrent une formule qui n'a été que très
peu modifiée par la législation postérieure. D'après l'art. 11 de
cette loi, la réponse de toute personne nommée ou désignée dans
un journal ou écrit périodique devait y être insérée dans les
trois jours de la réception, ou dans le plus prochain numéro, s'il
n'en était pas publié avant l'expiration de ce délai, sous peine
d'une amende de 50 à 500 francs, sans préjudice des autres peines et dommages-intérêts auxquels l'article incriminé pourrait
donner lieu. L'insertion devrait être gratuite et la réponse pouvait avoir le double de la longueur de l'article auquel elle était
faite. La loi du 9 sept. 1835, par son art. 17, exigea que la réponse fût insérée dans le numéro qui suivrait le jour de la réception, et ajouta que si l'étendue en était supérieure au double
de la longueur de l'article qui y donnait lieu, le surplus de
l'insertion serait payé suivant le tarif des annonces. La loi du
27 juill. 1849 se borna (art. 13, § 2) à maintenir la gratuité de
l'insertion de la réponse dans les limites précisées par les lois
de 1822 et de 1835, et l'obligation d'en payer les frais pour le
surplus, sans s'expliquer d'ailleurs sur le prix de cet excédent.
Ni le décret du 17 févr. 1852, ni la loi du 11 mai 1868 ne se sont
occupés du droit de réponse des particuliers.

65. La consécration de ce droit avait sa place marquée dans
une loi qui, comme celle du 29 juill. 1881, avait pour objet tout
à la fois d'assurer et de régler la liberté de la presse. L'art. 13
porte en effet : « Le gérant sera tenu d'insérer dans les trois
jours de leur réception ou dans le plus prochain numéro, s'il
n'en était pas publié avant l'expiration des trois jours, les réponses de toute personne nommée ou désignée dans le journal
ou écrit périodique, sous peine d'une amende de 50 à 500 francs,
sans préjudice des autres peines et dommages-intérêts auxquels
l'article pourrait donner lieu.—Cette insertion devra être faite à
la même place et en mêmes caractères que l'article qui l'aura
provoquée.—Elle sera gratuite lorsque les réponses ne dépasseront pas le double de la longueur dudit article. Si elles le dépassent, le prix d'insertion sera dû pour le surplus seulement. Il
sera calculé au prix des annonces judiciaires. »

Cet article contient une double innovation. D'un côté, il ajoute aux prescriptions des lois antérieures, en exigeant que l'insertion soit faite à la même place et en mêmes caractères que l'article qui aura provoqué la réponse, disposition dont il n'est pas besoin de faire ressortir l'équité. D'autre part, il veut que la partie non gratuite de l'insertion, quand la longeur de la réponse est de plus du double, soit payée au prix des *annonces judiciaires*, tandis que le prix des annonces qui, d'après la loi du 9 sept. 1835, devait servir de base au calcul des frais de l'insertion supplémentaire, s'entendait du prix des annonces du journal (V. Parant, *Lois de la presse*, p. 441, n. 3; Chassan, *Délits et contraventions de la parole, de l'écriture et de la presse*, t. 1, p. 648; Dalloz, *Répert.*, v° *Presse-outrage*, n. 350.)

66. Sur ce dernier point, MM. Faivre et Benoit-Lévy, p. 69, critiquent la loi nouvelle. « Il est à craindre, disent-ils, que certaines personnes n'abusent du bon marché du prix de ce qui dépassera le double de la longueur de l'article pour répondre trop longuement dans les colonnes d'un journal important ». Mais ne serait-il pas aussi à redouter qu'en vue d'entraver l'exercice du droit de réponse, les journaux, dans des circonstances données, n'élevassent le prix de leurs annonces à un chiffre excessif? C'est ce qui était arrivé dans une espèce sur laquelle a statué un jugement du tribunal correctionnel d'Avranches du 12 juin 1880 (aff. Martin, c. *Journ. l'Avranchin*), où on lit: « Attendu que, si le tarif du journal peut paraître élevé, il ne peut cependant appartenir au tribunal de procéder en quelque sorte par voie réglementaire en imposant d'une manière générale à un gérant un tarif d'insertion, et en modifiant celui qu'usant de la liberté qui lui appartient, il a cru devoir adopter, eu égard aux conditions particulières dans lesquelles se publie son journal; qu'il importe de remarquer d'ailleurs que, si l'insertion d'une réponse diffère des insertions ordinaires par ce motif que c'est la loi elle-même qui oblige le gérant à publier cette réponse, le législateur a tenu compte de cette différence en imposant au gérant la gratuité de l'insertion et en étendant cette gratuité dans des limites telles, qu'il a pensé avec raison qu'elles suffiraient pour donner satisfaction aux légitimes intérêts du répondant, et prévenir en même temps les abus qui pourraient résulter de réquisitions d'insertion de réponses ayant une longueur exagérée; — Attendu qu'on objecte, il est vrai, qu'un journaliste pourra ainsi, en élevant le prix de ses inser-

tions, entraver le droit de réponse, d'autant plus qu'il lui sera loisible, par une habileté calculée, de renfermer l'attaque dans des termes assez concis pour rendre impossible la gratuité complète de la réponse, de telle sorte qu'il bénéficiera ainsi de sa propre faute ; qu'il est incontestable que de pareils faits, s'ils se produisaient, ne sauraient manquer d'appeler l'attention de la justice ; mais que le tribunal n'a pas à prévoir les circonstances diverses qui peuvent se présenter, ni à déterminer les moyens qu'il aurait pour déjouer de semblables manœuvres, dont le but évident serait de faire échec à la loi ; qu'il doit se borner à constater si, en fait, il existe dans la cause des motifs suffisants pour établir une semblable intention de la part du journaliste... »

Entre deux bases de calcul prêtant également à la fraude, le législateur a choisi celle qui était le plus favorable au droit de défense, et on ne peut que l'en louer.

67. Il reste à se demander s'il existe aujourd'hui un tarif régissant légalement les annonces judiciaires. L'art. 23 du décret du 17 févr. 1852, qui attribuait aux préfets le droit de désigner les journaux destinés à recevoir l'insertion de ces annonces et de régler le tarif de cette insertion, avait été déjà implicitement abrogé par le décret du gouvernement de la Défense nationale du 26 déc. 1870, qui, *provisoirement et jusqu'à ce qu'il en ait été autrement décidé*, a abandonné aux parties le choix de celui des journaux dans lequel seront insérées les annonces judiciaires et légales. L'abrogation de la disposition précitée du décret de 1852 résulte plus formellement encore de l'art. 68 de la loi du 29 juill. 1881 (V. *infrà*). Et comme cette loi ne règle point elle-même le mode d'insertion des annonces judiciaires, ainsi que je le fais remarquer ci-après, n. 85, le seul acte législatif à appliquer est toujours le décret rappelé plus haut du 26 sept. 1870 (Faivre et Benoit-Lévy, p. 294 ; mon *Bulletin de la taxe des frais et dépens*, t. 1er, p. 169 et 170). Il en résulte que le prix d'insertion des annonces judiciaires n'est plus déterminé par aucun tarif, mais doit être débattu avec les propriétaires ou gérants de journaux. C'est donc aussi dans ces conditions que doit être fixé le prix de la partie non gratuite de l'insertion des réponses des particuliers aux articles dans lesquels ils ont été nommés ou désignés.

68. Un député, M. Sourigues, avait présenté un amendement qui avait pour objet : 1° d'ajouter à l'amende édictée contre le gérant, en cas de refus ou de retard de l'insertion, une condamnation au profit de la personne nommée ou désignée à 50 francs

par 1,000 exemplaires tirés du numéro contenant l'article auquel celle-ci demandait à répondre, et à 1 franc par chaque centaine d'exemplaires tirés au-dessus de 1,000, sans que cette indemnité pût être cumulée au delà de 20 jours; — 2° à prescrire que l'insertion ne pourrait être refusée que dans le cas où la réponse contiendrait quelque injure ou diffamation à l'égard des tiers, sauf au journaliste le droit de poursuivre à son tour l'auteur des injures ou calomnies que la réponse renfermerait envers lui-même; — 3° à introduire dans l'article en discussion un paragraphe aux termes duquel si l'article nommant ou désignant un ou plusieurs individus, sans se borner à discuter ou critiquer leurs actes, s'attaquait à leur personne; et si cet article n'était pas signé d'un vrai nom, le gérant aurait été tenu, sous peine d'une amende de 1,000 à 3,000 francs, d'en faire connaître immédiatement le rédacteur à celui des individus mis en cause ou de ses parents qui en ferait la demande. — Cet amendement n'a été adopté dans aucune de ses parties par la Chambre.

69. Le silence du législateur au sujet des causes qui peuvent justifier le refus du gérant d'insérer la réponse qui lui est remise, laisse sur ce point toute son autorité à la jurisprudence antérieure à la loi nouvelle. Il faut donc décider encore aujourd'hui que le droit de réponse n'a de limite que dans le pouvoir qui appartient aux tribunaux d'en refuser l'exercice lorsque la réponse est contraire aux lois, aux bonnes mœurs, à l'intérêt légitime d'un tiers, ou à l'honneur du journaliste lui-même (Cass. 11 sept. 1829, 24 août 1832, 1ᵉʳ mars 1838, 26 mars 1841, 29 janv. 1842, 27 nov. 1845 et 20 juill. 1854, S.-V. chr. et 33.1.149, 38.1.447, 42.1.274, 43.1.74, 46.1.209, 54.1.663; Besançon, 20 juin 1877, *Journ. du Minist. publ.*, t. 20, p. 136). On doit même admettre, avec un arrêt de la Cour de Paris, du 11 mai 1854 (S.-V. 54.1.663), et l'arrêt précité de la Cour de Besançon, que les expressions un peu vives et les appréciations sévères que contient la réponse ne suffiraient pas pour autoriser le journaliste à refuser l'insertion, si elles étaient justifiées par la gravité et la véhémence de l'attaque, et si elles ne les excédaient pas.

70. Ce refus serait légitime, selon moi, si la personne qui requiert l'insertion de sa réponse, ne consignait pas préalablement, sur la demande du gérant, le montant de ce que coûtera l'excédent de longueur; le gérant ne peut être exposé à perdre les frais de cette insertion supplémentaire. — Conf., Chassan, t. 1,

n. 943 ; de Grattier, t. 2, p. 352; Dalloz, n. 351. — V. toutefois en sens contraire, Riom, 14 janv. 1844 (S.-V.47.2.502) ; Paris, 16 mai 1850 (J. P.50.1.645); Metz, 23 mai 1850 (D. P.51.2.55). — MM. Faivre et Benoit-Lévy, p. 68, sont d'avis que le gérant *doit* alors insérer la réponse depuis le commencement jusqu'à concurrence du double de la longueur de l'article, sauf à laisser le surplus *sur le marbre*. Je crois, quant à moi, que si c'est là une faculté pour le gérant, on ne pourrait, en l'absence de toute prescription à cet égard, lui en faire une obligation.

71. L'insertion à laquelle l'art. 13, tel que la commission de la Chambre des députés l'avait rédigé, assujettissait le gérant, était celle des *rectifications* de toute personne nommée ou désignée dans le journal. Lors de la première délibération, M. Cunéo d'Ornano a fait remarquer que cette expression semblait indiquer que la réponse devait se borner au redressement d'un fait erroné ; mais qu'il peut y avoir dans un article autre chose qu'une articulation de fait, qu'il peut s'y trouver des réflexions, des considérations d'ordre purement moral, qui touchent à l'honneur de la personne nommée ou désignée, et qu'il faut que cette personne ait droit non seulement à une simple rectification de fait, mais à une réponse plus générale ; que le mot *réponse* de l'ancienne législation paraissait dès lors meilleur, et qu'il convenait de le rétablir dans la loi nouvelle. La commission ayant déclaré accepter cet amendement, la Chambre a voté l'article ainsi modifié.

72. Au Sénat, M. Bozérian avait réclamé, pour le § 2 de l'art. 13, la rédaction suivante : « Cette insertion devra, *si cette personne le demande*, être faite à la même place ». A l'appui de cette proposition, il avait signalé l'inconvénient que pouvait présenter, pour le journaliste, l'obligation absolue d'insérer la réponse à la même place et en mêmes caractères que l'article auquel elle était faite, et la rigueur d'une disposition qui rendait le gérant passible d'amende, alors même que l'insertion à une autre place et en d'autres caractères ne causerait aucun préjudice appréciable à l'auteur de la réponse, et serait même agréée par celui-ci. Mais l'accueil favorable fait par le Sénat à cette observation de M. Laboulaye, qu'une égalité complète doit exister entre l'attaque et la défense, détermina M. Bozérian à retirer son amendement.

L'art. 13 a été, en définitive, adopté par le Sénat dans les mêmes termes que par la Chambre des députés, sauf toutefois la suppression du mot « incriminé » qui avait été employé pour

qualifier l'article auquel il est répondu. « On ne saurait dire,
fait justement remarquer le rapport de M. Pelletan, d'un article
qui ne donne lieu qu'à une rectification, qu'il est incriminé; il
est tout au plus erroné. »

73. Le droit de réponse appartient non seulement à toute personne qui a été nommée dans le journal, mais à toute personne
qui y a été seulement désignée. Il faut toutefois, bien entendu,
que la désignation ait été assez claire pour ne laisser aucun
doute sur l'identité de la personne à laquelle s'applique l'article
qui donne lieu à la réponse. Par exemple, un officier de l'armée
est suffisamment désigné dans un article de journal où sont
exposés et blâmés des faits qui ne peuvent avoir été accomplis
que par ses ordres, et il est dès lors fondé à exiger l'insertion
d'une réponse à cet article (Metz, 23 mai 1850, D.-P.51.2.55).

74. Nul doute que le droit de réponse ne puisse être exercé
par le rédacteur ou le gérant d'un autre journal, aussi bien que
par tout autre citoyen (Douai, 16 juin 1845, S.-V.47.2.497;
Orléans, 28 sept. 1859, S.-V.60.2.27; Trib. corr. du Havre,
30 mai 1870, *Journ. du Minist. publ.*, t. 13, p. 180; Rouen,
15 juill. 1870, *ibid.*; de Grattier, t. 2, p. 102, n. 4; Chassan,
t. 1, n. 950; Dalloz, n. 3409). On décide même qu'il suffit, pour
autoriser le journaliste à user de ce droit, que l'article auquel il
veut répondre ait nommé le journal dont il a la direction, sans
le désigner lui-même personnellement (arrêt d'Orléans précité;
de Grattier et Dalloz, *loc. cit.*). Mais je crois que c'est aller trop
loin. Si le droit de réponse appartient aux journalistes comme
individus, il ne saurait être revendiqué par les journaux comme
êtres intellectuels. La loi n'a certainement point étendu ses prévisions jusqu'à ceux-ci; et d'ailleurs la polémique entre journaux, qui est une condition de leur existence, deviendrait impossible, si chaque article où une autre feuille serait visée pouvait donner lieu à l'exercice du droit de réponse (Conf., Chassan,
loc. cit.). Il y a plus: ce droit, lorsqu'il s'agit d'articles de polémique, ne doit être reconnu au journaliste qui a été nommé ou
désigné, qu'autant que la discussion est sortie des limites de la
modération et des convenances pour dégénérer en personnalités
blessantes, ou qu'elle a employé comme armes l'injure et la diffamation (jugement du tribunal correctionnel du Havre mentionné plus haut).

75. Les termes de la loi sont trop restrictifs et trop formels
pour qu'une personne qui n'a été ni nommée ni désignée dans un

article de journal puisse prétendre y répondre, sous prétexte que cet article lui est néanmoins préjudiciable. Ainsi, la Cour de Paris a très bien jugé, le 31 juill. 1879 (*Journ. du Minist. publ.*, t. 22, p. 237), que l'annonce dans un journal d'une opération financière entreprise par une société industrielle ne saurait motiver une réponse de la part du directeur d'une autre société de même nature, mais complètement distincte et qui n'a été ni nommée ni désignée dans cette annonce, encore bien que celui-ci prétendrait que la dénomination prise par la première société dans le journal dont il s'agit engendre une confusion avec la sienne. — On peut d'ailleurs douter, qu'il me soit permis de le dire en passant, qu'une annonce qui n'est pas l'œuvre du journaliste comporte le droit de réponse. La négative a été admise, à l'égard des annonces judiciaires, par un arrêt de la Cour d'Amiens du 11 févr. 1864 (J.P. 64.778).

76. La publication faite dans un journal, sur les indications de son rédacteur en chef, d'une lettre adressée par celui-ci à un tiers, par exemple, à un des rédacteurs de ce journal pour lui notifier sa révocation, autorise incontestablement une réponse de la part de ce tiers.—Cass. 18 nov. 1881 (*Gaz. des Trib.* du 25 nov.); Petit, *Texte de la loi sur la presse*, etc., p. 57.

77. Il y avait controverse, avant la loi actuelle, sur le point de savoir si le droit de réponse pouvait être exercé par les héritiers d'une personne nommée ou désignée dans un article de journal (V. Dalloz, n. 338). La question est formellement tranchée en faveur des héritiers par l'art. 34 (V. *infrà*).

78. Selon la très juste remarque de M. Lisbonne, dans son rapport, le droit de réponse persiste tant que dure la provocation. C'est ainsi qu'il a été décidé, avant la loi actuelle, qu'une seconde réponse peut être requise lorsqu'elle est nécessitée par un nouvel article du journal ou par les observations dont il a accompagné la première réponse : Cass., 24 août 1832 (J. P. chr.); Riom, 14 janv. 1844 (S.-V.44.2.502). — Conf., Parant, p. 441 ; Chassan, t. 1, n. 955; de Grattier, t. 2, p. 106 ; Dalloz, n. 331. — V. aussi Petit, p. 58.

79. Le délai de trois jours dans lequel le gérant est tenu d'insérer la réponse n'est pas franc ; le jour de la réception de la réponse et celui de l'insertion y sont compris. — Faivre et Benoit-Lévy, p. 67. — Ce délai ne peut d'ailleurs profiter qu'aux journaux quotidiens. Les journaux qui ne paraissent qu'une fois ou deux par semaine ou par mois ne sauraient être autorisés à dif-

férer jusqu'à la semaine suivante ou jusqu'au mois suivant, l'insertion d'une réponse qui leur est remise moins de trois jours avant
la publication d'un numéro. — Cass., 9 août 1872 (S.-V. 73.1.181)
et 9 août 1878 (*Gaz. des Trib.* du 8 oct.); Faivre et Benoit-
Lévy, p. 68.

80. Si le journal venait à cesser sa publication avant d'avoir
inséré la réponse, les tribunaux pourraient-ils autoriser cette
insertion dans un autre journal, aux frais du gérant de la feuille
qui ne paraît plus? L'affirmative est enseignée par MM. Dalloz,
n. 348, et Faivre et Benoit-Lévy, p. 67. Je ne crois pas que cette
solution doive être admise en termes absolus. Que l'insertion
soit valablement faite, en pareil cas, dans un autre journal, lorsque celui-ci y consent, je le reconnais sans peine; mais ce qui
me paraît inadmissible, c'est que ce journal puisse être contraint
à faire une insertion qui ne rentre dans les conditions ni de
l'art. 12, ni de l'art. 13. — V. aussi en ce sens, Petit, p. 57. Et
compar. *infrà*, n. 84. — Il serait plus à propos, selon moi,
soit d'ordonner l'impression et l'affiche, aux frais du gérant,
tant de la réponse que de l'extrait des motifs et du dispositif du
jugement qui a reconnu la légitimité de celle-ci (Metz, 23 mai
1850, D.P.51.2.55), soit de condamner le gérant à des dommages-intérêts envers la personne dont la réponse n'a pu être
insérée. Compar. ci-après, n. 82.

81. Le refus d'insertion de la réponse des particuliers constitue, comme le refus d'insertion des rectifications des dépositaires
de l'autorité publique (V. *suprà*, n. 63), un délit, dont l'intention coupable est un élément essentiel, et non une contravention
matérielle, que la bonne foi ne pourrait excuser.—Conf., Faivre
et Benoit-Lévy, p. 68. Mais V. toutefois Celliez et Le Senne,
p. 112.

82. La condamnation du gérant à l'amende n'est pas la seule
sanction de l'obligation qui lui est imposée par l'art. 13. Le
refus de l'insertion peut encore entraîner contre lui une condamnation à des dommages-intérêts, si ce refus a causé un préjudice à la personne qui avait requis l'insertion. Comme le
remarquent fort bien MM. Faivre et Benoit-Lévy, p. 68, la
Chambre des députés en rejetant, ainsi qu'on l'a vu ci-dessus,
n. 68, l'amendement de M. Sourigues, n'a entendu répudier que
la détermination par la loi du taux de l'indemnité, et non le
principe même de l'indemnité, dont l'évaluation reste abandonnée aux juges.

83. D'un autre côté, il ne suffit pas au gérant de faire l'insertion réclamée pour échapper à toute responsabilité soit pénale, soit purement civile, au sujet de l'article qui a provoqué la réponse. L'art. 13 réserve à la personne nommée ou désignée le droit d'exercer contre le gérant toute poursuite correctionnelle ou toute action en dommages-intérêts, à raison du caractère délictueux (injurieux ou diffamatoire, par exemple), ou dommageable que présenterait l'article auquel elle a répondu. La loi nouvelle n'a fait, d'ailleurs, en cela que reproduire une disposition de la législation précédente (V. *suprà*, n. 64). — Sur l'application que cette disposition avait reçue, V. Cass. 15 févr. 1834 (J. P. chr.) ; Trib. de la Seine, 14 avr. 1835 (*Gaz. des Tr.* du 15); Parant, p. 151 ; Chassan, t. 1, n. 954; de Grattier, *Législ. de la presse*, t. 2, n. 108; Dalloz, n. 353.

84. Il est regrettable que la loi du 29 juill. 1881 n'ait pas explicitement tranché une question délicate qui était, sous la législation précédente, l'objet d'une sérieuse controverse ; je veux parler de la question de savoir si le gérant d'un journal peut être contraint à insérer un jugement ou arrêt auquel il n'a pas été partie. Même avant la loi nouvelle, la négative paraissait prévaloir, dans le cas où cette insertion était ordonnée en faveur d'un particulier (V. Paris, 16 août 1830 ; Douai, 9 août 1843, J.P.44.1.144) ; Chassan, t. 1, n. 961. — *Contrà*, Dalloz, n. 323). Mais un arrêt de la Cour suprême du 13 août 1880 (*Journ. du Minist. publ.*, t. 23, p. 231), cassant un arrêt de la Cour d'Alger du 5 juin 1879 (*ib.*, t. 22, p. 121), avait déclaré que le gérant ne pouvait, sous aucun prétexte, se refuser à faire une telle insertion sur la demande du ministère public ; et j'avais défendu la même doctrine dans les observations dont j'avais fait suivre l'arrêt précité de la Cour d'Alger. Cette solution reposait sur l'interprétation de l'art. 19 du décret du 17 févr. 1852, qui attribuait aux dépositaires de l'autorité publique le droit d'exiger l'insertion des documents officiels. Il semblait difficile, en effet, de contester, d'une part, que les officiers du ministère public fussent compris dans l'expression *dépositaire de l'autorité publique* employée par cet art. 19 (Compar. *suprà*, n.55), et, d'autre part, que les jugements ou arrêts présentassent le caractère de *documents officiels* dans le sens de cette même disposition. Mais aujourd'hui, comme on l'a vu plus haut, la seule insertion que le gérant d'un journal ne puisse refuser aux fonctionnaires ou agents du gouvernement, est celle des rectifications d'assertions inexactes se rapportant à leurs fonctions. La jurisprudence de la Cour suprême que je viens de rappeler n'est donc plus applicable. Ce n'est qu'en vertu de l'art. 1036 du Code de procédure civile que l'impression d'un jugement ou arrêt peut désormais être requise et ordonnée ; et, même quand la justice a prescrit l'insertion d'une de ses décisions dans un journal, le gérant reste libre de ne point la faire, parce qu'un journal est une propriété privée à laquelle la justice elle-même ne peut porter atteinte.—Conf., Petit, p. 60.

85. Le projet de loi arrêté par la commission de la Chambre des députés contenait, sous l'art. 16, devenu plus tard l'art. 14, une disposition ainsi conçue : « Les annonces judiciaires et légales pourront être insérées, au choix des parties, dans l'un des journaux publiés en langue française dans le département. — Néanmoins toutes les annonces judiciaires relatives à une même procédure de vente seront insérées dans le même journal, à peine de nullité. » C'était la reproduction littérale du décret du gouvernement de la Défense nationale du 28 déc. 1870.

M. Trarieux, député, avait déposé un paragraphe additionnel à cet article, qui portait : « Les insertions de jugements dont la publicité aura été ordonnée seront obligatoires pour les journaux requis de les faire, et leur seront réglées d'après le tarif des annonces légales. » Mais, d'accord avec la commission, il avait ensuite substitué à cette rédaction la formule suivante : « Les frais d'insertion de jugements autorisées par les tribunaux seront remboursés par la partie condamnée à la partie plaignante d'après le tarif des annonces judiciaires, s'il n'en a été autrement ordonné. »

86. Lors de la première délibération (séance du 25 janv. 1881), après quelques observations de M. Jolibois tendant à faire supprimer, dans l'amendement ainsi modifié de M. Trarieux, le membre de phrase final : « S'il n'en a été autrement ordonné », M. Cunéo d'Ornano a pris la parole pour déclarer qu'à ses yeux il était légitime et nécessaire que les propriétaires de journaux fussent libres d'insérer ou de ne pas insérer les documents qui leur étaient communiqués et d'en débattre le prix. « Si on ne veut pas rendre obligatoire, a-t-il dit, soit le fait de l'insertion, soit le prix de l'insertion, je ne comprends pas sur quoi porte l'amendement de M. Trarieux. » — « On nous demande, a répondu ce dernier, si les insertions seront obligatoires pour les journaux. Nous avons déjà répondu, et la rectification de mon

amendement primitif ne laisse, d'ailleurs, aucun doute. — Il est hors de doute que les journaux étrangers à l'affaire sont absolument libres d'insérer ou de ne pas insérer, à plus forte raison de débattre le prix des insertions. Il n'est pas touché à leur situation. Tout ce que notre projet a pour but de proposer ne pourra avoir d'effet qu'entre la partie plaignante et la partie condamnée. »

M. Jolibois a insisté sur la nécessité qu'il y avait, suivant lui, de faire disparaître la réserve contenue dans l'amendement en discussion, et de la remplacer par une disposition portant que le prix du tarif des annonces judiciaires ne pourrait être dépassé. Mais la commission a refusé de souscrire à ce changement, et l'amendement de M. Trarieux, tel qu'elle l'avait accepté, a été voté par la Chambre. L'art. 14 a été ensuite adopté avec cette disposition additionnelle, malgré les efforts de M. Ribot pour démontrer les inconvénients que présentait l'introduction, dans une loi sur la presse, d'un article concernant les annonces judiciaires.

87. Le Sénat, lui, a reconnu ces inconvénients, et il a supprimé l'art. 14 du projet. « La question des annonces judiciaires et légales, a dit M. Pelletan dans son rapport, est une question de procédure beaucoup plus qu'une question de presse ; nous l'avons renvoyée à la loi spéciale que le ministre de la justice prépare sur la matière. » La Chambre des députés a ensuite admis elle-même cette suppression.

88. Bien que la loi ne contienne, dès lors, aucune trace des dispositions du projet relatives soit aux annonces judiciaires, soit aux insertions de jugements, il m'a paru nécessaire d'en retracer l'historique, parce que de la discussion à laquelle elles ont donné lieu se dégagent deux points importants. Le premier, c'est que la commission de la Chambre des députés et la Chambre elle-même ont reconnu comme incontestable le droit des gérants de journaux de se refuser à insérer les documents, tels, par exemple, que jugements ou arrêts, qui leur sont remis dans cet objet, même en vertu d'une décision judiciaire ; ce qui est une consécration en quelque sorte officielle de l'opinion que j'ai embrassée ci-dessus, n. 84.

Le second point à retenir de la discussion dont il s'agit, c'est que la commission et la Chambre se sont également accordées à considérer comme abrogée par la loi nouvelle la disposition de l'art. 23 du décret du 17 février 1852 qui attribuait] aux préfets le droit de désigner les journaux dans lesquels devraient être insérées les annonces judiciaires et légales et de régler le tarif de l'impression de ces annonces. M. Ribot s'est expliqué à cet égard de la manière la moins équivoque : « Je suis absolument d'accord avec la commission, a-t-il dit, pour abroger la disposition du décret de 1852, qui avait conféré aux préfets, dans un but politique, le droit exorbitant de désigner les journaux qui auraient le monopole des annonces judiciaires. Nous abrogeons, par le fait même que nous ne la reproduisons pas, cette disposition du décret de 1852. » M. Lisbonne avait exprimé la même pensée dans son rapport. Ainsi, se trouve également confirmée l'observation que j'ai faite plus haut (n. 67), qu'il n'existe plus aujourd'hui de tarif légal pour les annonces judiciaires, mais que les parties sont libres de faire insérer ces annonces dans tel journal du département qu'il leur plaît, au prix convenu entre elles et ce journal. Je dois seulement ajouter que les parties restent soumises à la condition imposée par le décret du 28 déc. 1870, que toutes les annonces relatives à une même procédure soient insérées dans la même feuille.

§ III. — *Des journaux ou écrits périodiques étrangers.*

SOMMAIRE.

89. Suppression de l'autorisation préalable pour la circulation des journaux étrangers en France. — Droit d'interdiction du gouvernement.
90. Adoption, en première délibération, d'un amendement de M. Naquet restreignant ce droit d'interdiction aux publications obscènes.
91. Rejet, en deuxième lecture, de l'article entier du projet relatif aux journaux étrangers.
92. Vote d'un nouvel article admettant seulement l'interdiction par décision délibérée en conseil des ministres.
93. Dispositions additionnelles introduites par le Sénat.
94. L'interdiction par décision du conseil des ministres peut être absolue.
95. Mais elle peut aussi être limitée. — L'arrêté qui la prononce peut être rapporté. — Droit du ministre de l'intérieur d'interdire un seul numéro.
96. Sanction à peu près illusoire des prescriptions relatives à l'interdiction.
97. L'infraction à l'interdiction n'est punissable qu'autant qu'elle a été commise avec intention.

89. Les auteurs d'une loi destinée à assurer la liberté de la presse ne pouvaient songer à maintenir la condition de l'autori-

sation du gouvernement à laquelle la législation de l'empire avait subordonné la circulation en France des journaux politiques ou d'économie sociale publiés à l'étranger (Décr. du 17 fév. 1852, art. 2, non abrogé par la loi du 11 mai 1868). Le rapport fait, au nom de la commission de la Chambre des députés, par M. Lisbonne, après avoir stigmatisé cette disposition, déclarait que « la République n'a à redouter la liberté où qu'elle existe, ni d'où qu'elle vienne. » Ce qui n'empêchait pas la commission de proposer un article portant : « Les journaux ou écrits périodiques publiés à l'étranger pourront circuler en France, sans autorisation préalable, *sauf interdiction spéciale de la part du gouvernement*, qui sera portée à la connaissance du public par arrêté du ministre de l'intérieur inséré au *Journal officiel*. — Si leur circulation est interdite par le gouvernement, ceux qui, au mépris de cette interdiction, les auront mis en vente ou distribués, seront punis d'une amende de 100 à 3,000 francs. » — C'était l'art. 15 du projet.

Le rapport cherchait à justifier la restriction contenue dans cet article, en observant qu' « autre chose est soumettre la circulation des journaux étrangers à une autorisation préalable et absolue, autre chose est autoriser, en principe, leur circulation, en réservant au gouvernement la faculté de l'interdire par mesure spéciale sous sa responsabilité devant l'opinion et les pouvoirs publics. »

90. Néanmoins, la disposition nouvelle a été, lors de la première délibération, vivement critiquée à la Chambre des députés. M. Perin, particulièrement, s'est efforcé de démontrer que la responsabilité ministérielle serait une garantie illusoire contre l'abus que le gouvernement pourrait faire de la faculté qui lui était réservée d'interdire la circulation en France des journaux étrangers, et que cette faculté, contraire au principe même de la loi, en opposition avec ce qui se pratique chez les autres nations, et notamment en Angleterre, présentait de graves inconvénients et des dangers; que la presse étrangère rendait souvent à la France de grands services dans les questions de politique internationale, et que, sans elle, l'opinion publique ne serait parfois point éclairée sur des événements d'une haute importance; que, d'ailleurs, les journaux étrangers étant peu lus, il convenait au moins de les assimiler au livre et de leur accorder la liberté qu'on laisse à celui-ci, parce qu'il ne s'adresse qu'à un nombre limité de lecteurs, généralement

lettrés, sérieux et moins prompts à se laisser entraîner que la masse du public.

Le ministre de l'intérieur, M. Constans, a alors déclaré que ni le gouvernement ni la commission n'avaient songé à interdire aux journaux étrangers l'entrée du territoire français, mais qu'il leur avait semblé qu'on ne devait pas faire à la presse étrangère une condition plus favorable que celle qui est faite à la presse française ; que le gouvernement, qui ne disposait d'aucun moyen préventif contre les journaux étrangers, ne pouvait rester désarmé vis-à-vis de ceux qui contiendraient des outrages contre les bonnes mœurs, et qu'il était prêt, d'ailleurs, à accepter une rédaction qui limiterait à cette hypothèse le droit d'interdiction d'entrée en France des journaux publiés à l'étranger.

Cependant, lorsque M. Naquet, prenant acte de cette déclaration, a proposé un amendement aux termes duquel l'interdiction ne pouvait être prononcée « que contre les publications contraires aux bonnes mœurs », M. Lelièvre, au nom de la commission, a objecté que d'autres journaux étrangers pourraient contenir aussi des attaques condamnables, et a demandé, en conséquence, le maintien pur et simple du texte du projet. Après une virulente réplique de M. Lockroy, la Chambre a adopté successivement le premier paragraphe de la rédaction que la commission lui avait soumise, l'amendement de M. Naquet, ramené par lui à ces termes : « Toutefois, l'interdiction ne pourra être prononcée que contre les publications obscènes », et enfin la seconde partie de l'article du projet, relative à la pénalité.

91. A la deuxième lecture, sur la remarque faite par M. Lorois, qu'une interdiction du gouvernement ne pouvait être nécessaire pour empêcher la circulation en France de publications obscènes venues de l'étranger, et qu'il était inadmissible que la mise en vente ou la distribution de publications semblables fût punie seulement d'une amende, lorsque les outrages aux bonnes mœurs contenus dans des journaux français entraîneraient la peine de l'emprisonnement, l'article amendé comme je l'ai expliqué ci-dessus a été rejeté par la Chambre.

92. Cette suppression avait pour résultat de laisser à la presse étrangère une entière indépendance dans notre pays. Le ministre de l'intérieur s'est élevé de nouveau contre le privilège ainsi donné, suivant lui, aux journaux étrangers, et M. Goblet, entrant dans les mêmes vues, mais voulant empêcher qu'il pût dépendre de la décision d'un ministre ou d'un employé du mi-

nistère de l'intérieur d'interdire la circulation en France de journaux publiés à l'étranger, a proposé un nouvel article contenant cette seule disposition : « La circulation en France des journaux ou écrits périodiques publiés à l'étranger ne pourra être interdite que par décision spéciale délibérée en conseil des ministres. »

La commission, non seulement a accepté cet amendement, mais l'a fait défendre à la tribune par un de ses membres, M. Lelièvre, et, malgré les efforts de M. Floquet pour en prouver l'inutilité, en raison de la possibilité qu'il y aurait toujours d'atteindre les vendeurs et distributeurs de journaux étrangers contenant des délits, il a été voté, à une faible majorité d'ailleurs, par la Chambre.

93. Tout en conservant la disposition dont il s'agit, la commission du Sénat a cru devoir la compléter en y ajoutant deux paragraphes. L'un, portant que « la circulation d'un numéro peut être interdite par une décision du ministre de l'intérieur », a été expliqué en ces termes dans le rapport de M. Pelletan : « Une réunion solennelle du conseil des ministres pour arrêter un numéro de journal, a le double inconvénient d'attacher trop d'importance à une feuille volante qui peut n'être qu'une ordure ou une infamie, et ensuite de la laisser circuler librement en attendant que le conseil des ministres ait eu le temps de délibérer. » L'autre, destiné à réparer l'oubli qu'avait fait la Chambre des députés de donner une sanction à la disposition qui permettait au gouvernement d'interdire la circulation des journaux étrangers, était ainsi conçu : « La mise en vente ou la distribu-« tion, faite sciemment au mépris de l'interdiction, sera punie « d'une amende de 50 à 500 fr. ».

Ces différentes dispositions ont été adoptées sans discussion par le Sénat. Elles forment l'art. 14 de la loi, dont voici la rédaction définitive : « La circulation en France des journaux ou écrits périodiques publiés à l'étranger ne pourra être interdite que par une décision spéciale délibérée en conseil des ministres. — La circulation d'un numéro peut être interdite par une décision du ministre de l'intérieur. — La mise en vente ou la distribution, faite sciemment au mépris de l'interdiction, sera punie d'une amende de 50 francs à 500 francs. »

94. Ainsi, les publications étrangères peuvent se voir fermer l'accès du public français, ou d'une manière absolue et indéfinie, par une décision délibérée en conseil des ministres, ou pour un

numéro seulement, par une décision du ministre de l'intérieur;
et ce régime s'applique, non point exclusivement aux journaux
politiques et d'économie sociale, que visait seuls le décret de
1852, ainsi que je l'ai déjà rappelé, mais à tous les journaux ou
écrits périodiques étrangers, de quelque matière qu'ils traitent,
comme l'observe la circulaire du ministre de la justice. On
ne saurait reprocher à l'art. 14 de marquer un pas trop hardi
dans la voie de la liberté.

MM. Faivre et Benoît-Lévy, p. 75, paraissent croire que l'interdiction par décision du conseil des ministres ne pourra être
prononcée que pendant un temps ou pour un nombre de numéros déterminés. Rien n'autorise une semblable interprétation.
Le texte de la loi confère au conseil des ministres un droit d'interdiction sans limite, et la discussion à la Chambre des députés
ne permet pas de prétendre que le législateur ait entendu soumettre ce droit à une restriction quelconque.

95. Mais c'est aussi par erreur, selon moi, que, d'un autre
côté, MM. Celliez et Le Senne, p. 115, dénient au conseil des
ministres le pouvoir d'interdire la circulation pendant un certain délai seulement, et soutiennent qu'il ne peut prononcer
l'interdiction que d'une manière absolue et sans avoir la faculté
de revenir sur sa décision, l'interdiction temporaire et momen-
tanée étant réservée au ministre de l'intérieur. Le conseil des
ministres, qui a le droit de défendre indéfiniment la vente et
la distribution en France de telle ou telle publication étrangère,
peut, à plus forte raison, ne l'empêcher que pour un temps déterminé, ou rapporter, après une certaine durée, l'arrêté d'interdiction absolue. Que cela ressemble quelque peu au système de
l'autorisation préalable, je n'en disconviens pas ; mais ce n'est
pas en ce point seulement que la disposition de l'art. 14 est en
contradiction avec la volonté qu'a eue le législateur de supprimer l'autorisation préalable.

Le ministre de l'intérieur, dont cet article restreint le droit
d'interdiction à un numéro de journal, n'est-il pas libre d'exercer ce droit à l'égard de chaque numéro successivement, et
la garantie que la Chambre des députés a voulu donner à la
presse étrangère contre l'arbitraire auquel elle avait été soumise sous l'Empire, en exigeant que la mesure de l'interdiction soit délibérée en conseil des ministres, ne s'évanouit-elle pas
ainsi d'une façon irrémédiable ?

96. Une autre inconséquence, dans laquelle on pourrait s'ap-

plaudir, dans l'intérêt d'une liberté plus vraie pour les journaux étrangers sur le territoire français, de trouver une atténuation de la première, si toute contradiction et toute impuissance de la part du législateur n'étaient pas regrettables, une autre inconséquence, dis-je, consiste en ce que la disposition conférant au gouvernement le droit d'interdiction, n'admet qu'une sanction à peu près illusoire. En effet, cette disposition ne permet d'atteindre que les vendeurs et distributeurs, et elle ne les frappe que dans le cas où la mise en vente ou la distribution a été faite sciemment au mépris de l'interdiction, c'est-à-dire avec connaissance de l'arrêté par lequel l'interdiction a été prononcée ; or, cette connaissance, qu'il est incontestablement juste] d'exiger, comment sera-t-elle acquise par les vendeurs ou distributeurs, en l'absence d'un texte qui prescrive, comme le faisait le projet primitif de la commission (V. *suprà*, n. 89), d'insérer l'arrêté d'interdiction dans le *Journal officiel*, et comment prouvera-t-on que l'interdiction était connue de l'agent au moment de la mise en vente ou de la distribution ? Ainsi, non seulement la responsabilité pénale ne remontera jamais jusqu'aux auteurs des publications étrangères délictueuses aux yeux de la loi française, mais ceux qui répandent ces publications en France y échapperont eux-mêmes le plus souvent. Etait-ce bien la peine, pour aboutir à ce résultat, d'introduire dans la loi une disposition contrastant avec l'esprit largement libéral dont ses auteurs ont prétendu s'inspirer ?

97. Sous l'empire du décret du 17 fév. 1852, le fait d'introduire ou de distribuer en France des journaux étrangers sans l'autorisation du gouvernement, constituait, d'après la jurisprudence de la Cour suprême (arrêts des 15 sept. 1854 et 7 août 1869, Bull. crim.), une contravention punissable indépendamment de toute intention répréhensible. L'art. 14 de la loi du 29 juill. 1881 consacre un principe contraire pour l'infraction à l'interdiction de faire circuler ces journaux en France, en subordonnant l'application de la peine à la condition, déjà rappelée, que la mise en vente ou la distribution ait été faite *sciemment* au mépris de l'interdiction, car la connaissance de l'arrêté d'interdiction, de la part des vendeurs ou distributeurs, implique nécessairement leur volonté d'enfreindre la loi en vertu de laquelle cette interdiction a été prononcée.

CHAPITRE III.

De l'affichage, du colportage et de la vente sur la voie publique.

§ 1er. *De l'affichage.*

SOMMAIRE.

98. Restrictions mises au droit d'affichage et à l'exercice de la profession d'afficheur par la législation antérieure.

99. La loi nouvelle rend l'affichage libre, sans distinction entre les affiches politiques et celles qui ne le sont pas. — Elle n'exige aucune déclaration de la part des afficheurs.

100. Comment doivent s'entendre les *actes émanés de l'autorité* dont les affiches peuvent seules être imprimées sur papier blanc.

101. Les infractions aux prescriptions relatives au mode d'affichage sont des contraventions purement matérielles que ne peut excuser la bonne foi.

102. Celle consistant dans l'emploi de papier blanc pour l'impression des affiches d'écrits autres que les actes émanés de l'autorité, est à la charge des imprimeurs.

103. Ces affiches ne peuvent être placardées sur les murs et constructions des particuliers sans leur autorisation.

104. L'affichage des professions de foi, circulaires et affiches électorales ne peut être fait que sur les édifices autres que ceux consacrés aux cultes.

105. Les affiches électorales ne peuvent être apposées sur les édifices consacrés aux cultes, même avec le consentement de l'autorité ecclésiastique.

106. Un amendement tendant à faire admettre la même exception à l'égard des casernes n'a pas été pris en considération.

107. Dispositions répressives du fait d'enlever, déchirer ou travestir les affiches apposées par ordre de l'administration ou les affiches électorales.

108. Aggravation de l'infraction lorsqu'elle est commise par nn fonctionnaire public ou un agent de l'autorité.

109. Suite.

110. Le fait dont il s'agit cesse d'être punissable si l'affiche n'a plus d'utilité.

111. L'infraction constitue une simple contravention ne comportant pas l'excuse de la bonne foi, alors même qu'étant commise par un

fonctionnaire public ou un agent de l'autorité, elle est passible de peines correctionnelles.

112. Il n'y a pas de contravention, si les affiches enlevées, lacérées ou travesties avaient été placardées sans droit.

113. Les locataires ne peuvent, sans contravention, enlever les affiches apposées sur la maison qu'ils habitent.

114. Cette faculté n'appartient pas davantage au principal locataire ; il n'a que l'action civile réservée au preneur par l'art. 1725, Cod. civ.

115. Le dommage porté aux affiches des particuliers ne constitue qu'un quasi-délit.

116. Les dispositions qui consacrent la liberté de l'affichage s'appliquent, notamment, aux affiches annonçant la fondation d'un journal.

98. A l'origine, l'affichage des actes de l'autorité publique et l'apposition d'affiches particulières, jouissant en principe d'une complète liberté, n'étaient soumis, comme le remarque M. Lisbonne dans son rapport à la Chambre des députés, qu'à des mesures d'ordre et à certaines prescriptions que semblaient exiger les nécessités politiques du moment, mais qui n'altéraient en rien le fond même du droit (V. décr. 18 mai 1791, art. 12 à 14 ; décr. 22 juill. 1791).

Mais de graves restrictions n'avaient pas tardé à être apportées au droit d'affichage. Le décret du 13 avril 1814 (art. 1er) en avait subordonné l'exercice, dans Paris, à la présentation des placards ou affiches à la préfecture de police, qui devait donner le vu pour afficher. La loi du 10 déc. 1830, allant plus loin, avait (art. 1er) interdit l'affichage de tous écrits, autres que les actes de l'autorité, contenant des nouvelles politiques ou traitant d'objets politiques ; et, plus tard, le décret du 25 août 1852 avait soumis à la nécessité d'obtenir de l'autorité municipale dans les départements et du préfet de police à Paris, l'autorisation ou permis d'afficher, ceux qui voulaient, au moyen de la peinture ou de tout autre procédé, inscrire des affiches dans un lieu public, sur les murs, sur une construction quelconque ou même sur toile (art. 1er).

D'un autre côté, la loi précitée du 10 déc. 1830 avait (art. 2) exigé de quiconque voulait exercer, même temporairement, la profession d'afficheur, une déclaration préalable devant l'autorité municipale et l'indication de son domicile.

99. La loi nouvelle supprime toutes ces entraves. Aux termes de l'art. 15, qui a été voté sans discussion par la Chambre des

députés et par le Sénat, « dans chaque commune, le maire désignera, par arrêté, les lieux exclusivement destinés à recevoir les
affiches des lois et autres actes de l'autorité publique. — Il est interdit d'y placarder des affiches particulières. — Les affiches des
actes émanés de l'autorité seront seules imprimées sur papier
blanc. — Toute contravention aux dispositions du présent article
sera punie des peines portées en l'article 2. »

Ainsi, il n'y aura plus désormais aucune différence entre les
affiches politiques et celles qui ne le sont pas. Les unes et les
autres pourront être placardées sans autorisation de qui que ce
soit, sous la responsabilité de ceux qui en seront les auteurs ou
qui les auront apposées, et qui ne seront passibles de poursuites
que si les affiches sont criminelles ou délictueuses.—V. rapport
de M. Lisbonne.

Le droit de réglementation que les municipalités avaient cru
pouvoir puiser dans les art. 3 et 4 de la loi du 16-24 août 1790
et dans l'art. 46 de la loi du 19 juill. 1791, relatif à la police des
lieux publics, tombe nécessairement devant les dispositions de
l'art. 15 ci-dessus, qui aujourd'hui régissent seules la matière
de l'affichage; et il en est de même de la formalité de la déclaration préalable de la part des afficheurs.—V. même rapport.

100. Les *actes émanés de l'autorité* dont les affiches peuvent
seules être imprimées sur papier blanc, doivent s'entendre exclusivement des actes émanés de fonctionnaires agissant comme
délégués du pouvoir exécutif. Les affiches par lesquelles les ministres des cultes annoncent des prédications ou des offices, ou
publient des mandements, ne peuvent donc être imprimées que
sur papier de couleur. — Faivre et Benoît-Lévy, p. 77.

101. Il est hors de doute que les infractions aux prescriptions
des trois premiers paragraphes de l'art. 115 sont des contraventions purement matérielles que la bonne foi ne saurait excuser. — Mêmes auteurs, *ibid*.

102. Celle de ces infractions qui consiste dans l'emploi de papier blanc pour l'impression des affiches d'écrits autres que les
actes émanés de l'autorité, est à la charge des imprimeurs,
comme elle l'était déjà sous la législation précédente. — Circulaire du garde des sceaux.

103. Il semblerait résulter des deux premiers paragraphes de
l'art. 15 que les affiches qui ne sont point destinées à faire connaître les lois ou les autres actes de l'autorité publique, peuvent
être apposées dans tous les lieux autres que les emplacements

réservés à l'autorité. Il ne saurait cependant être permis de les placarder sur les murs et constructions des particuliers sans le consentement de ceux-ci ; ce serait là une atteinte manifeste au droit de propriété. Compar. *infrà*, n. 112.

104. L'affichage des professions de foi, circulaires et affiches électorales a paru devoir faire l'objet de prescriptions particulières. Le projet de loi arrêté par la commission de la Chambre des députés disposait que cet affichage pourrait être fait, à l'exception des lieux réservés pour les affiches des lois et autres actes de l'autorité publique, *sur tous les édifices publics* et particulièrement aux abords de la salle du scrutin.

Par la généralité de ses termes, relativement aux édifices publics, cette disposition permettait d'apposer les affiches électorales mêmes sur les édifices consacrés aux cultes. M. Batbie avait demandé à la commission du Sénat de ne point consacrer cette extension, et d'ajouter aux mots « édifices publics », ces expressions restrictives : « autres que les édifices consacrés aux cultes ». Mais la commission avait écarté cet amendement, parce que l'exception qu'il renfermait était de nature à rendre l'affichage quelquefois impossible.

M. Batbie n'en a pas moins reproduit sa proposition lors de la discussion au Sénat, en l'appuyant sur cette considération, que si les églises sont des propriétés communales, elles sont toutefois affectées d'une manière permanente à l'exercice du culte, et que la surveillance en étant dès lors réservée à l'autorité ecclésiastique, des affiches n'y peuvent être apposées contre le gré de celle-ci. Bien que combattu vivement par M. Griffe, qui ne concevait pas qu'on fît pour les églises une exception qu'on pourrait réclamer au même titre pour les casernes (V. ci-après, n. 106), pour les maisons d'école, pour les hôpitaux, etc., l'amendement de M. Batbie a été adopté par le Sénat.

L'art. 15 se trouve donc conçu en ces termes : « Les professions de foi, circulaires et affiches électorales pourront être placardées, à l'exception des emplacements réservés par l'article précédent, sur tous les édifices publics autres que les édifices consacrés aux cultes et particulièrement aux abords des salles de scrutin. »

105. Les affiches électorales pourraient-elles être apposées sur les édifices consacrés aux cultes avec le consentement de l'autorité ecclésiastique? MM. Faivre et Benoît-Lévy, p. 78, admettent l'affirmative. Cependant M. Batbie a dit au Sénat : « Il doit

y avoir interdiction d'une manière complète, absolue. On ne doit permettre à aucun candidat, même avec l'agrément de l'autorité ecclésiastique, avec celle de la fabrique si elle voulait la donner, d'apposer des affiches dont souvent l'effet serait de porter atteinte à la liberté des cultes. » Et, de son côté, M. Pelletan, dans son rapport, avait remarqué « que si le ministre d'un culte refusait à un candidat la permission qu'il accorderait à un autre, il descendrait par là même dans l'arène électorale, il prendrait parti pour une candidature ». Ces considérations, jointes aux termes absolus de l'exclusion contenue dans l'art. 15, me semblent devoir faire rejeter la solution de MM. Faivre et Benoît-Lévy, comme contraire tout à la fois au texte et à l'esprit de la loi.

106. Encouragé par le succès de l'amendement de M. Batbie, un autre sénateur, M. le général Robert, avait proposé de comprendre « les casernes » dans l'exception qui venait d'être votée. Le rapporteur, M. Pelletan, a repoussé, au nom de la commission, la prise en considération de ce nouvel amendement. « D'exclusion en exclusion, a-t-il dit, on arriverait à ne pouvoir afficher sur aucun monument public. » L'amendement n'a pas été pris en considération par le Sénat.

107. Après avoir établi, sous les restrictions qui viennent d'être rappelées, la liberté de l'affichage, le législateur a voulu, selon l'expression de M. Lisbonne (rapport à la Chambre des députés), « la protéger en protégeant l'affiche elle-même. »

L'art. 17 de la loi du 29 juill. 1881 porte : « Ceux qui auront enlevé, déchiré, recouvert ou altéré par un procédé quelconque, de manière à les travestir ou à les rendre illisibles, des affiches apposées par ordre de l'administration dans les emplacements à ce réservés, seront punis d'une amende de 5 à 15 fr.—Si le fait a été commis par un fonctionnaire ou un agent de l'autorité publique, la peine sera d'une amende de 16 francs à 100 francs, et d'un emprisonnement de six jours à un mois, ou de l'une de ces deux peines seulement. — Seront punis d'une amende de 5 fr. à 15 fr. ceux qui auront enlevé, déchiré, recouvert ou altéré par un procédé quelconque, de manière à les travestir ou à les rendre illisibles, des affiches électorales émanant de simples particuliers, apposées ailleurs que sur les propriétés de ceux qui auront commis cette lacération ou altération. — La peine sera d'une amende de 16 francs à 100 francs et d'un emprisonnement de six jours à un mois ou de l'une de ces deux peines seulement, si le fait a été commis par un fonctionnaire ou agent de l'autorité publique, à moins que les affiches n'aient été apposées dans les emplacements réservés par l'article 15. »

Cette disposition ne fait que compléter celle de l'art. 479, § 9, du Code pénal, punissant d'une amende de 11 à 15 fr. « ceux qui auront méchamment enlevé ou déchiré les affiches apposées par ordre de l'administration. »

108. Comme on le remarque, la pénalité édictée par l'art. 17 de la loi nouvelle est plus faible, dans les cas ordinaires, que celle de l'art. 479 du Code pénal. Mais l'infraction s'aggrave, lorsqu'elle est commise par un fonctionnaire ou un agent de l'autorité publique. Cette aggravation trouve son analogie dans diverses dispositions du Code pénal (V. art. 111, 112, 145, 146, 241, 255, etc.).

109. L'art. 17 place les affiches électorales sur la même ligne que celles de l'administration. « Elles ont, en effet, dit le rapport de M. Lisbonne, un intérêt général de premier ordre, puisqu'elles constituent un des actes par lesquels s'exerce publiquement le suffrage universel. »

110. Le fait d'enlever, déchirer, recouvrir ou altérer soit les affiches apposées par l'ordre de l'administration, soit les affiches électorales, cesse d'être punissable « si l'affiche a fait son temps, c'est-à-dire si l'acte, si l'opération qu'elle a en vue sont tombés dans le domaine des faits accomplis.—L'intention de l'agent est ici un des éléments essentiels du délit. Le mot *méchamment* avait été introduit dans la rédaction primitive de l'article. La commission ne l'a pas maintenu, mais uniquement parce qu'elle l'a jugé inutile. Il est donc évident que si une affiche n'a plus d'utilité, le fait d'y avoir porté atteinte n'est plus répréhensible » (Rapport de M. Lisbonne).

111. Toutefois, l'intention ne doit s'entendre, en cette matière, que de la volonté d'empêcher le public de connaître le contenu de l'affiche (Cass., 6 oct. 1832, S.-V. chr.), et lorsque cette intention est établie, l'infraction, même dans le cas où elle est commise par un agent de l'autorité, n'en constitue pas moins une simple contravention, punie, à la vérité, de peines correctionnelles, mais excluant, comme toute contravention, l'excuse de la bonne foi (arg. Cod. pén., 479, § 9). Par exemple, un brigadier de gendarmerie qui a enlevé ou lacéré des affiches électorales, ne peut être excusé sous le prétexte qu'il n'a fait en cela que déférer à un réquisitoire qui lui avait été adressé

par le maire. — Trib. corr. de Saint-Jean-d'Angély, 16 déc. 1881,
aff. Labatut c. Roy de Loulay et Ossian Pic (*Gaz. des Trib.*). —
V. toutefois Faivre et Benoit-Lévy, p. 80.

112. Il n'y aurait pas de contravention, si les affiches enlevées,
lacérées ou travesties, avaient été placardées sans droit, et dans
des lieux ou emplacements prohibés. Ainsi, aucune peine n'est encourue ni par le fonctionnaire public qui enlève les affiches électorales apposées dans les emplacements réservés à l'administration, ni par le particulier qui enlève celles apposées sur sa
propriété sans son autorisation. C'est ce qui résulte clairement
des dispositions des §§ 3 et 4 de l'art. 17.

113. Lors de la discussion à la Chambre des députés, M. Lorois avait présenté un amendement consistant à ajouter, dans le
§ 3 de l'art. 17, après les mots « ailleurs que sur les propriétés »,
ces autres mots : « ou l'habitation », destinés à empêcher qu'un
candidat qui habiterait une maison dont il ne serait pas propriétaire, mais simple locataire, fût exposé à voir couvrir sa demeure d'affiches qui l'attaqueraient, lui ou le parti auquel il
appartient. Mais, sur la remarque de M. Lelièvre, membre de la
commission, qu'il était inadmissible qu'un des locataires, souvent
nombreux, de chaque maison eût la faculté d'enlever des murs
de celle-ci les affiches qui lui déplairaient, ce qui serait l'annihi-
lation du droit d'affichage, la Chambre a rejeté cet amendement.

114. Suivant MM. Faivre et Benoit-Lévy, p. 81, dont l'opinion
a été adoptée par un jugement du tribunal de simple police de
Lussac-les-Châteaux, du 24 sept. 1881 (*Journ. du dr. crim*),
il faut considérer comme propriétaires, dans le sens de
l'art. 17, l'usufruitier et le principal locataire. Que l'usufruitier doive ici être assimilé au propriétaire de l'immeuble, je ne serais pas éloigné de l'admettre, parce que l'usu-
fruit est un démembrement du droit de propriété, et qu'il
confère à celui qui en est investi le droit de jouir de la propriété comme le propriétaire lui-même (Cod. civ., 578). Mais le
caractère précaire du titre du locataire, même lorsqu'il a loué
l'immeuble en entier, ne me paraît pas permettre à son égard la
même assimilation; ce serait forcer singulièrement le sens des
mots que de réputer cet immeuble *propriété* du locataire principal. Ce dernier ne peut qu'exercer contre ceux qui ont apposé
des affiches sur la maison louée, l'action civile réservée au preneur par l'art. 1725, Cod. civ.

115. La loi du 29 juill. 1881 laisse en dehors de ses prévisions

le dommage porté aux affiches des particuliers. Elle ne voit là qu'une faute, un acte répréhensible n'excédant pas la gravité du quasi-délit, et que régit exclusivement l'art. 1382 du Code civil. — Rapport de M. Lisbonne.

116. Il est à peine utile de rappeler, en terminant, qu'un député, M. Cunéo d'Ornano, ayant demandé, au cours de la discussion, si les nouvelles dispositions consacrant la liberté de l'affichage concernaient non seulement les affiches électorales, mais aussi, par exemple, les affiches qui annoncent la fondation d'un journal, la réponse affirmative, qui ne pouvait faire l'objet d'un doute, est résultée des courtes explications données par des membres de la commission.

§ II. — *Du colportage et de la vente sur la voie publique.*

SOMMAIRE.

117. Celui qui veut exercer la profession de colporteur ou de distributeur de livres, écrits, brochures, journaux, etc., n'est plus tenu à la justification ni même à la déclaration de sa qualité de français et de l'absence de condamnation pouvant entraîner privation de ses droits civils et politiques.

118. Mentions que doit contenir la déclaration exigée de lui. — Récépissé. — Suppression des dispositions du projet qui maintenaient l'obligation, pour le colporteur ou distributeur, d'être muni d'un catalogue et d'un livret.

119. Le récépissé de la déclaration ne peut être refusé sous aucun prétexte. — Droits du colporteur ou distributeur en cas de refus.

120. L'action en dommages-intérêts qu'il exercerait dans ce cas serait de la compétence de l'autorité judiciaire.

121. La déclaration ni le récépissé ne sont soumis à la formalité du timbre.

122. Une déclaration n'est pas nécessaire pour le colportage ou la distribution accidentels, mais seulement pour ceux qui présentent le caractère de l'habitude.

123. Obligation de présenter le récépissé à toute réquisition.

124. Le colportage sans déclaration préalable constitue une simple contravention punie de peines de simple police. — La disposition du projet déclarant applicable l'art. 463, Cod. pén., a été supprimée comme rendue inutile par l'art. 64 de la loi nouvelle.

125. Poursuites dont sont passibles les colporteurs et distributeurs

qui colportent ou distribuent sciemment des publications délictueuses.

126. Rejet de la disposition du projet qui permettait aux tribunaux
d'interdire l'exercice de la profession de colporteur ou de distributeur à tout individu condamné dans le cas indiqué au numéro
précédent.

127. Les colporteurs ou distributeurs peuvent aussi être poursuivis
comme auteurs principaux dans les termes de l'art. 42 de la loi
du 29 juill. 1881. — Critique.

117. Quoique cette matière eût été déjà réglée par des lois récentes, et en dernier lieu par celle du 17 juin 1880, dont la commission s'était bornée à intercaler les dispositions dans le projet
de loi sur la presse, la Chambre des députés l'a soumise à une
nouvelle discussion, afin de rechercher s'il n'était pas possible
d'améliorer encore le régime auquel était soumis le colportage.

L'art. 1er de la loi du 17 juin 1880 exigeait qu'en faisant la déclaration, substituée par la législation nouvelle à la condition de
l'autorisation préalable qu'avait imposée l'art. 6 de la loi du 27
juill. 1849, celui qui voudrait exercer la profession de colporteur ou de distributeur de livres, écrits, brochures, journaux,
etc., justifiât qu'il était français, et qu'il n'avait pas encouru
une condamnation pouvant entraîner privation de ses droits civils et politiques. Devant la Chambre des députés, M. Cunéo
d'Ornano a demandé que, dans l'art. 18 du projet de loi
sur la presse, qui reproduisait cette disposition, l'on se bornait
à exiger du colporteur la déclaration qu'il était français, sans l'as-
treindre à justifier de sa nationalité, sauf au ministère public à
le poursuivre, en vertu de l'art. 21 (V. ci-après), dans le cas de
fausse déclaration. MM. Gatineau et Andrieux sont allés plus
loin et ont proposé de supprimer, comme constituant des entraves
inutiles à l'exercice d'une profession qui doit être libre comme
toute autre, non seulement l'obligation d'une justification, mais
la nécessité même d'une déclaration de la nationalité française
et de l'absence de condamnation pouvant entraîner privation des
droits civils et politiques. La commission a à peine défendu le
maintien de la disposition dont la suppression était réclamée,
et, M. Cunéo d'Ornano ayant retiré son amendement moins ra-
dical, cette suppression a été votée par la Chambre, et le Sénat
l'a admise à son tour.

L'art. 18 de la loi du 29 juill. 1881 ne contient plus dès lors
que les dispositions suivantes : « Quiconque voudra exercer la

profession de colporteur ou de distributeur sur la voie publique ou en tout autre lieu public ou privé, de livres, écrits, brochures, journaux, dessins, gravures, lithographies et photographies, sera tenu d'en faire la déclaration à la préfecture du département où il a son domicile. — Toutefois, en ce qui concerne les journaux et autres feuilles périodiques, la déclaration pourra être faite, soit à la mairie de la commune dans laquelle doit se faire la distribution, soit à la sous-préfecture. Dans ce dernier cas, la déclaration produira son effet pour toutes les communes de l'arrondissement. »

118. Une modification importante a été également apportée à la rédaction de l'article 2 de la loi du 17 juin 1880, devenu l'article 19 de la nouvelle loi sur la presse. Le texte de cet article 2 portait : « La déclaration contiendra les nom, prénoms, profession, domicile, âge et lieu de naissance du déclarant. — Il sera délivré immédiatement et sans frais au déclarant récépissé de sa déclaration. — Tout colporteur ou distributeur devra être, en outre, muni d'un catalogue qui contiendra l'indication des objets énumérés à l'article 1er, destinés à la vente. Ce catalogue sera dressé sur un livret qui sera coté, visé et paraphé à l'avance par le préfet ou le sous-préfet. — Pour le colportage et la distribution des journaux dans une commune, le livret pourra être visé par le maire. — Le récépissé et le catalogue devront être présentés par le colporteur, à toute réquisition de l'autorité compétente, qui aura toujours le droit de vérifier si les objets colportés ou distribués sont mentionnés au catalogue. — Les objets mentionnés au catalogue pourront seuls être colportés ou distribués. »

Sur la proposition de M. Naquet, motivée par le désir d'empêcher qu'un ministère peu scrupuleux n'abusât des restrictions à la liberté du colportage qui résulteraient des dispositions des quatre derniers paragraphes de l'article qu'on vient de lire, ces quatre paragraphes ont été supprimés par la Chambre des députés, sans opposition de la part de la commission; et le Sénat a adopté, comme la Chambre elle-même, l'article 19 dans ces simples termes : « La déclaration contiendra les nom, prénoms, profession, domicile, âge et lieu de naissance du déclarant. — Il sera délivré immédiatement et sans frais au déclarant un récépissé de sa déclaration. »

119. L'obligation imposée au préfet, au sous-préfet ou au maire de délivrer *immédiatement* au colporteur un récépissé de sa déclaration, doit, d'après les explications échangées, à la

Chambre, entre quelques députés et la commission, être entendue en ce sens que le fonctionnaire auquel est faite la déclaration ne peut refuser le récépissé sous aucun prétexte, et que s'il y avait refus de sa part, le colporteur serait autorisé à passer outre, en faisant constater ce refus soit par témoins, soit par huissier, sous la réserve de l'action en dommages-intérêts que pourrait motiver la violation de son droit (séance du 14 février 1881).

120. Cette action serait-elle de la compétence de l'autorité judiciaire? La question, posée devant la Chambre des députés (même séance), n'y a pas été résolue; elle est sans doute délicate. Toutefois, comme celle qui s'était élevée, sous l'empire de la loi du 29 déc. 1875, de savoir si les tribunaux civils étaient compétents pour statuer sur la demande en dommages-intérêts formée contre un préfet à raison du préjudice résultant de ce qu'il avait exclu certains journaux déterminés du catalogue d'un colporteur, j'estime qu'elle doit être résolue affirmativement, parce que ce n'est pas l'appréciation d'un acte administratif, mais celle de la responsabilité naissant d'un abus de pouvoir, qui est, en pareil cas, soumise aux tribunaux. Compar. les nombreuses décisions que j'ai rapportées dans le *Journal du Ministère public*, t. 20, p. 189 et suiv., et t. 21, p. 45, ainsi que les observations dont je les ai fait suivre.

121. La loi n'exige pas que la déclaration du colporteur soit, comme celle du gérant d'un journal ou écrit périodique, par exemple (V. *suprà*, n. 31), faite sur papier timbré. Cette déclaration, pas plus que le récépissé, n'entraîne aucun frais de timbre ou autres. Compar. décis. du ministr. des fin., 23 juin 1880.

122. Sous l'empire de la loi du 29 juill. 1849, une jurisprudence constante déclarait que le défaut d'autorisation préalable rendait le colportage punissable, aussi bien lorsqu'il était simplement accidentel que lorsqu'il était exercé d'une manière permanente. V. notamment les arrêts rapportés dans le *Journal du Ministère public*, t. 18, p. 87 et suiv.

L'art. 20 de la loi du 29 juill. 1881 dispose, au contraire, que « la distribution et le colportage accidentels ne sont assujettis à aucune déclaration. »

Cette formalité n'est exigée que de ceux qui se livrent habituellement au colportage. Des faits plus ou moins nombreux de distribution d'écrits ou journaux dans une seule journée ne la rendraient pas nécessaire.

123. Bien que, par suite de la suppression du § 5 de l'art. 2 de la loi du 17 juin 1880, devenu l'art. 19 de la loi actuelle (V. *suprà*, n. 118), l'obligation de présenter le récépissé de sa déclaration à toute réquisition de l'autorité, ne se trouve plus imposée d'une manière expresse et directe au colporteur, ce dernier n'y est pas moins soumis, car le défaut de présentation de ce récépissé, qu'un arrêt de la Cour de cassation du 11 janv. 1879 (S.-V.79.1.140) avait déclaré non punissable, est, au contraire, compris aujourd'hui parmi les contraventions en matière de col-. portage. V. l'art. 21 ci-après.

124. Le colportage sans autorisation était puni de peines correctionnelles par l'art. 6 de la loi du 27 juill. 1849. Les prescriptions de la loi du 29 juill. 1881, en cette matière, ne sont sanctionnées que par des peines de simple police, comme l'étaient déjà celles des lois du 9 mars 1878 et du 17 juin 1880.

« L'exercice de la profession de colporteur ou de distributeur sans déclaration préalable, porte l'art. 21, la fausseté de la déclaration, le défaut de présentation à toute réquisition du récépissé, constituent des contraventions. — Les contrevenants seront punis d'une amende de 5 fr. à 15 fr., et pourront l'être, en outre, d'un emprisonnement d'un à cinq jours. — En cas de récidive ou de déclaration mensongère, l'emprisonnement sera nécessairement prononcé. »

A l'exemple des art. 2 de la loi de 1878 et 4 de la loi de 1880, le projet contenait une disposition finale déclarant applicable l'art. 463 du Code pénal, relatif aux circonstances atténuantes. Cette disposition était évidemment inutile en présence de l'art. 64 (V. *infrà*), qui permet, d'une manière générale, d'appliquer l'art. 463 dans tous les cas prévus par la loi nouvelle. Elle a été supprimée par la Chambre des députés, sur l'observation de M. Dramel.

125. Colporter ou distribuer des publications que l'on sait présenter un caractère délictueux, c'est s'associer, au moins dans une certaine mesure, aux infractions que ces publications renferment. Aussi, l'art. 22 de la loi du 29 juill. 1881 dispose-t-il : « Les colporteurs et distributeurs pourront être poursuivis conformément au droit commun, s'ils ont sciemment colporté ou distribué des livres, écrits, brochures, journaux, dessins, gravures, lithographies et photographies, présentant un caractère délictueux, sans préjudice des cas prévus à l'art. 42. »

126. Dans le projet, cet article contenait un second paragra-

phe ainsi rédigé : « Les tribunaux pourront prononcer l'interdiction de l'exercice de la profession de colporteur ou de distributeur à tout individu condamné en vertu du présent article. » Cette disposition était un véritable anachronisme. Elle s'expliquait sous la législation antérieure, qui permettait de supprimer les journaux contre lesquels une poursuite avait été dirigée. Mais comment admettre, quand le journaliste condamné peut maintenant continuer librement sa publication, que le colporteur, son malheureux complice, puisse se voir privé de l'exercice de son industrie ? Ces considérations, habilement présentées, devant la Chambre des députés, lors de la première délibération, par M. Trarieux, ont déterminé le rejet du paragraphe dont il s'agit.

127. Avant la deuxième lecture, la commission a cru devoir apporter une autre modification au texte primitif de l'art. 22 ; elle y a introduit ces mots qui le terminent : « sans préjudice des cas prévus à l'art. 42. » Le rapporteur, M. Lisbonne, a expliqué cette addition en disant : « C'est une simple reprise, par voie de corrélation, que nous avons voulu exprimer. »

Il résulte de là que les colporteurs ou distributeurs peuvent être poursuivis tout à la fois, ce qui semble être assez peu rationnel, et comme complices, en vertu de l'art. 22, et comme auteurs principaux, en vertu de l'art. 42, puisque ce dernier article déclare les vendeurs, distributeurs et afficheurs passibles, comme auteurs principaux, des peines réprimant les crimes et délits commis par la voie de la presse, à défaut des gérants et éditeurs, des auteurs et des imprimeurs. V. MM. Celliez et Le Senne, p. 148 et 559. Ces jurisconsultes n'ont-ils pas raison de dire que l'art. 22 contient une sanction suffisante, et qu'il était inutile d'en créer une autre qui est antijuridique ?

CHAPITRE IV.

DES CRIMES ET DÉLITS COMMIS PAR LA VOIE DE LA PRESSE OU PAR TOUT AUTRE MOYEN DE PUBLICATION.

SOMMAIRE.

128. La Chambre des députés s'est trouvée en présence de deux systèmes, dont l'un, proposé par la commission, consistait à ne laisser subsister, en matière de presse, que les crimes et délits portant atteinte à l'intérêt public et à l'intérêt privé et à ne plus admettre aucun délit d'opinion, et dont l'autre, soutenu notamment par M. Floquet, demandait la suppression de tous délits spéciaux de la presse et l'application pure et simple du droit commun.
129. Discussion de ces deux systèmes.
130. Suite.
131. Suite. — Renvoi de l'amendement de M. Floquet à la commission.
132. Cet amendement a été rejeté par la commission qui toutefois, pour accentuer davantage le caractère libéral du système général de son projet, a apporté diverses modifications au chapitre IV. — Ouverture de la discussion des dispositions contenues dans ce chapitre.

128. Parvenue à ce point, le plus grave et le plus délicat de son œuvre, où il s'agissait de déterminer les caractères de la criminalité et les limites de la répression relativement aux infractions commises par la voie de la presse, la Chambre des députés s'est trouvée en présence de deux systèmes faisant d'une manière inégale la part de la liberté. Le premier système, proposé par la commission, consistait à ne laisser subsister, de tous les crimes et délits prévus par les lois antérieures, que ceux qui portent atteinte à l'intérêt public ou à l'intérêt privé, et à ne plus admettre aucun délit d'opinion, de doctrine ou de tendance (V. le rapport de M. Lisbonne). Le second, soutenu par un groupe de députés dont M. Floquet a été l'organe le plus énergique et le plus éloquent, demandait la suppression de tous délits spéciaux de la presse et l'application pure et simple du droit commun en cette matière.

Une longue et sérieuse discussion s'est engagée à la Chambre sur le choix qu'il convenait de faire entre ces deux systèmes.

MM. Floquet, Clémenceau, Allain-Targé, Lockroy et autres avaient présenté, sur l'art. 24 du projet (devenu l'art. 23 de la

loi), un amendement ainsi conçu : « Chapitre IV, §§ 1, 2 et 4.
— Remplacer les art. 24, 25, 26, 27, 28, 29, 37, 38, par la disposition suivante :

« Art. 26. Il n'y a pas de délits spéciaux de la presse. Quiconque fait usage de la presse ou de tout autre moyen de publi-
plication est responsable selon le droit commun. »

129. Après avoir cherché à justifier cette application du droit
commun à la presse par l'impuissance des dispositions répressives
de la législation antérieure, M. Floquet a caractérisé ainsi l'objet
de sa proposition : « Le droit commun que nous demandons, c'est,
en matière préventive, nulle entrave pour le citoyen qui veut
écrire périodiquement ou non périodiquement sur les affaires de
son pays, nulle entrave différente de celles qui entourent tous
les autres citoyens de ce pays. En matière répressive, le droit
commun, c'est, au point de vue civil, l'art. 1382 du Code
civil, qui rend chacun responsable de son fait, de sa faute, et
l'oblige à réparer le mal qu'il a causé. En matière criminelle,
c'est la complicité, non pas la complicité morale dont on a parlé
jadis et qu'on a justement flétrie, mais la complicité matérielle,
joignant l'intention et le fait caractérisé par l'art. 60 du Code
pénal, la complicité ayant les caractères mêmes qui sont définis
par le Code pénal... Et à côté de cette complicité, la culpabilié
directe pour les délits directs contre les personnes, c'est-à-dire
pour la diffamation et l'injure, et pour le fait particulier à propos duquel j'ai proposé un amendement (exposition, vente, distribution, colportage ou annonce de tout objet ou publication
obscène; V. *infrà*, sur l'art. 28); fait qui d'ailleurs ne rentre en
aucune façon dans les délits et les crimes de la presse... »

Et pour démontrer la nécessité de la liberté absolue qu'il ré-
clamait pour la presse, M. Floquet ajoutait: « Si vous examinez
la presse en elle-même, la presse actuelle, que voyez-vous? Vous
voyez de grandes organisations financières installées pour acca-
parer la pensée humaine, la pensée politique tout au moins;
comme frontispice, comme surface, est un journal dans lequel
l'écrivain est libre de soutenir l'opinion qui lui convient; mais,
derrière cette surface, il y a des entreprises qu'on favorise...,
constituant ainsi des privilèges collectifs, des influences puissantes pour diriger dans tel ou tel sens l'épargne de notre pays,
pour faire sur cette épargne des prélèvements que je ne qualifie
pas, qui peuvent être et que je crois très légitimes, mais qui
sont comme une sorte de droit du seigneur. Eh bien, moi, je

vous demande que, par la liberté absolue de la presse, nous sortions de cette situation, qui est le résultat de la presse depuis les temps anciens, c'est-à-dire du régime du cautionnement, de l'autorisation préalable, de tout ce qui constituait la nécessité de ressources énormes pour créer des journaux. Je vous demande de détruire tous les privilèges, de constituer la liberté complète, absolue du citoyen, et en face de ces collectivités habiles et puissantes, de constituer le droit de chacun et le droit de tout le monde d'écrire librement sur les affaires publiques.

« Dans la situation de la presse, je vois une autre transformation qui s'est opérée lentement, mais qui, dans ces dernières années, a été plus active. Assurément, il y a encore beaucoup de journaux de doctrine, de journaux qui traitent largement les grandes questions; mais la presse, en général, est devenue une presse d'informations et de nouvelles. Je ne critique pas, tel est le caractère de la presse américaine. Contre cette presse — j'ai tort de dire contre— vis-à-vis de cette presse d'informations et de nouvelles, le droit commun, c'est-à-dire l'art. 1382, c'est-à-dire les lois sur la diffamation, les lois sur les écrits obscènes, suffisent largement. Accordez-nous la liberté la plus complète, pour que la presse de doctrine se développe à son tour, pour que les hommes parlent plus librement, quand même ils soutiendraient des doctrines que nous n'aimons pas. Laissons la liberté à ces ardeurs de doctrines pour qu'elles étouffent les scandales de l'injure et des personnalités. »

130. M. Agniel, membre de la commission, a combattu cette théorie en s'efforçant de prouver qu'il était impossible de la convertir en une loi praticable. Il a soutenu que le projet de la commission organisait la liberté de telle manière que dorénavant nul citoyen ne serait en rien gêné ni paralysé dans le désir qu'il aurait de participer aux choses publiques par les études des grands problèmes sociaux, et de communiquer sa pensée; mais que chacun serait responsable, et que, relativement à cette responsabilité, le projet a répudié tout ce qui pouvait être considéré comme délit d'opinion, pour ne retenir que des délits de droit commun, mais dont la répression a paru à la commission ne pouvoir être assurée que par les dispositions spéciales du projet de loi. S'il n'y a pas de délit d'opinion, a observé l'orateur, on ne saurait disconvenir qu'il y des délits de presse; tellement que, sans la parole ou la presse, la diffamation et l'injure publique, par exemple, ne se concevraient pas. Or, ces

délits, bien que différant seulement par leur mode de perpétration de ceux que prévoit le Code pénal, ne peuvent trouver leur répression dans ce Code, parce que, la presse n'existant pas, de fait, à l'époque de sa promulgation, il n'a pas eu à se préoccuper de ce genre de délits, que leur gravité particulière doit faire punir plus sévèrement. « Nous plaçons la responsabilité pénale, a dit M. Agniel en terminant, non pas en présence de ces délits spéciaux, vagues, arbitraires, qui constituent des délits d'opinion, mais en présence de ces délits restreints qui seraient atteints s'ils étaient commis autrement que par la parole ou la presse, et ne sauraient être affranchis de la responsabilité parce qu'ils émanent d'un journaliste malveillant ou d'un orateur de mauvaise foi : c'est donc le droit commun que nous avons appliqué. » (Séance du 25 janvier 1881).

131. Après une réplique de M. Floquet, insistant sur cette idée que la presse est un instrument ou un moyen d'aggravation d'un délit, mais ne saurait être la cause constitutive d'un délit, et que la provocation par voie de la presse étant un acte de la pensée humaine, ne peut devenir criminelle ou délictueuse que si l'on frappe les délits d'opinion, le débat s'est de plus en plus élargi. Dans un nouveau discours, M. Agniel a cherché à établir que le résultat fatal du contre-projet de M. Floquet devait être ou l'impunité de la presse et de la parole, ou une condamnation exagérée : impunité de la presse et de la parole, parce que certains délits de droit commun qui, dans le Code pénal de 1810, étaient frappés par les dispositions de droit commun, ont été supprimés par des lois spéciales qu'abroge à son tour la loi nouvelle, en sorte que, s'il n'était suppléé en rien aux conséquences de cette abrogation, l'on se trouverait, quand il faudrait atteindre les délits communs de la presse ou de la parole, devant le néant le plus absolu. — Condamnation exagérée, parce que le Code pénal édicte contre quelques-unes des infractions de droit commun visées par le projet de loi des peines infiniment plus sévères que celles déterminées par ce projet. Selon l'orateur, le contre-projet de M. Floquet était une simple déclaration de principe ; il proclamait la responsabilité pénale de la presse conformément au droit commun, mais il ne l'organisait pas ; car, s'il avait voulu l'organiser, il aurait été obligé de faire ce qu'avait fait la commission ; il aurait senti la nécessité de remplacer les textes du droit commun qui ont successivement disparu, par des textes nouveaux.

Un autre député, M. Allain-Targé, a déclaré que, loin d'être convaincu par ce raisonnement, il considérait comme une chose très grave et très regrettable de supprimer par la loi nouvelle le bénéfice de l'impunité actuellement pratiquée par le gouvernement, en faisant revivre des dispositions pénales qu'on s'habituait à voir rester dans l'oubli ; et il a, d'accord sur ce point avec M. Floquet, demandé le renvoi de l'amendement de ce dernier à la commission. Malgré la vive résistance de M. Cazot, ministre de la justice, et de M. Ribot, ce renvoi, appuyé aussi par M. Gatineau, a été prononcé par la Chambre à une assez forte majorité. (Séance du 27 janvier 1881).

132. La commission n'a pas cru devoir adopter l'amendement, par la raison, a dit le rapporteur, M. Lisbonne, qu'en supprimant des délits de droit commun commis par la voie de la parole et de la presse, il aurait eu pour résultat de créer des immunités spéciales. Mais la commission a pensé qu'elle pouvait, en maintenant le système général de son projet, en accentuer davantage le caractère libéral, et elle a apporté dans cet objet au chapitre IV diverses modifications dont M. Lisbonne a donné connaissance à la Chambre. Alors s'est élevée la question de savoir si le débat s'ouvrirait sur l'amendement de M. Floquet ou sur la nouvelle rédaction de la commission. « Mon but, lorsque j'ai présenté mon amendement, a dit M. Floquet, était d'établir que la législation de la presse ne devait relever que des délits de droit commun. La commission, dans son premier rapport, avait soutenu qu'elle n'avait maintenu dans son projet de loi que des délits de cette nature. J'ai voulu l'appeler à une délibération nouvelle. A la suite de cette délibération nouvelle, elle a supprimé un certain nombre de délits qui ne lui paraissent pas être de droit commun. En conséquence, elle est entrée dans la voie que je lui avais indiquée. Dans ces conditions, il m'importe fort peu que, pour le reste, la discussion ait lieu tout d'abord sur mon amendement ou sur le projet nouveau de la commission..... »

En présence de cette déclaration, qui signalait l'heureux effet que, malgré sa formule peu pratique, la thèse puissamment soutenue par M. Floquet avait produit sur l'économie définitive du projet de loi, la Chambre ne devait pas hésiter à entrer dans l'examen des dispositions modifiées du chapitre IV de ce projet. La discussion s'est en effet aussitôt engagée sur l'art. 24, devenu l'art. 23 de la loi. (Séance du 29 janvier 1881).

§ 1er. — *Provocations aux crimes et délits.*

SOMMAIRE.

133. Modification apportée par la commission de la Chambre des députés à l'art. 24 du projet (devenu l'art. 23 de la loi). — Discussion sur le point de savoir si les dispositions de cet article réprimant la provocation aux crimes et délits devaient être maintenues, et si celles de l'art. 60 du Code pénal n'étaient pas suffisantes.

134. Rejet d'un amendement de M. Peulevey, qui consistait à exiger que la provocation réunît les caractères de la complicité ordinaire.

135. Un amendement de M. Ribot, ayant pour objet d'ajouter à l'art. 60 du Code pénal une disposition qui reproduisait à peu près le § 1er de l'art. 24 du projet, a été également repoussé.

136. Vote de cet article. — Rejet d'une disposition additionnelle proposée par MM. de Marcère et Naquet et relative à la réduction des peines applicables.

137. Suppression par le Sénat de la disposition du § 1er de l'ancien art. 24, qui déclarait la provocation punissable lorsqu'elle n'avait été suivie que d'une tentative de délit.

138. Renvoi à la commission du Sénat d'un amendement de M. Lenoël tendant à remplacer ce même art. 24 par des dispositions qui atteignaient la provocation aux crimes et délits, soit qu'elle eût été ou non suivie d'effet. — Rejet de cet amendement par le Sénat. — Adoption de l'article.

139. Introduction dans la loi, par le Sénat, de la disposition qui forme le § 1er de l'art. 24 actuel et qui frappe la provocation, même non suivie d'effet, dans quelques cas spéciaux.

140. Différence entre cette disposition et l'art. 27 du projet primitif de la commission, rejeté par la Chambre des députés, qui punissait la provocation non suivie d'effet toutes les fois que l'action qu'elle aurait poussé à commettre aurait été qualifiée crime.

141. Un amendement de M. Ribot tendant à atteindre la provocation non suivie d'effet, lorsqu'elle aurait eu pour but de faire commettre des crimes passibles de peines perpétuelles, a été repoussé par la Chambre des députés.

142. Il en a été de même d'une proposition de M. Goblet qui tendait à la suppression de l'art. 28 du projet primitif de la commission, relatif à la provocation adressée à des militaires dans le but de les détourner de leurs devoirs militaires et de l'obéissance due par eux à leurs chefs.

143. Adoption par la Chambre des députés d'une disposition additionnelle à l'ancien art. 28 (devenu l'art. 25 de la loi), restreignant la répression de la provocation, lorsqu'elle a pour but de détourner les militaires de l'obéissance qu'ils doivent à leurs chefs, au cas où

les ordres de ceux-ci ont pour objet l'exécution des lois et des règlements militaires.

144. Suppression par le Sénat de la disposition de l'ancien art. 28 qui
réservait l'application des peines plus graves prononcées par la loi
lorsque le fait constitue une tentative d'embauchage, ou une provocation à une action qualifiée crime. — Maintien de cette suppression
par la Chambre des députés.

145. Cris séditieux. — Malgré la demande de M. Cunéo d'Ornano de
supprimer l'ancien art. 130 réprimant ce délit, la Chambre a voté
cet article, avec une addition proposée par M. Trarieux et étendant
la répression aux chants séditieux.

146. Suite. — Effort inutile de M. Gatineau, en deuxième lecture, pour
faire rejeter ces dispositions.

147. Maintien des art. 201, 202 et 203, Cod. pén., relatifs aux provocations
contenues dans des discours pastoraux prononcés publiquement.

148. Appréciation de la portée des dispositions de la loi nouvelle concernant la provocation aux crimes et délits. — Exclusion des délits
d'opinion et des délits spéciaux de presse. — Limitation, en principe, de la répression aux crimes et délits de droit commun.

149. Assimilation de la provocation à la complicité.

150. Suite. — En règle générale, la provocation n'est punissable que si
elle est suivie d'effet. — Exception pour la provocation aux crimes
de meurtre, de pillage et d'incendie, ou à des crimes contre la sûreté
de l'État.

151. Suite. — L'inconvénient de l'assimilation de la provocation à la
complicité est atténué par la nécessité d'une relation directe entre la
provocation et le crime ou le délit qui a été commis.

152. Démonstration de cette condition.

153. La coïncidence de la provocation et d'un crime ou délit est insuffisante. — Hypothèse.

154. La provocation est punissable quand elle a été suivie seulement
d'une tentative de crime, mais non lorsqu'elle n'a eu pour conséquence qu'une tentative de délit.

155. Espèce jugée par la Cour d'Alger et la Cour de cassation. — Crime
contre la sûreté de l'Etat. — Cris séditieux.

156. Caractère des cris séditieux.

157. Le délit de cris séditieux est un délit politique.

158. Il n'est punissable que si les cris ont été proférés publiquement.

159. La loi nouvelle, en plaçant les chants séditieux sur la même ligne
que les cris séditieux, a tranché une question controversée. — Arrêts en sens divers.

160. Le mot chants embrasse les chansons même les plus longues.

161. Critique de l'absence de distinction entre le cas où les cris ou
chants séditieux n'ont été suivis d'aucun effet, et celui où ils ont eu

pour conséquence la perpétration d'un crime, d'un délit ou d'une tentative de crime.

162. Dérogation analogue aux principes en matière de provocation dans le cas où la provocation a pour but de détourner les soldats de leurs devoirs militaires et de l'obéissance qu'ils doivent à leurs chefs. — Explication de cette dérogation.

163. Définition des devoirs militaires et de l'obéissance dont parle ici la loi.

164. La suppression de la disposition du projet qui réservait l'application des peines prononcées par la loi lorsque le fait constitue une tentative d'embauchage, laisse subsister les textes du Code de justice militaire relatifs à l'embauchage.

165. En étendant la suppression à la partie de la même disposition qui réservait les peines punissant la provocation à une action qualifiée crime, la loi n'a pas soustrait à l'application de l'art. 23 ceux qui se rendent coupables d'une telle provocation envers des militaires.

166. Caractères de la publicité qui constitue un des éléments essentiels des diverses infractions prévues par les art. 23, 24 et 25.

133. Dans le projet primitif de la commission de la Chambre des députés, l'art. 24 était ainsi conçu : « Seront punis comme complices d'une action qualifiée crime ou délit ceux qui, soit par discours, cris ou menaces proférés dans des lieux ou réunions publics, soit par des écrits, des imprimés, des dessins, des gravures, des peintures ou emblèmes, vendus ou distribués, mis en vente ou exposés dans des lieux ou réunions publics, soit par des placards ou affiches exposés aux regards du public, auront directement provoqué à la commettre, si la provocation a été suivie d'effet. — Cette disposition sera également applicable lorsque la provocation n'aura été suivie que d'une tentative de crime ou de délit, conformément aux art. 2 et 3 du Code pénal. »

La modification apportée à cet article par la commission a consisté dans la suppression des mots « des dessins, des gravures, des peintures ou emblèmes ». Elle n'a donc, selon la remarque faite à la Chambre par M. Gatineau, détruit en rien l'économie de l'article, mais elle a seulement retranché ce qu'il contenait d'excessif et d'inacceptable, même pour les esprits les plus modérés. Eh bien ! convenait-il d'adopter des dispositions qui, en se superposant à l'art. 60 du Code pénal, venaient aggraver le droit commun ? M. Gatineau a soutenu que c'était s'écarter du programme même de la commission, parce que l'art. 60 du Code pénal suffisait pour atteindre la provocation que visait le projet. M. Agniel a répondu, au nom de la commission, que cette provocation, loin d'être une exception au droit commun, était admise par le droit commun lui-même comme constituant, non point un mode de complicité, mais un délit spécial, ainsi que le prouvait notamment la disposition finale de l'art. 60 du Code pénal, et qu'il était d'ailleurs préférable pour la presse d'être placée sous le coup d'une incrimination nettement définie, comme celle formulée dans l'art. 24 du projet, que d'être soumise aux règles générales de la complicité.

134. En développant un amendement présenté par lui et qui avait pour objet de remplacer les mots : « si la provocation a été suivie d'effet, » par ceux-ci : « si la provocation réunit les caractères essentiels de la complicité, tels qu'ils sont déterminés par l'art. 60 du Code pénal », M. Peulevey s'est appliqué à démontrer que, contrairement à l'opinion exprimée par M. Agniel, la provocation ne constituait pas un délit par elle-même et indépendamment des conditions exigées pour la complicité, sauf dans des cas spéciaux, comme ceux qu'énonce le dernier paragraphe de l'art. 60 du Code pénal, ou que prévoient les art. 217, 285 et 293 du même Code. Et à l'appui de sa démonstration, l'orateur a invoqué la doctrine des auteurs et quelques monuments de jurisprudence. Mais il n'est pas parvenu à convaincre la Chambre, et son amendement a été repoussé.

135. M. Ribot a proposé, avec le même insuccès, d'ajouter à l'art. 60 du Code pénal un paragraphe reproduisant presque textuellement la disposition du § 1er de l'art. 24 du projet, afin de « mettre, a-t-il dit, un peu plus de clarté dans les débats », et de suivre d'ailleurs l'exemple donné par la plupart des législations étrangères, qui, en empruntant à notre Code ses règles sur la complicité, ont jugé nécessaire de les compléter par une disposition analogue à celle que défendait la commission. Sur l'observation de M. Léon Renault, membre de la commission, que la Chambre n'avait pas en ce moment à reviser le Code pénal, M. Ribot a retiré son amendement, en émettant toutefois le vœu que la commission examinât, dans l'intervalle des deux délibérations, s'il n'y aurait pas lieu d'en réaliser la pensée.

136. Un dernier effort de M. Naquet pour faire rejeter l'article 24 du projet, comme exposant l'auteur d'une provocation par la voie de la presse à être réputé complice d'un crime coïncidant avec la provocation, mais commis par un individu de qui la provocation était ignorée, n'a pas été plus heureux. La

Chambre a voté l'article à une majorité de quelques voix ; puis, elle a rejeté sans discussion une disposition additionnelle proposée par MM. de Marcère et Naquet et conçue en ces termes : « Néanmoins, les pénalités portées contre les provocateurs, en vertu du présent article, seront réduites à la peine de trois mois à cinq ans d'emprisonnement et d'une amende de 100 fr. à 5,000 fr., ou à l'une de ces deux peines seulement. »

137. L'art. 24 du projet, maintenu purement et simplement par la Chambre à la deuxième délibération, a été conservé aussi par la commission du Sénat, avec cette seule modification, que, dans le § 2, la disposition du § 1er, que le texte voté par la Chambre des députés rendait applicable au cas où la provocation aurait été suivie d'une simple tentative de crime *ou de délit*, conformément aux art. 2 et 3 du Code pénal, a été déclarée seulement devoir être appliquée lorsque la provocation n'aurait été suivie que d'une tentative de crime. « La commission a pensé, lit-on dans le rapport de M. Pelletan, qu'il serait excessif d'étendre la complicité résultant d'une provocation par parole ou par écrit à des cas spéciaux dans lesquels la simple tentative n'est assimilée que par exception au délit lui-même. »

138. Lors de la discussion au Sénat, M. Lenoël a demandé que l'art. 24 fût remplacé par les dispositions suivantes : « Quiconque, soit par des discours, des cris ou des menaces proférés dans des lieux ou réunions publics, soit par des écrits, des imprimés, des dessins, des gravures, des peintures ou emblèmes, vendus ou distribués, mis en vente ou exposés dans des lieux ou réunions publics, soit par des placards ou affiches exposés aux regards du public, aura provoqué à commettre une ou plusieurs actions qualifiées crimes, que la provocation ait été ou non suivie d'effet, sera puni d'un emprisonnement de trois mois à cinq ans et d'une amende de 50 fr. à 6,000 fr. — Quiconque aura, par les mêmes moyens, provoqué à commettre une ou plusieurs actions qualifiées délits, que ladite provocation ait été ou non suivie d'effet, sera puni d'un emprisonnement de trois jours à deux ans et d'une amende de 30 fr. à 4,000 fr., ou de l'une de ces deux peines seulement, sauf les cas dans lesquels la loi prononcerait une peine moins grave contre l'auteur du délit, laquelle sera alors appliquée au provocateur. »

L'orateur se proposait, par cet amendement, de corriger un double excès qu'il signalait dans l'article voté par la Chambre des députés : un excès de sévérité, en ce que cet article, reproduisant à peu près l'art. 1er de la loi du 17 mai 1819, punissait comme complice l'individu qui a fait une provocation publique suivie d'effet, sans rechercher si celui de qui elle émane a commis en même temps des actes d'ingérence, d'immixtion dans les faits criminels qu'il a provoqués, et en faisant résulter uniquement sa culpabilité de la publicité de la provocation ; — un excès d'indulgence, à raison de l'impunité que l'article du projet, s'écartant en cela de la loi de 1819 (art. 2 et 3), assurait au provocateur, de quelque nature que soit la provocation, si elle n'a pas été suivie d'effet. M. Lenoël soutenait que la publicité ne pouvait être un élément de la complicité, mais qu'elle constituait un délit spécial, et que, par suite, elle devait être déclarée punissable, soit qu'elle ait été, ou non, suivie d'effet ; que si, dans ce dernier cas, le trouble causé à la société était moins grave et le dommage souffert par elle moins sensible, il n'en existait pas moins. Malgré l'habileté de son discours, il n'a pas réussi à faire triompher cette thèse. Sa proposition, combattue avec force par M. Ninard, qui a fait remarquer qu'elle ne tendait à rien moins qu'à introduire dans la loi sur la presse, contrairement au vœu général, une disposition dérogatoire au droit commun, a été, il est vrai, appuyée par M. Bozérian et renvoyée à la commission ; mais à une séance ultérieure, sur les observations développées par le président de la commission, M. Robert de Massy, le Sénat a rejeté l'amendement et voté le texte que la Chambre des députés avait adopté elle-même, sauf la légère modification que j'ai indiquée plus haut. (Séance du 16 juillet 1881).

Ce texte, qui constitue l'art. 23 de la loi du 29 juillet 1881, se trouve donc définitivement conçu en ces termes : « Seront punis comme complices d'une action qualifiée crime ou délit ceux qui, soit par des discours, cris ou menaces proférés dans des lieux ou réunions publics, soit par des écrits, des imprimés vendus ou distribués, mis en vente ou exposés dans des lieux ou réunions publics, soit par des placards ou affiches exposés aux regards du public, auront directement provoqué l'auteur ou les auteurs à commettre ladite action, si la provocation a été suivie d'effet. — Cette disposition sera également applicable lorsque la provocation n'aura été suivie que d'une tentative de crime prévue par l'art. 2 du Code pénal. »

139. Cependant le Sénat a, dans une certaine mesure, donné satisfaction aux partisans du système suivant lequel la provocation par la voie de la parole ou de la presse doit être punie

même lorsqu'elle n'a pas été suivie d'effet, en adoptant, sur la proposition de sa commission et sans débat, les dispositions suivantes, qui forment le § 1er de l'art. 24 de la loi : « Ceux qui, par les moyens énoncés en l'article précédent, auront directement provoqué à commettre les crimes de meurtre, de pillage et d'incendie, ou l'un des crimes contre la sûreté de l'Etat prévus par les art. 75 et suivants jusques et y compris l'art. 101 du Code pénal, seront punis, dans le cas où cette provocation n'aurait pas été suivie d'effet, de trois mois à deux ans d'emprisonnement et de 100 fr. à 3,000 fr. d'amende. » — « Par cet article, a dit M. Robert de Massy, nous atteignons la provocation non suivie d'effet, mais quand il s'agit de certains crimes de nature à alarmer profondément les intérêts privés et surtout les intérêts publics généraux du pays... Nous n'avons pas le mérite de l'invention. Nous empruntons la première partie de cet article additionnel : « directement provoqué à commettre les crimes de meurtre, de pillage et d'incendie », à la loi du 17 juillet 1791. — Quant à la disposition suivante : « ....ou l'un des crimes contre la sûreté de l'État prévus par les art. 75 et suivants jusques et y compris l'art. 101 du Code pénal... », nous l'empruntons au Code pénal lui-même, qui, après avoir indiqué dans les art. 75 et suivants, jusques et y compris l'art. 101, tous les crimes contre la sûreté extérieure et intérieure de l'État, fixait, dans l'art. 102, les peines infligées au provocateur dans l'hypothèse où la provocation n'avait été suivie d'aucun effet. — Cette peine allait dans cet article jusqu'au bannissement. Je n'ai pas besoin de dire que nous la réduisons à une répression correctionnelle dont notre article indique l'importance. »

140. Quelle distance sépare le § 1er de l'art. 24, non seulement de la théorie que M. Lenoël a exposée à la tribune du Sénat, mais encore de l'art. 27 du projet primitif de la commission de la Chambre des députés, où on lisait : « Si la provocation n'a pas été suivie d'effet, son auteur sera puni d'un emprisonnement de trois mois à deux ans et d'une amende de 100 fr. à 3,000 fr., ou de l'une de ces deux peines seulement, *lorsque l'action à laquelle il aura été provoqué est qualifiée crime* » !

« Si le crime n'a pas été commis, disait M. Lisbonne dans son rapport, c'est-à-dire si la provocation directe à commettre ce crime n'a pas été suivie d'effet, la provocation n'en sera pas moins punissable. Il n'y aura pas lieu, dans ce cas-là, de considérer le provocateur comme complice, puisqu'il n'y a pas d'auteur, pas de fait principal; il n'y aura pas lieu non plus de le considérer comme coupable de tentative, puisque la tentative suppose un commencement d'exécution... Nous ne pouvons cependant pas vous proposer de laisser, dans cette hypothèse, le fait de la provocation impuni. — La provocation est, dans cette hypothèse comme dans celle où elle a été suivie d'effet, un acte et non pas l'expression d'une opinion, la manifestation d'une doctrine ou d'une tendance; elle est une véritable menace à la sécurité publique, elle cause un trouble, c'est-à-dire un dommage appréciable à la société ou à l'individu; elle tombe, à ce titre, sous l'application des principes les moins contestables du droit commun, dans les dispositions duquel elle trouve plus d'une analogie (Cod. pén., 202).

« La provocation à commettre un crime, quand elle n'est pas suivie d'effet, est, dans le système de la loi nouvelle, une infraction à la loi générale, un délit que notre art. 27 punit d'un emprisonnement de trois mois à deux ans et d'une amende de 100 à 3,000 fr., ou de l'une de ces deux peines seulement.

‹ Nous n'avons pas cru devoir aller plus loin dans l'assimilation avec les art. 1, 2 et 3 de la loi du 17 mai 1819. Nous ne vous proposons pas, en effet, de consacrer une disposition pénale à la provocation à commettre un délit quand elle n'a pas été suivie d'effet... »

Même ainsi restreinte au cas où la provocation restée sans effet a eu pour objet une action qualifiée crime, la disposition de l'ancien art. 27 a été si bien démontrée par MM. Floquet et Gatineau, constituer une atteinte profonde au droit commun, dans les limites duquel on était d'accord de renfermer les prescriptions de la nouvelle loi, que la commission de la Chambre des députés, à la suite du renvoi qui lui avait été fait de l'amendement de M. Floquet, a elle-même proposé la supression de cet art. 27, qui n'a été défendu par personne à la Chambre.

Le Sénat, comme on l'a vu, n'en a retenu la pensée que pour atteindre le trouble profond qui pourrait être causé aux individus et à la société par la provocation à des crimes d'une gravité exceptionnelle.

141. A la Chambre des députés, M. Ribot avait proposé, toutefois, de remplacer l'art. 27 par la disposition ci-après : « Quiconque, soit par des discours proférés dans les lieux ou réunions publics, soit par des écrits mis en vente ou distribués, soit par des placards ou affiches exposés aux regards du public, aura di-

rectement provoqué à commettre un crime puni de la mort, des travaux forcés ou de la déportation, sera puni d'un emprisonnement d'un mois à un an et d'une amende de 50 fr. à 2,000 fr., sans préjudice des dispositions sur la complicité. »

L'auteur de cet amendement avait vivement et longuement insisté pour faire adopter une disposition qui, disait-il, à l'exemple de ce qu'admettent toutes les législations étrangères, aurait permis d'atteindre la provocation non suivie d'effet, lorsqu'elle tend directement à faire commettre des crimes d'une haute gravité, tels que ceux qui sont punis de peines perpétuelles, sauf au gouvernement à ne l'appliquer que dans les cas ou la sécurité publique serait sérieusement menacée. Mais la Chambre, entraînée par une réponse très serrée de M. Goblet, montrant combien il aurait été inconséquent et contraire aux principes du droit, de frapper la simple provocation, qui est une véritable complicité et ne peut conséquemment être punie que s'il a été commis un crime ou un délit; combien, d'un autre côté, c'eût été s'écarter de l'esprit de la loi nouvelle, qui entend supprimer tous les délits spéciaux de presse, que d'étendre ses prévisions à la provocation non suivie d'effet, qui n'aurait pas un autre caractère; et combien enfin il aurait été dangereux de s'en remettre, pour l'application de cette disposition répressive, à l'appréciation arbitraire du gouvernement; la Chambre, dis-je, a, sans autre débat, rejeté l'amendement de M. Ribot.

142. M. Goblet a été moins heureux lorsqu'il a demandé à la Chambre des députés de se montrer plus radicale que la commission, qui, tout en supprimant, comme on l'a vu, l'art. 27 du projet primitif, avait maintenu l'art. 28, et de rejeter aussi ce dernier article, conçu en ces termes : « Toute provocation par l'un des moyens énoncés en l'art. 26 (aujourd'hui l'art. 23) adressée à des militaires des armées de terre ou de mer, dans le but de les détourner de leurs devoirs militaires et de l'obéissance qu'ils doivent à leurs chefs, sera punie d'un emprisonnement d'un mois à six mois et d'une amende de 16 à 100 fr., sans préjudice des peines plus graves prononcées par la loi, lorsque le fait constitue une tentative d'embauchage ou une provocation à une action qualifiée crime. » Il s'est vainement efforcé d'établir que les dispositions du Code de justice militaire sur l'embauchage constituaient une protection suffisante pour l'armée, et qu'on ne pouvait, sans contradiction, réprimer, quoique non suivie d'effet, la provocation à des actes qui n'ont pas même le caractère de délits:

la commission, par l'organe de MM. Léon Renault et Agniel, a invoqué bien haut, en faveur de la disposition conservée par elle, l'intérêt du maintien de la discipline dans l'armée, que la seule répression de l'embauchage est impuissante à garantir, et, avec l'appui du garde des sceaux, elle a obtenu l'adoption par la Chambre de l'ancien art. 28.

143. Mais ce succès de la commission ne devait pas rester aussi complet. A la deuxième délibération, de très vives critiques ont été dirigées par MM. Balllue et Perrin contre la consécration de la théorie de l'obéissance absolue de la part des soldats que renfermait la disposition votée en première lecture, et si elles n'ont pas réussi à faire rejeter cette disposition, défendue au nom de la commission par MM. Agniel et Guichard, qui ont d'ailleurs eux-mêmes proclamé le droit des militaires de résister à des ordres criminels, elles ont eu du moins pour effet de faire accepter d'abord par la commission et adopter ensuite par la Chambre une disposition additionnelle proposée par M. Ballue et consistant à insérer, à la suite des mots : « et de l'obéissance qu'ils doivent à leurs chefs », ceux-ci : « dans tout ce qu'ils leur commandent pour l'exécution des lois et règlements militaires. »

144. La commission du Sénat a fait plus ; elle a supprimé la disposition finale de l'ancien art. 28 : « sans préjudice des peines plus graves, etc. » (V. ci-dessus, n. 142). « La question de savoir si la provocation par la voie de la presse pouvait être considérée comme une tentative d'embauchage, a dit M. Pelletan dans son rapport, a été plusieurs fois discutée. La peine de cette infraction étant la mort, on s'est demandé si l'application de cette peine à l'auteur d'un article de journal ne serait pas en opposition avec la suppression de la peine de mort en matière politique. La commission n'avait pas à trancher la question, mais elle n'a rien voulu laisser dans l'article dont on pût tirer un argument. »

Cette suppression a été votée par le Sénat et admise ensuite par la Chambre elle-même.

Le texte qui a passé dans la loi, et qui en est devenu l'art. 25, est donc celui-ci : « Toute provocation par l'un des moyens énoncés en l'art. 23, adressée à des militaires des armées de terre ou de mer, dans le but de les détourner de leurs devoirs militaires et de l'obéissance qu'ils doivent à leurs chefs dans tout ce qu'ils leur commandent pour l'exécution des lois et règlements militaires, sera punie d'un emprisonnement d'un à six mois et d'une amende de 16 à 100 fr. »

145. Le projet primitif de la commission contenait un art. 30 ainsi conçu : « Tous cris séditieux proférés dans des lieux ou réunions publics seront punis d'un emprisonnement de six jours à six mois, et d'une amende 16 à 500 fr., ou de l'une de ces deux peines seulement. »

Lors de la première délibération à la Chambre des députés, M. Cunéo d'Ornano a demandé la suppression de cette disposition. « Si le cri séditieux, a-t-il dit, est un véritable appel à la sédition, il rentre alors dans les dispositions générales que vous avez maintenues en matière de provocation ; s'il constitue un simple fait de désordre, il peut tomber sous les dispositions de nos lois qui prévoient le tapage injurieux. » Mais, sur la déclaration du rapporteur, M. Lisbonne, que la commission maintenait l'article, parce que, si le cri séditieux lui paraissait avoir de l'analogie avec le tapage injurieux, c'était avec le tapage aggravé par les commentaires auxquels ce cri donne lieu, la disposition a été votée avec l'addition, après les mots « tous cris », des mots « ou chants », conformément à un amendement de M. Trarieux, que la commission avait accepté, et la réduction du maximum de la peine d'emprisonnement à un mois, sur la proposition de M. Ribot, et d'accord aussi avec la commission.

146. Le même insuccès était réservé aux efforts renouvelés, à la deuxième lecture, par M. Gatineau, pour obtenir le rejet d'un article auquel il reprochait d'être d'autant plus dangereux qu'il ne définissait en aucune façon le délit qu'il réprimait. La Chambre s'est contentée encore une fois d'une vague explication de M. Lisbonne. « Si nous avons maintenu dans le projet de loi le délit de cris séditieux, a dit le rapporteur, c'est qu'il constitue un trouble matériel, une agression plus ou moins violente qui peut être suivie de désordres et de collisions plus ou moins regrettables, selon le temps et le lieu, par la surexcitation qu'elle peut occasionner. » — Vainement M. Gatineau a-t-il répliqué : « Si le cri séditieux était une agression violente et constituait un péril, il serait défini avec la ou les circonstances qui feraient de lui un véritable délit ou simplement une contravention à l'ordre public.... ; mais comme la loi se tait, qu'elle parle de cris séditieux isolément, sans même les rattacher à aucune conséquence, je déclare que l'article me paraît absolument inutile. » La Chambre a maintenu la disposition telle qu'elle l'avait

adoptée en première délibération. Le Sénat l'a votée à son tour sans aucun débat.

C'est celle qui est devenue le second paragraphe de l'art. 24 ; en voici le texte définitif : « Tous cris ou chants séditieux proférés dans des lieux ou réunions publics seront punis d'un emprisonnement de six jours à un mois et d'une amende de 16 fr. à 500 fr., ou de l'une de ces deux peines seulement. » (V. *suprà*, n. 139, l'historique et le texte du § 1er de l'art. 24).

147. Pour clore cet exposé de l'élaboration difficile des dispositions comprises dans le § 1er du chapitre IV de la loi nouvelle, il me reste à rappeler que, sur l'invitation adressée à la commission du Sénat par M. Bozérian, lors de la discussion des art. 23 et 24, de faire connaître si, dans sa pensée, les art. 201, 202 et 203 du Code pénal, placés sous la rubrique : « Des troubles apportés à l'ordre public par les ministres des cultes dans l'exercice de leur ministère », et prévoyant certaines provocations d'une nature particulière, continuaient de subsister, M. Ninard a répondu affirmativement en ces termes : « La commission n'a pas entendu toucher aux dispositions des art. 201, 202 et 203 du Code pénal. Ce sont là des délits spéciaux, intéressant une certaine catégorie de fonctionnaires et, par conséquent, constitutifs de ce qu'on appelle en droit pénal des abus d'autorité. Voilà les raisons pour lesquelles la commission ne s'est pas préoccupée des dispositions des articles que je viens d'indiquer au Sénat. Elle déclare les maintenir et elles ne se trouvent pas abrogées par les dispositions contenues dans l'article 23.... » (Séance du 15 juillet 1881).

148. J'ai hâte maintenant d'essayer de préciser la portée des dispositions que la loi du 29 juillet 1881 consacre à la provocation aux crimes et délits.

Un premier point qui se dégage de la manière la plus certaine des diverses discussions que je viens d'analyser sommairement, c'est que la loi nouvelle ne reconnaît pas de délits d'opinion, et n'atteint que les actes positifs qui, s'ils étaient commis autrement qu'à l'aide de la presse ou de la parole, constitueraient des crimes ou des délits d'après le droit commun.

Il résulte aussi très clairement de ces mêmes débats que si le législateur n'a pas cru devoir laisser purement et simplement sous l'empire des dispositions pénales ordinaires les infractions commises par la voie de la parole ou de la presse, et s'il lui a paru nécessaire d'édicter des prescriptions particulières pour la répression de ces infractions, il a néanmoins entendu renfermer ses prévisions dans les limites du droit commun ; de telle sorte que, bien qu'il y ait encore des délits de presse, contrairement à la théorie que M. Floquet s'était efforcé de faire prévaloir, ces délits toutefois ne sont plus des délits spéciaux, mais des délits de droit commun prévus et punis par des dispositions particulières.

149. Ainsi, lorsque l'art. 23 réprime la provocation, par les moyens qu'il spécifie, à commettre une action qualifiée crime ou délit, c'est parce qu'il la considère comme une véritable complicité du crime ou du délit dont elle a amené la perpétration, ou de la tentative de crime qui en a été la suite et qui est assimilable au crime lui-même. L'art 23 ne fait donc qu'appliquer à ce fait les règles du Code pénal sur la complicité, en se bornant à préciser les éléments d'une nature spéciale dont la complicité se constitue en pareil cas.

150. C'est aussi pour rester dans les termes du droit commun que le législateur a refusé d'atteindre, en général, la provocation qui n'a pas été suivie d'effet. Puisque la provocation est une sorte particulière de complicité, elle ne peut, comme la complicité ordinaire, être déclarée punissable qu'autant qu'elle se rattache à l'exécution d'un crime ou d'un délit.

L'exception que l'art. 24 apporte à cette règle pour la provocation aux crimes de meurtre, de pillage et d'incendie ou à des crimes contre la sûreté de l'Etat, ne constitue point, elle-même, une dérogation au droit commun, puisqu'elle se trouvait déjà consacrée par la législation générale (V. *suprà*, n. 139).

151. N'y a-t-il pas, toutefois, quelque exagération et quelque danger à assimiler à la complicité la provocation suivie d'effet ? L'écrivain, le journaliste, l'orateur qui aura, sous l'empire d'un égarement momentané, provoqué les citoyens au meurtre, pourra donc être condamné à mort, si, à la suite de cette provocation, un meurtre vient à être commis ? M. Bozérian a fort bien exposé, dans la discussion au Sénat, les scrupules qui pouvaient faire hésiter à admettre une telle assimilation et les raisons qui étaient de nature à vaincre ces scrupules. « Je recule, a-t-il dit, devant cette hypothèse d'un provocateur qui serait passible de la peine de mort. Ce n'est pas que je redoute beaucoup cette hypothèse ; je ne crois pas que jamais il arrive qu'un journaliste, si ardent, si coupable qu'il soit, puisse avoir à redouter la peine de mort. Voici pourquoi : c'est qu'il y a dans l'art. 23 un mot très

rassurant pour les journalistes ou pour ceux qui, à défaut de la plume, font usage de la parole; c'est que, pour arriver à établir l'égalité dans la peine, il faut établir que le journaliste ou le parleur, — car ils sont placés sur la même ligne, — a provoqué *directement* à un fait spécial... En présence de cette nécessité d'établir la relation directe de la cause à l'effet, — ce qui ne sera jamais possible, je ne crains pas de le dire, — je n'ai point d'inquiétude sur les conséquences, pour le journaliste ou le parleur, de l'aggravation de peine résultant de ce que le fait de la provocation est assimilé à la complicité.

« Mais je comprends très bien que, au point de vue de la morale, on s'inquiète de savoir s'il est possible de saisir cette relation directe entre la cause et l'effet. Pourquoi fait-on alors la même situation au provocateur et à l'agent? J'avoue que je ne vois aucune espèce d'inconvénient à faire asseoir ces deux coupables sur le même banc et à considérer l'auteur de la provocation comme ayant fait acte de complicité » (Séance des 10 et 15 juillet 1881).

152. Ces observations montrent déjà que, pour être exercée *directement*, dans le sens de l'art. 23, la provocation ne doit pas seulement avoir pour objet un acte déterminé, mais qu'il est nécessaire que la relation entre la provocation et le crime ou le délit qui a été commis, soit établie d'une manière positive. La nécessité de cette relation a été proclamée plus formellement encore par quelques-uns des orateurs qui ont pris part à la discussion à la Chambre des députés. « Il faut, a dit M. Agniel, que la provocation soit directe. Je comprends les scrupules qui s'étaient élevés pour frapper la provocation de responsabilités pénales lorsqu'on n'aurait pas eu le soin de préciser que la provocation devrait être directe, c'est-à-dire qu'il y avait une relation incontestable, légalement établie, entre le fait de la provocation et le crime ou le délit qui en aurait été la conséquence... » (Séance du 29 janvier 1881).

M. Léon Renault, développant plus nettement cette pensée, a dit, de son côté : « Deux rédactions ont été proposées à la Commission. Suivant quelques-uns de ses membres, la provocation à des crimes et délits, suivie d'effet, par la voie de la presse, se trouvait prévue par les termes si généraux, si élastiques de l'article 60 du Code pénal. Il était inutile d'y rien ajouter. On a combattu cette opinion en faisant observer que la provocation par la voie de la presse, pour qu'il y eût complicité, devait être directe ; qu'il fallait qu'il y ait entre le crime ou le délit commis et la provocation émanant du journal, un lien immédiat, non douteux ; que le dire nettement, ce n'était pas se mettre en dessous de l'esprit de l'article 60 (du Code pénal), mais, au contraire, s'en inspirer et faire disparaître tout doute et toute hésitation ; c'est ainsi que la majorité de la Commission a été amenée à la rédaction qui déclare que la provocation directe à commettre des actes qualifiés crimes ou délits par la loi, tomberait, quand ces faits se seraient accomplis, sous l'application des mêmes peines que ces faits eux-mêmes. Voilà le sens exact de l'article 24 du projet de la Commission (l'art. 23 de la loi). » (Même séance).

Enfin, M. Ribot est revenu sur la même idée dans les termes suivants : « Vous avez, dans votre dernière séance, déclaré que vous puniriez comme complice de tout crime ou de tout délit celui qui aurait provoqué directement à commettre ce crime ou ce délit, et vous n'avez exigé qu'une condition : c'est qu'il y ait un lien certain, évident, direct, entre la provocation et le crime ou le délit tenté ou consommé. » Et comme, au milieu de diverses marques d'assentiment, un membre de la Chambre, M. Gatineau, interrompait l'orateur par cette assertion : « On n'exige même pas de lien », M. Ribot de répondre, aux applaudissements d'une grande partie de l'assemblée : « Je vous demande pardon. L'art. 24 voté par la Chambre n'assimile la provocation au crime lui-même qu'à la condition bien expressément entendue par nous et formulée dans le texte même, qu'il y ait un lien appréciable, direct, certain, entre la provocation et le crime. » M. Gatineau lui-même n'a pas trouvé sans doute que cette explication pût être contredite, puisqu'il s'est contenté de cette simple observation : « Cela n'est pas dans l'article, voilà tout ce que je constate. » (Séance du 31 janvier 1881).

153. Il ne suffira donc pas, pour que l'écrivain, le journaliste ou l'orateur qui aura provoqué à commettre des crimes ou délits déterminés, puisse être poursuivi comme complice d'un' crime ou d'un délit de la nature de ceux qu'a désignés le provocateur, d'établir la coïncidence de la provocation de ce crime ou de ce délit ; il faudra de plus prouver, — ce qui, selon la remarque de M. Bozérian (*suprà*, n. 151), sera le plus souvent impossible, — que le crime ou le délit a été la conséquence directe et certaine de la provocation.

Je fais une hypothèse. Par des mesures de rigueur envers

une catégorie de citoyens, un homme d'État a encouru la haine
de ces derniers. Un journal, organe du parti auquel ces citoyens
appartiennent, publie un article violent qui va jusqu'à les exciter
au pillage de la maison de celui à qui ils imputent des pertes
éprouvées par eux. Le lendemain, des actes de pillage sont accomplis dans la maison désignée. Le simple rapprochement de
la publication de l'article provocateur et de l'exécution des actes
criminels qu'a eu en vue la provocation, n'autorisera pas le ministère public à poursuivre le journaliste comme complice de
ces actes. L'inculpation, au contraire, reposera sur une base légale si la partie publique peut établir, d'une façon certaine, que
c'est la lecture de l'article contenant la provocation qui a déterminé les citoyens auxquels celle-ci était adressée, à tirer vengeance des faits dont ils prétendaient avoir à se plaindre, en
commettant les méfaits que cet article leur faisait envisager
comme de justes représailles. Mais quand le magistrat investi
du droit de poursuites sera-t-il en mesure de faire cette preuve
rigoureuse et seule décisive ?

154. Il n'est cependant pas toujours nécessaire que la provocation, pour être punissable à titre de complicité, ait eu pour
conséquence la consommation même de l'acte coupable qu'elle
poussait à commettre. La tentative du crime étant considérée
comme le crime même (Cod. pén., art. 2), il suffit que la provocation ait été suivie de cette tentative, pour que les peines de la
complicité atteignent le provocateur. C'est ce que déclare expressément dans son § 2 l'art. 23 de la loi nouvelle. Mais la
provocation qui n'est suivie que d'une tentative de délit échappe
à toute répression, absolument comme la provocation non suivie
d'effet, par la raison toute naturelle que la tentative de délit
n'est pas, en général, assimilée au délit consommé, et que si,
dans certains cas, la loi la punit exceptionnellement comme le
délit lui-même, il eût été, selon les expressions du rapport de
M. Pelletan, excessif d'étendre la complicité à ces cas spéciaux
(V. *suprà*, n. 137).

155. Le tribunal correctionnel de Constantine, par un jugement du 28 juillet 1881, avait condamné, pour cris séditieux,
un arabe poursuivi devant lui sous l'inculpation d'avoir proféré
publiquement, en s'adressant à d'autres indigènes, ces paroles :
« Préparez vos chevaux..., car les Français ne doivent plus rester longtemps en Algérie. » Par un arrêt du 13 août suivant, la
Cour d'Alger, sur l'appel, s'est déclarée incompétente, par le

motif que les faits incriminés présentaient le caractère d'un acte
de provocation directe à commettre l'un des crimes prévus par
les art. 75 à 101 du Code pénal, et étaient dès lors justicia-
bles de la Cour d'assises. Cet arrêt ayant été frappé de pourvoi
en cassation, la chambre criminelle s'est bornée à décider que les
faits dont il s'agit, quelle que fût la qualification qu'ils devaient
recevoir, étaient de ceux auxquels s'appliquent la loi du 29 juillet 1881 sur la presse et la loi complémentaire du même jour,
relative à l'amnistie, et, comme ces faits étaient antérieurs au
21 juillet, elle a déclaré l'action publique éteinte à leur égard en
vertu de cette dernière loi (aff. Ben Djémel, *Journ. du dr. crim.*).

Pour moi, j'aurais peine à voir, dans les paroles reproduites
plus haut, la provocation punie par le § 1er de l'art. 24 de la
loi du 29 juillet 1881, et je les considérerais plutôt comme ren-
trant dans la catégorie des cris séditieux que réprime le § 2 de
cet article.

156. Comme on l'a remarqué plus haut, n. 145, la loi nouvelle ne contient aucune définition du délit de cris séditieux, et
les explications données à la Chambre des députés par M. Lisbonne sur le caractère de ce délit permettent assez difficilement
d'en déterminer les éléments intrinsèques. Tout ce qui en res-
sort, c'est que le cri séditieux , pour tomber sous l'application
de la loi, doit « constituer un trouble matériel, une agression
plus ou moins violente » de nature à produire une « surexcitation » dans les esprits et à entraîner des « désordres » et des
« collisions ».

L'art. 5 de la loi du 17 mai 1819 et l'art. 8 de la loi du 25 mars
1822, qui punissaient aussi cette infraction, n'étaient pas plus
explicites ; mais l'art. 5 de la loi du 9 novembre 1815, auquel elles
avaient emprunté cette répression, portait : « Sont déclarés séditieux tous cris , tous discours proférés dans les lieux publics
ou destinés à des réunions de citoyens, tous écrits, imprimés...,
toutes les fois que par ces cris, ces discours ou ces écrits, on aura
tenté d'affaiblir, par des calomnies ou des injures, le respect dû
à la personne ou à l'autorité du roi, ou à la personne des membres de sa famille, ou que l'on aura invoqué le nom de l'usurpateur, ou d'un individu de sa famille, ou de tout autre chef
de rébellion ; toutes les fois encore que l'on aura, à l'aide de ces
cris, de ces discours ou de ces écrits , excité à désobéir au roi et
à la charte constitutionnelle. »

Cette définition, qui embrassait tout à la fois les cris, les discours et les écrits séditieux, était d'une telle généralité qu'on ne saurait non plus y puiser des indications certaines pour fixer le sens qui doit être attribué aux mots « cris séditieux ». Le mieux est, selon moi, de s'en tenir à la signification grammaticale, et de dire qu'un cri *séditieux* est celui « qui tend, qui provoque à la sédition » (Dict. de l'Acad.), ou, en d'autres termes, à une « émeute populaire », à une « révolte », à un « soulèvement contre la puissance établie » (même dict.). V. d'ailleurs conf., les motifs d'un arrêt de la Cour de Bordeaux du 13 janv. 1881 cité *infrà*, n. 159. C'est sans doute en le prenant dans cette acception, que la Cour de Paris, sous le gouvernement républicain de 1848, a vu un cri séditeux dans le cri de : *Vive la République sociale !* (arrêt du 18 août 1849, S.-V.49.2.488).

157. Il est, dans tous les cas, hors de contestation que le délit de cris séditieux est un délit politique, ainsi que la Cour de cassation l'a admis sous deux régimes différents (arrêts des 26 mars 1831, *Bull. crim.*, n. 64, et 21 juill. 1876, *J. du Minist. publ.*, t. 20, p. 56. — V. aussi mes observations dans le même journal, t. 19, p. 122 et 123).

158. Les cris séditieux ne sont punissables qu'autant qu'ils ont été *proférés* dans des lieux ou réunions publics, c'est-à-dire articulés à haute voix et avec une publicité véritable, qui est la manifestation la plus certaine de l'intention criminelle. — Compar. Cass., 11 juin 1831 (S.-V.31.1.234).

159. En plaçant les *chants séditieux* sur la même ligne que les cris séditieux, la loi de 1881 a tranché une question sur laquelle la jurisprudence s'était montrée hésitante. — Par un premier arrêt du 9 octobre 1880, la Cour de Bordeaux avait décidé que le fait, par plusieurs individus, d'avoir chanté sur la voie publique une chanson séditieuse, n'était autre chose que le fait d'avoir proféré une série de cris séditieux dans le sens de l'art. 8 de la loi du 25 mars 1822, et, sur le pourvoi en cassation, la chambre criminelle avait sanctionné cette interprétation le 3 décembre suivant (S.-V.81.1.333).

Mais, par deux autres arrêts des 11 novembre 1880 et 13 janvier 1881 (*ibid.*, 2.175), la même Cour de Bordeaux s'était prononcée en sens contraire : « Attendu, porte l'arrêt du 11 novembre 1880, que le législateur n'a pas donné une définition exacte et précise du cri séditieux ; qu'il a laissé aux tribunaux le soin de fixer le sens et le caractère des éléments constitutifs de ce délit ; — Attendu qu'un chant composé de sept couplets, qui renferme soixante-dix vers et plus de cinq cents mots, ne peut, en aucun cas, être considéré comme un simple cri ; que cette dénomination n'est applicable qu'à une violente émission de voix, exprimant, d'une manière spontanée, un sentiment qui fait explosion et n'ayant rien de commun avec un chant qui dure plusieurs minutes ; que le nombre de mots dont se compose un cri doit être naturellement fort restreint et consiste le plus souvent en une formule qui exprime, avec un laconisme plus ou moins énergique, l'admiration ou la haine, la joie ou la douleur ; —Attendu que la chanson n'a été, à aucune époque, confondue avec le cri séditieux... »

La même théorie était reproduite dans l'arrêt du 13 janv. 1881 ; mais celui-ci s'efforçait de la mettre d'accord avec la solution consacrée par la première décision de la Cour de Bordeaux et par l'arrêt de rejet de la Cour suprême, en relevant la différence des espèces, différence qui cependant n'était point suffisante pour effacer la contradiction des deux doctrines.

160. Désormais, plus de doute. Le mot *chants* est assez compréhensif pour embrasser même les plus longues chansons. La seule difficulté sera d'apprécier si les paroles chantées présentent ou non un caractère séditieux. Sur ce point, V. *suprà*, n. 156.

161. On ne peut s'empêcher de remarquer qu'en déclarant, dans l'art. 24, les cris et chants séditieux délictueux par eux-mêmes et indépendamment de leurs conséquences, le législateur de 1881 a dérogé bien facilement et sans une nécessité bien démontrée aux principes qui ont présidé à la rédaction de l'art. 23 (V. ci-dessus, n. 148 et suiv.). Par là, en effet, il réprime un délit qui, malgré son analogie avec le tapage injurieux, ne peut être considéré comme un délit de droit commun ; il atteint une provocation, même non suivie d'effet, car le cri ou le chant séditieux n'est incontestablement autre chose qu'une provocation à commettre des actes coupables et une provocation qui, le plus souvent, pousse directement à des faits déterminés. Cet abus de la liberté méritait-il d'être placé, dans les dispositions répressives de la loi, à côté de la provocation directe, mais non suivie d'effet, à commettre soit les crimes de meurtre, de pillage ou d'incendie, soit les crimes contre la sûreté de l'État que prévoient les articles 75 à 101 du Code pénal ? Ne convenait-il pas tout au moins de ne le frapper, comme toute provocation en général, que dans le cas où il aurait été suivi d'un crime ou d'un délit, ou d'une tentative de crime ?

162. La loi nouvelle apporte aux règles consacrées, en matière de provocation, par l'art. 23, une exception encore plus grave, lorsque, dans l'art. 25, elle frappe « *toute provocation* » adressée publiquement à des militaires « dans le but de les détourner de leurs devoirs militaires et de l'obéissance qu'ils doivent à leurs chefs... » Ici, en effet, la provocation est punie, non seulement bien qu'elle ne tende pas à faire commettre un crime ou un délit, mais aussi sans qu'il faille qu'elle soit directe et qu'elle ait été suivie d'effet. Les expressions qu'elle emploie ne comportent aucune distinction. Sous la loi du 27 juillet 1849, à l'art. 2 de laquelle l'art. 25 de la loi du 29 juillet 1881 a emprunté textuellement les termes que je viens de rappeler, tous les auteurs admettaient cette interprétation (V. Chassan, *Lois sur la presse depuis le 24 février* 1848, p. 89; Dalloz, *Répertoire,* v° *Presse-outrage,* n. 590; Rousset, *Code général des lois sur la presse,* n. 1084; Rolland de Villargues, *Code des lois sur la presse,* p. 62). Elle ne saurait être contestée. — **V.** conf., Faivre et Benoît-Lévy, p. 106.

Cette nouvelle dérogation aux principes concernant la provocation a été expliquée en ces termes par M. Léon Renault au nom de la commission de la Chambre de députés : « L'article 25 (l'ancien art. 27, qui a été supprimé)... punissait les provocations adressées à l'opinion, à la masse des citoyens. La commission a pensé que le jugement qu'il convenait de porter sur de telles provocations pouvait être laissé, quand elles n'avaient entraîné aucun effet, à la raison, au bon sens et au discernement chaque jour croissant du suffrage universel. L'art. 26 (art. 25 actuel) prévoit et règle des provocations d'un ordre différent et spécial. La commission a dû se demander s'il y avait à la fois une action mauvaise, un mal social certain, dans des provocations adressées à des militaires des armées de terre ou de mer, en vue de les amener à la révolte, de les faire sortir de leur devoir et de les détourner de l'obéissance qu'ils doivent à leurs chefs. La commission a pensé que lorsqu'il s'agirait de telles provocations, de provocations visant des corps qui vivent de hiérarchie, dont le seul office est la défense de la loi et de la patrie, la loi devait prévoir et réprimer. Elle ne s'est pas mise en contradiction avec elle-même. L'armée, en effet, qu'elle entend défendre contre des appels coupables et dangereux, n'a pas à juger; son rôle est d'obéir. Elle se distingue par là du corps entier de la nation, qui a le droit et le devoir de juger et de décider librement sur toutes choses. Après avoir refusé d'atteindre la provocation ordinaire quand elle n'a pas été suivie d'effet, nous avons, sans nous préoccuper des conséquences, frappé toute provocation adressée à l'armée lorsqu'elle a pour but de la détourner de l'obéissance qu'elle doit à ses chefs et à la loi. »

« Quelle était la raison de cette exception, a dit, de son côté, M. Agniel ? Elle était dans un intérêt plus que considérable aux yeux de la commission, dans l'intérêt essentiel qui s'attache au maintien de la discipline dans l'armée, discipline qui est une condition nécessaire de son fonctionnement patriotique. La commission a estimé que si vous ne vouliez pas que l'armée, à une heure donnée, se transformât en prétoriens, il ne fallait pas que la discipline militaire pût être entamée par la provocation, alors même que cette provocation se heurterait au bon sens de l'armée et à son patriotisme. »

163. Mais à l'oubli de quels *devoirs militaires*, de quelle *obéissance à leurs chefs*, la loi interdit-elle de provoquer les soldats? — Après avoir déclaré que, sur ce point, le projet de loi s'en référait à la législation militaire existante, qu'il n'entendait ni abroger ni modifier, M. Agniel a présenté les observations suivantes, qu'il importe de retenir : « Quels sont ces devoirs, quelle est cette obéissance? Ni l'obéissance, ni les devoirs imposés aux militaires ne pourraient aller jusqu'à les contraindre à se faire les complices d'une violation de la loi constitutionnelle. Et je considère, — je vous dis ma pensée très nettement, — qu'il n'y aurait pas la moindre transgression de l'art. 25 de la part du citoyen qui, pour paralyser un abus d'autorité, tenterait, par des exhortations, de ramener les militaires à l'exercice de leurs devoirs.... Croyez-vous donc que si un usurpateur, dont il m'est bien difficile de prévoir la survenance, commettait un attentat contre la République, il serait permis à une justice quelconque ... de considérer comme coupable de violation de l'art. 25 ceux qui auraient prêché aux soldats, non pas la désobéissance à leurs devoirs, mais la désobéissance à des chefs criminels?... »

On a vu (*suprà*, n. 143) que, pour consacrer cette interprétation d'une manière non équivoque, la Chambre des députés et, après elle, le Sénat ont admis dans l'art. 25 une addition consistant à expliquer que l'obéissance dont parle cet article est celle que les militaires doivent à leurs chefs *dans tout ce qu'ils leur commandent pour l'exécution des lois et règlements militaires.*

C'est rester dans les termes de ce texte que d'admettre, avec

MM. Rousset, n. 1085, et Faivre et Benoit-Lévy, p. 107, que le mot *devoir* doit s'entendre ici, non seulement des obligations militaires qu'imposent aux militaires les lois réglementaires de l'armée, mais encore de celles résultant des ordres ou des consignes qui leur viennent de leurs chefs hiérarchiques.

164. J'ai rappelé ci-dessus, n. 144, les motifs qui ont fait supprimer la disposition du projet de loi réservant l'application « des peines plus graves prononcées par la loi, lorsque le fait constitue une tentative d'embauchage ». Il est à peine besoin de faire observer, avec la circulaire du ministre de la justice, que ce rejet laisse subsister en entier les textes des Codes de justice militaire relatifs à l'embauchage. — Conf., Faivre et Benoit-Lévy, p. 107.

165. On ne saurait douter non plus qu'en étendant la suppression à la partie de la même disposition qui réservait les peines prononcées par la loi lorsque le fait constitue « une provocation à une action qualifiée crime », le législateur n'a pas entendu soustraire à l'application de l'art. 23 ceux qui se rendent coupables envers des militaires de la provocation prévue par cet article; mais qu'il a considéré une telle réserve comme superflue en présence de la généralité des prescriptions de l'art. 23.

166. Un des éléments essentiels de toutes les infractions prévues par les art. 23, 24 et 25 de la loi du 29 juillet 1881, c'est la publicité. Le projet de la commission de la Chambre des députés avait emprunté textuellement les éléments de cette publicité à l'art. 1er de la loi du 17 mai 1819, dont les termes, suivant l'observation de M. Lisbonne dans son rapport, étaient expliqués ou appliqués depuis plus d'un demi-siècle par la doctrine des auteurs et la jurisprudence des tribunaux. La Chambre n'a cependant accepté cet héritage que sous bénéfice d'inventaire. On a vu, en effet (*suprà*, n. 133), que dans le texte qu'elle a adopté et qui n'a pas été modifié par le Sénat, après le membre de phrase : « ceux qui, soit par des discours, cris ou menaces proférés dans des lieux ou réunions publics, soit par des écrits, des imprimés..... », ne figurent plus les mots « des dessins, des gravures, des peintures ou emblèmes », qui se trouvaient dans l'art. 1er de la loi de 1819.

« Il résulte de ce texte, qui ne saurait être conservé, a dit très justement M. Gatineau, que l'exposition du portrait de Henri IV chez un libraire ou chez un marchand d'estampes pourrait parfaitement être considérée comme un fait de complicité. —Et j'ajoute que l'hypothèse que je cite n'a rien d'extraordinaire ; car on peut trouver dans la jurisprudence un exemple similaire. Un papetier du passage Choiseul fut, en effet, poursuivi, sous l'empire de la loi de 1819..., pour avoir exposé le portrait du comte de Chambord...... Une provocation qui aura consisté dans l'exposition d'un dessin ou d'une gravure derrière la vitrine d'un papetier ! Une telle provocation pourra être punie...! »

Ce n'est plus que par les discours, cris ou menaces proférés dans des lieux ou réunions publics, par les écrits ou imprimés vendus ou distribués, mis en vente ou exposés dans les mêmes lieux, par les placards ou affiches exposés aux regards du public, que peut se produire la publicité indispensable pour que les divers genres de provocation prévus par la loi nouvelle puissent tomber sous son application.

§ II. — Délits contre la chose publique.

SOMMAIRE.

la République aurait été plus exactement placée sous le paragraphe suivant.

180. Publication ou reproduction de fausses nouvelles, de pièces fabriquées, falsifiées ou mensongèrement attribuées à des tiers. — Quand cette publication ou reproduction n'a pas troublé la paix publique, elle ne peut donner lieu qu'à des réparations civiles.

181. La suppression de la disposition concernant les fausses nouvelles a été inutilement demandée à la Chambre des députés par M. Gatineau.

182. Et au Sénat, par M. Jules Simon.

183. Dans quels cas la publication ou reproduction d'une fausse nouvelle doit être considérée comme ayant troublé la paix publique. — Il est nécessaire d'établir la relation entre l'acte incriminé et le trouble produit.

184. Mauvaise foi. — Preuve.

185. Mode de publication ou de reproduction.

186. Lieu du délit.

187. Ce qu'il faut entendre par pièces *fabriquées* ; — par pièces *falsifiées* ; — par pièces *mensongèrement attribuées à des tiers.*

188. Coauteur. — Complice.

189. Droit des tiers auxquels les pièces ont été attribuées de se pourvoir à fin de dommages-intérêts.

190. La publication de fausses nouvelles, sous l'empire de la législation antérieure, sans mauvaise foi et sans que la paix publique ait été troublée, n'a pu être poursuivie depuis la loi nouvelle. — Renvoi.

191. Outrage aux bonnes mœurs. — Modifications apportées par la commission à son projet primitif.

192. Adoption d'un amendement de M. Ribot, concernant la mise en vente, distribution ou exposition des dessins, gravures, peintures, emblèmes ou images obscènes.

193. Motifs de la suppression, dans l'article du projet, de la disposition qui ordonnait la destruction des objets saisis.

194. Texte voté par la Chambre.

195. Ce texte, adopté aussi par le Sénat, a été ensuite corrigé par lui.— Redressement analogue de l'art. 45, relatif à la compétence. — Motifs de cette double modification.

196. Rejet par le Sénat d'un amendement de M. de Gavardie, tendant à comprendre dans la répression l'outrage à la morale religieuse.

197. Rédaction définitive.

198. Sens des mots *bonnes mœurs.*

199. Quels objets peuvent être saisis et dans quels cas. — Destruction.

200. Double compétence.

201. Publicité de l'outrage aux bonnes mœurs. — Question au jury.

202. Complicité. — Espèce.

167. La commission de la Chambre des députés, empruntant aux lois des 17 mai 1819 (art. 4 et 9), 25 mars 1822 (art. 15 et 16), 9 sept. 1835 (art. 2 et 3), au décret du 11 août 1848 (art. 1 et 2), et aux lois des 27 juillet 1849 (art. 1er) et 29 déc. 1875 (art. 1er), l'idée de la répression de l'outrage envers la République, le chef de l'Etat et le Parlement, avait introduit dans son projet de loi un article, portant le n° 29, qui était ainsi conçu : « Tout outrage commis publiquement, d'une manière quelconque, envers le Président de la République, sera puni d'un emprisonnement de six mois à deux ans, et d'une amende de 100 fr. à 3,000 fr., ou de l'une de ces deux peines seulement. — Sera punissable de la même peine, tout outrage commis, par l'un des moyens énoncés en l'art. 26 (l'art. 23 actuel), envers la République, le Sénat ou la Chambre des députés. »

Plus tard, et lors des retouches qu'elle a fait subir aux dispositions du chapitre IV du projet (V. *suprà*, n. 132), la commission a retranché du second paragraphe de cet art. 29 les mots : « envers la République », répudiant ainsi cette déclaration que M. Lisbonne avait faite dans son rapport : « Nous n'avons pas voulu que la *République*, c'est-à-dire l'ensemble des éléments constitutionnels sur la stabilité desquels repose aujourd'hui la sécurité nationale, pût être impunément l'objet, sinon de dis-

cussions plus ou moins passionnées, mais d'injures, d'insultes,
d'outrages publiquement proférés. »

168. Fallait-il du moins maintenir les dispositions répressives de l'outrage soit envers le Président de la République, soit
envers le Sénat ou la Chambre des députés ? Une critique très
vive de M. Ballue, s'en prenant au manque de définition de l'outrage, au danger de l'alternative entre l'impunité et l'arbitraire
qu'imposait, suivant lui, l'article du projet, et à l'absence de
préjudice pour la chose publique dans l'infraction qu'il s'agissait
d'atteindre, et surtout une éloquente protestation de M. Madier
de Montjau contre des dispositions dans lesquelles il croyait voir
revivre l'ancienne loi de lèse-majesté, ont fait rejeter, en première lecture, par la Chambre des députés, le texte de la commission.

169. M. Marcou a ensuite proposé, sous forme de paragraphe
final de l'art. 28, punissant les outrages aux bonnes mœurs (V.
ci-après, n. 190 et suiv.), une disposition conçue en ces termes :
« Tout outrage commis, par l'un des moyens énoncés en l'art. 24
(l'art. 23 actuel), envers la République, sera puni d'un emprisonnement de trois mois à un an. » La commission ayant, comme
on l'a vu, abandonné la disposition analogue qu'elle avait d'a-
bord elle-même insérée dans son projet, l'orateur a pensé que
l'esprit public, saisi de la question, exigeait qu'elle fût résolue,
et il a soutenu que permettre l'outrage envers la République,
c'était préparer la chute du gouvernement républicain. MM. Lockroy, Périn et Clémenceau ont défendu avec force la thèse contraire. « La République, a dit M. Clémenceau, vit de liberté ;
elle pourrait mourir de répression, comme tous les gouvernements qui l'ont précédée et qui ont compté sur le système répressif pour les protéger.... Vous ne voulez pas qu'on outrage
la République ; je ne le veux pas plus que vous, mais il ne s'agit
pas de savoir ce que nous désirons ; il faut examiner ce qu'on
vous propose de faire.... Vous voulez permettre la discussion et
interdire l'outrage. Eh bien, je défie qui que ce soit, — et il ne
manque pas de jurisconsultes dans cette Chambre, — de venir à
cette tribune vous dire à quel signe le magistrat pourra reconnaître que la discussion cesse et que l'outrage commence. Et si
personne ici ne peut répondre, je dis que vous faites une loi
d'arbitraire, non de volonté, une loi de monarchie, non de république... »

Le rapporteur de la commission a, de son côté, déclaré que

celle-ci persistait dans la suppression qu'elle avait faite de l'outrage envers la République, et la Chambre a repoussé, à une forte majorité, la proposition de M. Marcou.

170. A la seconde délibération, M. Marcou, reprenant les dispositions que la Chambre avait refusé de voter en première lecture, pour les grouper dans un seul article, a demandé l'adoption de la rédaction suivante : « L'outrage à la République, à la Chambre des députés, au Sénat et au Président de la République, par l'un des moyens énoncés dans l'art. 24 (23), est puni d'un emprisonnement de trois mois à un an et d'une amende de 100 fr. à 3,000 fr. » Pour répondre à l'une des objections qui avaient été faites contre sa proposition primitive, M. Marcou a dit: « Nous avons le droit de tout contrôler, de fouiller dans le passé, d'interroger l'avenir, de comparer les divers systèmes; mais c'est là la discussion sincère, utile, honnête, et ce n'est pas l'outrage... L'outrage commence lorsque l'attaque devient grossière, indécente; alors cette attaque se convertit en insulte, en outrage. Voilà où est la limite. L'outrage peut être plus dangereux que l'attaque elle-même; il déverse le mépris et la déconsidération ; c'est l'avilissement de la Constitution et de toutes nos institutions.... Tant que vous discutez, vous usez de votre droit; mais du jour où vous dépassez les limites de la pudeur et des convenances; du jour où vous devenez grossier, insolent, provocateur et où vous jetez l'invective et le mépris sur les institutions que vous prétendez juger et apprécier, dès ce moment-là l'outrage apparaît; c'est un délit que vous commettez. C'est pourquoi je vous conjure de ne pas légitimer l'outrage, de ne pas le sanctionner par votre vote. »

M. Maigne, développant la même pensée dans un long discours, a essayé aussi d'établir, dans les termes suivants, une ligne de démarcation entre la liberté de discussion et l'outrage : « Discutez tout ce que vous voudrez, jusqu'à la forme et au principe même de nos institutions. Montrez les rapports qu'elles peuvent avoir avec les différents besoins de la société ou de la civilisation ; prouvez qu'elles y répondent mal, qu'elles leur sont contraires, si tel est votre avis ; scrutez, analysez, jugez, condamnez, je le veux bien, et je ne le crains pas, car je suis comme vous, sous ce rapport : je tiens pour certain que l'arme la plus puissante de la République, c'est la vérité et la discussion; et loin de vouloir restreindre ou gêner cette discussion, je l'appelle, je lui donne tout le champ que vous pouvez désirer.

Mais est-ce que vous confondez, par exemple, la liberté de la discussion avec la liberté de l'outrage, de l'injure?... C'est ici que nous nous séparons, car, contrairement à votre opinion, je pense qu'il n'y a rien de plus opposé à la liberté de discussion que la liberté de l'outrage et de l'injure. Ce n'est plus de la discussion, c'est la dispute, la rixe, et souvent la violence matérielle. »

171. Puis, après avoir combattu les arguments tirés de l'inocuité de l'outrage et de la puissance du mépris pour s'en défendre, l'orateur s'est efforcé de démontrer que l'on ne pouvait, dans les dispositions répressives de l'outrage, séparer la République du chef de l'État et des Chambres. M. Clémenceau, sans s'arrêter à ce dernier point de vue, a de nouveau plaidé brillamment la cause de la liberté illimitée de la critique et de la discussion. Mais la Chambre, se plaçant entre ces deux théories extrêmes, et scindant l'amendement de M. Marcou, en a rejeté les dispositions relatives à l'outrage envers la République et envers le Parlement, et l'a adopté seulement en ce qui concerne l'outrage envers le Président de la République (Séance du 14 février 1881).

172. La commission du Sénat a admis le nouveau texte, en se bornant à y remplacer le mot *outrage* par le mot *offense,* et à étendre, en ce qui touche les moyens de commettre le délit, à l'art. 28 la référence que ce texte contenait à l'art. 23. Au sujet de la première de ces modifications, le rapport de M. Pelletan donne l'explication suivante : « L'offense est le terme consacré, et par cela seul qu'il est exceptionnel, il convient mieux à la situation exceptionnelle du chef de l'État. »

Le Sénat a voté, sans discussion, la rédaction ainsi amendée, et qui est devenue l'art. 26 de la loi, dont voici les termes : « L'offense au Président de la République par l'un des moyens énoncés dans l'art. 23 et dans l'art. 28, est punie d'un emprisonnement de trois mois à un an et d'une amende de 100 fr. à 3,000 fr., ou de l'une de ces deux peines seulement. »

173. Dans l'art. 29 de son projet, la commission avait, à dessein, employé le mot « outrage, » au lieu du mot « offense », pour désigner l'attaque contre le Président de la République. « En 1835, disait M. Lisbonne dans son rapport, la signification de l'offense fut tellement étendue, les lois de septembre en tirèrent un parti tellement excessif, qu'elles y puisèrent non plus une seule, mais une série de dispositions... Ces dispositions exorbitantes trouvaient leur explication ou leur prétexte dans l'iden-

tification fictive de l'Etat et du monarque. Disons en passant que, quelque sévères qu'elles fussent, elles l'étaient moins que la loi anglaise... Nous avons pensé qu'une expression, même juridique, mais qui rappelle de tels souvenirs dans l'histoire des causes criminelles, ne pouvait se retrouver dans une législation qui a souci de la liberté. »

On vient de voir, par l'explication contenue dans le rapport de M. Pelletan, que ce n'est point pour donner à l'expression *offense* l'extension abusive rappelée par M. Lisbonne, que cette expression a été substituée au terme *outrage*. Les deux mots ont été considérés comme ayant le même sens et comme ne différant que par le caractère exceptionnel du premier.

174. Mais que faut-il entendre par outrage et par offense? Ces dénominations, selon la remarque du rapport de M. Lisbonne, reproduite par la circulaire du garde des sceaux, comprennent la diffamation et l'injure. Mais si la loi, dans son art. 29 (V. *infrà*), donne une définition nette et précise de la diffamation, elle ne détermine point d'une façon satisfaisante les caractères de l'injure, puisqu'elle la fait résulter de *toute expression outrageante*, terme de mépris ou invective, qui ne renferme l'imputation d'aucun fait. La difficulté subsiste toujours de savoir dans quels cas une expression est outrageante. La discussion à la Chambre des députés que j'ai analysée plus haut n'est pas sans jeter quelque lumière sur ce point délicat. MM. Marcou et Maigne ont envisagé l'outrage comme une forme grossière, indécente ou violente de la discussion, comme une attaque dépassant les limites des convenances et dégénérant en insulte ou en provocation. Et cette manière de voir, que n'ont point contredite les autres orateurs, est d'accord avec l'opinion des jurisconsultes qui ont écrit sur les délits de presse. « Il ne faut pas, dit M. Chassan, *Traité des délits et contraventions de la parole, de l'écriture et de la presse*, t. 1er, n. 386, confondre l'outrage avec la discussion, ni même avec l'énonciation dogmatique d'une opinion. C'est une attaque brutale, grossière, indécente, une voie de fait par la parole ou sur le papier. L'exposition d'une opinion, c'est la manifestation d'une pensée, d'un principe, d'une doctrine. Il peut y avoir dans cette exposition plus ou moins de vivacité ou de chaleur; mais la vivacité, la chaleur, l'emportement même dans la manière de manifester une opinion, ne sauraient être considérés comme un outrage. On pourrait y voir une attaque; mais l'attaque, lorsqu'elle n'est pas

accompagnée d'insulte, ne constitue pas l'outrage en cette matière. » M. Rousset, n. 1502 et suiv., s'exprime en termes analogues : « La violence qui appelle la violence, la brutalité qui
repousse toute discussion, la grossièreté qui l'irrite; tout ce qui,
enfin, provoque à la lutte, aux voies de fait, c'est le désordre.
Voilà ce que la loi doit prévenir et réprimer... Est-ce à dire cependant qu'une attaque violente, un mot outrageant et même
plusieurs, échappés à l'emportement d'une conviction passionnée
dans la défense d'une doctrine sérieuse, seront toujours punissables? Non... La pensée, pour qui ces expressions échappées ont
été non le but, mais un accident de la discussion, la pensée qui ne
les a ni préméditées, ni voulues, ne saurait être responsable. »

175. On doit admettre, dès lors, qu'il y aurait une offense envers le Président de la République, si l'on disait que la réprobation s'attache à son nom (Trib. corr. de la Seine, 1er juin 1877,
Gaz. des Trib. du 2 juin); si l'on dirigeait une menace contre
lui (même trib., 11 sept. 1877, *Gaz. des Trib.* du 12).

176. L'offense, pour tomber sous l'application de la loi, doit
être directe, non point seulement en ce sens qu'il ne suffirait pas
qu'elle pût résulter d'une induction (Chassan, n. 388), mais en
ce sens également qu'elle doit être dirigée contre la personne
même du chef de l'Etat; de telle sorte que des allégations offen-
santes qui n'attaqueraient que les actes du gouvernement, n'auraient point le caractère de l'offense réprimée par l'art. 26. De
telles attaques peuvent sans doute atteindre le chef de l'Etat, en
tant qu'il fait partie du gouvernement qu'elles visent; mais elles
ne réfléchissent pas plus contre lui que contre les autres pouvoirs qui entrent dans la composition du gouvernement, et elles
n'en sont pas moins étrangères à sa personne même, soit qu'on
le considère sous le rapport du caractère public dont il est revêtu, soit qu'on l'envisage au point de vue de la vie privée.
Compar. Trib. corr. de la Seine, 8 janv. 1880 (*J. du Minist. publ.*,
t. 23, p. 3 et suiv.). — Mais il en serait autrement, et il y aurait
offense envers le chef de l'Etat, si l'on faisait remonter vers lui,
en termes injurieux, violents ou grossiers, le blâme d'un acte
du gouvernement. — Rousset, n. 1121.

177. D'après le § 1er de l'art. 29 du projet de la commission
(V. *suprà*, n. 167), auquel a été substitué l'amendement de
M. Marcou, modifié successivement par la Chambre des députés
et par le Sénat, l'outrage envers le Président de la République
était punissable lorsqu'il avait été commis *publiquement, d'une*

manière quelconque. Ces expressions, empruntées à l'art. 6 de la loi du 25 mars 1822, laissaient aux juges toute liberté d'appréciation pour reconnaître si l'outrage avait été public (V. mon *Mémorial du Ministère public*, v° *Outrage*, n. 8). La disposition adoptée par la Chambre exigeait la publicité particulière que détermine l'art. 23, c'est-à-dire celle qui résulte de discours, cris ou menaces proférés dans des lieux ou réunions publics, d'écrits ou imprimés vendus ou distribués, mis en vente ou exposés dans des lieux ou réunions publics, de placards ou affiches exposés au regard du public. A ce mode de publicité, le texte définitif ajoute celui qui est énoncé dans l'art. 28 et qui consiste dans la mise en vente, la distribution ou l'exposition de dessins, gravures, peintures, emblèmes ou images.

178. La loi n'atteint ni l'outrage envers l'une ou l'autre des deux Chambres, ni celui qui est commis envers la République. Le législateur de 1881 a donné raison à cette thèse si énergiquement soutenue par M. Clémenceau : « Ce n'est point par les lois répressives qu'il vous serait possible de protéger le libre exercice de la souveraineté populaire. La seule protection qu'elle attend de vous et que vous puissiez lui donner, c'est de lui permettre de s'exprimer librement par la presse, par les réunions publiques, par le scrutin quand le souverain maître, le peuple, est convoqué dans ses comices. C'est ainsi que la liberté, loin d'être un danger, est la condition même de l'exercice de la souveraineté populaire, qui n'a que faire de la protection précaire que vous lui offrez, et qui n'a besoin pour se défendre que de la liberté, non pas de telle ou telle portion de la liberté que vous lui mesurez d'une main plus ou moins avare, mais de la liberté sans épithète, de toute la liberté...

« Considérez le résultat politique de votre loi. Il pourra se faire que les tribunaux aboutissent, contre votre intention formelle, à porter l'atteinte la plus grave à la considération des pouvoirs publics en acquittant ceux qui auront paru les outrager... Car, il faut bien l'admettre, l'accusation n'entraînera pas nécessairement la condamnation ! Il y a là une question d'appréciation sur laquelle les juges pourront différer avec les parquets, avec l'opinion publique elle-même, et, dans ce cas, je vous demande, — cela s'est vu sous l'Assemblée nationale, — si cet outrage, qui résultera de la décision de quelques juges, représentants de la justice nationale, ne sera pas bien autrement cruel que ceux que vous voulez défendre. Non ! non !... Laissez tout attaquer, comme disait M. Jules Simon, à condition qu'on puisse tout défendre. Je dirai même : Laissez tout attaquer, afin qu'on puisse tout défendre; car on ne peut défendre honorablement que ce qu'on peut attaquer librement. »

179. Cette doctrine, à la vérité, étendait, dans la pensée de l'orateur, la liberté de l'attaque jusqu'au chef de l'Etat. Le législateur n'a pas cru devoir aller aussi loin. Il a laissé toute latitude à l'outrage envers le gouvernement républicain et envers le Parlement; il a interdit l'outrage envers le Président de la République. Cette distinction repose sans doute sur l'idée que les personnes vivantes et agissantes ont droit à plus de ménagement que les êtres abstraits; idée que M. Maigne avait indiquée et vainement combattue en ces termes : « On m'a répondu :... le Président de la République est une personne vivante, agissante, que l'on peut saisir, insulter, que l'on peut outrager; mais votre République n'est pas une personne vivante, agissante, et le droit criminel n'admet la nocuité qu'à l'égard de telles personnes. Lors même que la République ne serait, — ce que je n'accorde pas, — que le gouvernement seul..., je dis qu'il faudrait encore la protéger contre l'outrage et contre l'injure. Mais, pour moi, la République est bien autre chose; la République n'est pas seulement le gouvernement de la patrie, c'est la patrie elle-même... Non, ce n'est pas là une abstraction, ce n'est pas un pur symbole, c'est la réalité vivante... »

On peut se demander si, restreinte ainsi à l'offense envers le Président de la République, la disposition de l'art. 26, au lieu de figurer dans le paragraphe consacré aux délits *contre la chose publique*, n'aurait pas dû être placée sous le paragraphe suivant, qui concerne les délits *contre les personnes*.

180. Au nombre des délits contre la chose publique, se trouve la publication ou reproduction de fausses nouvelles ou de pièces fausses. L'art. 31 du projet de la commission réprimait ce délit dans les termes suivants : « La publication ou reproduction de nouvelles fausses, de pièces fabriquées, falsifiées ou mensongèrement attribuées à des tiers, sera punie d'un emprisonnement d'un mois à un an et d'une amende de 50 à 1,000 fr., ou de l'une de ces deux peines seulement, lorsque la publication ou reproduction sera de nature à troubler la paix publique et qu'elle aura été faite de mauvaise foi. »

« Quand la fausse nouvelle, explique le rapport de M. Lisbonne, se renferme dans la limite des intérêts privés, si elle cause un préjudice, elle peut donner lieu à des réparations civiles. Notre projet de loi laisse alors le fait dans le domaine de la législation qui règle ces sortes de réparations, les art. 1149, 1150, 1151 et 1382 du Code civil. Mais si elle est de nature à troubler la paix publique, comment ne serait-elle pas une action punissable? »

On sait que l'art. 15 du décret du 17 février 1852 était allé plus loin, et qu'il punissait la publication ou reproduction de fausses nouvelles, non seulement malgré la bonne foi de l'agent et par cela seul que le fait était de nature à troubler la paix publique, mais même lorsque la publication ou reproduction n'était ni faite de mauvaise foi, ni de nature à troubler la paix publique.

En revisant les dispositions du chapitre IV du projet de loi, à la suite du renvoi qui lui avait été fait du contre-projet de M. Floquet, la commission a remplacé, dans le texte reproduit ci-dessus, les mots « sera de nature à troubler la paix publique», par ceux-ci : « aura troublé la paix publique. »

181. A la Chambre des députés, la suppression de la disposition répressive de la publication ou reproduction de fausses nouvelles a été demandée, lors de la première délibération, par M. de Girardin, et, à la seconde lecture, par M. Gatineau. « Il n'y a point de nouvelles fausses qui soient durables, a dit M. de Girardin. Il y a des journaux qui paraissent le soir; par conséquent, les nouvelles annoncées le matin peuvent être contredites le soir, et celles du soir peuvent l'être le lendemain matin. » A cette observation, M. Gatineau a ajouté : « Si vous faites disparaître l'article, la fausse nouvelle n'aura plus aucune influence sur le public; comme le public ne sentira plus derrière elle une responsabilité directe, effective, il écartera facilement la fausse nouvelle, et elle n'aura aucun crédit, soyez-en convaincus. » Et comme un membre de la commission, M. Agniel, objectait que l'article en discussion n'avait pour objet d'atteindre que l'émission de fausses nouvelles faite de mauvaise foi et ayant troublé la paix publique, M. Gatineau a répliqué par la citation de ce passage d'un article publié dans le journal *le Temps* : « L'article relatif à ce délit a été, à la vérité, heureusement amendé, puisque la poursuite ne pourra avoir lieu que dans le cas où la fausse nouvelle aura troublé la paix publique; mais, même avec cette atténuation, l'existence d'un délit pouvant aussi aisément se prêter à toutes les interprétations que celui de fausse nouvelle, n'en

èst pas moins regrettable. On comprend combien il sera facile, dans certains cas et avec un gouvernement peu scrupuleux, — ce qu'il faut toujours prévoir quand on fait une loi de garantie, — de rattacher le moindre petit désordre qui aura pu se produire sur un point quelconque du territoire, à une nouvelle donnée, même sous une forme hypothétique, par un journal dont les tendances déplaisent. C'est au public qu'il appartient de se défendre par son discernement contre les fausses nouvelles, et c'est une habitude qu'il prendra vite lorsqu'il saura qu'il n'a plus à compter sur l'autorité pour le garantir contre sa trop grande crédulité. »

La Chambre ne s'est pas rendue à ces raisons, et, en deuxième comme en première lecture, elle a voté le nouveau texte de la commission.

182. Même insuccès, au Sénat, pour M. Jules Simon, qui avait, lui aussi, demandé la suppression, dans l'article voté par la Chambre des députés, des mots « fausses noùvelles »; et qui, entre autres considérations, avait fait valoir celles-ci : « L'exception de bonne foi ne me rassure presque pas ; elle me rassurerait si vous pouviez être sûrs que vous jugerez bien qu'il y a ou qu'il n'y a pas bonne foi, mais l'on n'est jamais sûr d'une pareille chose ! Pour moi, je trouve que l'adversaire politique sera toujours de mauvaise foi et que l'ami politique sera toujours de bonne foi ou presque toujours...

« Maintenant je sais qu'on peut dire : Il y a la conséquence, — Oh ! pour la conséquence, en effet, ceci est très précis, à ce qu'il me semble, car on dit : « ayant occasionné un trouble dans la rue », quand on disait autrefois : « de nature à troubler la paix publique. » C'était encore une appréciation ; c'était comme pour la bonne foi ; les uns disaient : Ceci est de nature à troubler la paix publique ! Les autres disaient : Comment voulez-vous que cela trouble jamais la paix publique ? Mais vous, vous exigez qu'elle ait été troublée. Voilà un fait, voilà quelque chose de précis, je le reconnais.... Mais cependant n'est-ce pas un peu abusif ? Qu'est-ce que c'est qu'un trouble ? Est-ce qu'un carreau brisé sera un trouble, un soufflet donné, une querelle dans un café ? Ou bien faudra-t-il un trouble sur la voie publique ? Faudra-t-il une blessure ? Faudra-t-il que le trouble ait duré longtemps, qu'il se soit produit dans la journée ? Faudra-t-il qu'on établisse la relation directe entre le trouble produit et la fausse nouvelle dont il est question ? Faudra-t-il que ce soit dans la ville où la fausse nouvelle a été publiée? Y aura-t-il une prescription? Est-ce qu'au bout de huit jours ou quinze jours l'article sera encore en suspicion si les troubles se produisent? Je dis que pour tout cela vous avez devant vous la passion, et que la passion interviendra dans la décision qui sera prise....

« Quelle est donc la nouvelle fausse de mauvaise foi, troublant la paix publique, que vous avez devant les yeux, et qui vous pousse à faire une loi embarrassante, gênante, restrictive pour la liberté de la presse? C'est la nouvelle qui produira une émeute ayant une certaine gravité. Mais alors vous supposez que le directeur du journal se dirait : Je vais mensongèrement faire telle déclaration de nature à provoquer demain une émeute? Vous parlez d'une amende et d'un emprisonnement.... Mais l'anéantissement du journal, n'est-ce pas aussi quelque chose?.... Un journaliste qui publie une fausse nouvelle importante, avec préméditation, sait, à n'en pas douter; le coup qu'il porte à son journal et à sa propriété.... Par conséquent, il y a une peine que la nature des choses attache à la nouvelle fausse, peine qui est au moins aussi considérable que celle que vous édictez.

« Mais il y en a une autre : elle est dans le Code pénal. Vous entendez que je parle des art. 419 et 420 du Code pénal, qui punissent la fausse nouvelle quand elle a pour conséquence une modification dans les fonds publics ou dans le prix des denrées. Croyez-vous que la fausse nouvelle, qui aura produit une rixe ou une émeute, ne produira pas aussi une modification sur les fonds publics et sur le prix des denrées?....

« Avant de pouvoir poursuivre et appliquer votre pénalité, il faut que le délit ait été commis, que la conséquence ait eu lieu; et alors pourquoi faites-vous votre article? Au moins ceux qui punissaient l'intention disaient : Je vais prévenir; mais vous, vous ne venez qu'après, quand l'émeute est produite. Eh, messieurs, je ne crois pas à cette émeute. Un article, un mot dans un journal ne produit pas une émeute.... »

Sur une courte réponse du rapporteur, M. Pelletan, montrant, par l'exemple des événements qui avaient récemment ensanglanté Marseille, les représailles que pourrait amener la fausse nouvelle d'un massacre de citoyens français dans un pays étranger, qui viendrait à « tomber comme une étincelle sur la poudre », le Sénat a clos le débat et rejeté l'amendement de M. Jules Simon.

183. La discussion dont je viens de donner un aperçu laisse

planer une regrettable incertitude sur la question importante de savoir dans quelles circonstances la publication ou reproduction d'une fausse nouvelle devra être considérée comme ayant troublé la paix publique. Sans doute, comme l'a dit M. Pelletan, il ne suffira pas que la nouvelle fausse « ait abouti à un petit tapage des rues »; le trouble de la paix publique devra être « beaucoup plus profond », et le jury appréciera s'il a été d'une intensité qui en justifie la répression. Mais ne faudra-t-il pas établir le lien qui rattache le trouble produit à la fausse nouvelle dont on prétend qu'il est la conséquence? A cette question, que M. Jules Simon n'avait pas manqué de poser, il n'a été fait aucune réponse. Pour moi, malgré le silence gardé sur ce point soit par le texte de la loi, soit par les orateurs qui l'ont discuté, je regarde l'affirmative comme incontestable. Ici, pas plus qu'en matière de provocation (V. *suprà*, n. 153), une simple coïncidence entre l'acte incriminé et un fait de la nature de ceux que cet acte peut produire, ne saurait suffire pour constituer le délit. La preuve d'une relation directe entre la publication ou reproduction de la fausse nouvelle et le trouble qui en aurait été l'effet, est indispensable pour donner à la poursuite une base légale.

184. Quant à la mauvaise foi, qui est aussi l'un des éléments essentiels du délit, elle sera établie si l'on prouve que la publication ou reproduction de la fausse nouvelle « a été faite avec intention de nuire, par des personnes qui savaient que la nouvelle était fausse » (Rapport de M. Lisbonne).

185. La loi n'exige pas que la publication ou reproduction de la fausse nouvelle ait eu lieu par l'un des moyens énoncés dans l'art. 23. Il suffit donc que la nouvelle mensongère ait été répandue dans le public par quelque mode que ce soit, même simplement par parole. C'est d'ailleurs ce que la jurisprudence avait déjà admis sous l'empire du décret du 17 février 1852. V. mon *Mémorial du Ministère public*, v° *Fausses nouvelles*, n. 3. — Conf., Faivre et Benoit-Lévy, p. 114.

186. Le lieu du délit, celui par conséquent devant la Cour d'assises duquel la poursuite doit être exercée, n'est pas seulement, lorsque la publication ou reproduction a été faite par la voie de la presse, le lieu où l'écrit qui la renferme a été imprimé, mais encore tout lieu où cet écrit a été distribué.—Cass. 30 janv. 1858 (*J. du Minist. publ.*, t. 1er, p. 283).

187. Les pièces fabriquées, falsifiées ou mensongèrement at-

tribuées à des tiers, sont mises par la loi sur la même ligne que les fausses nouvelles. Une pièce *fabriquée* est celle qui est entièrement fausse et a été créée pour être produite comme vraie. Par pièce *falsifiée*, il faut entendre une pièce qui, vraie en elle-même, a été altérée dans quelqu'une de ses parties. Quant à la pièce *mensongèrement attribuée à un tiers*, sa sincérité ou sa fausseté est indifférente ; ce que la loi incrimine, c'est uniquement le mensonge portant sur l'indication de l'auteur de la pièce. — Vente, *Traité des fausses nouvelles*, n. 57 ; Rousset, n. 1357.

188. La personne qui a communiqué à un journal des documents fabriqués et dont la publication faite par ce journal a eu pour effet de troubler la paix publique, ne peut être considérée comme coauteur de cette publication, si elle n'y a participé par aucun acte direct et personnel (Cass., 11 fév. 1876, *J. du Min. publ.*, t. 19, p. 217). Mais elle s'est rendue complice du gérant du journal en lui procurant le moyen qui a servi à commettre le délit, si, d'ailleurs, elle savait que les documents étaient fabriqués et qu'ils devraient être publiés dans le journal (Cod. pén., 60).

189. Lors de la discussion de l'art. 27, un député, M. Lorois, a demandé s'il était bien entendu que le droit des tiers auxquels des pièces seraient mensongèrement attribuées, de se plaindre et de se pourvoir, restait tout entier. Il lui a été répondu, par M. Lelièvre, membre de la commission, et par M. Lisbonne, rapporteur, que la commission l'entendait ainsi, et que c'était là, d'ailleurs, l'application de l'art. 1382 du Code civil.

190. Il résulte de décisions récentes (Trib. corr. de la Seine, 17 août 1881 ; Bourges, 24 nov. 1881, S.-V.82.2.84 et 92) que la publication de fausses nouvelles faite sous l'empire de la législation antérieure, sans mauvaise foi et sans que la paix publique ait été troublée, n'a pu faire l'objet d'une poursuite correctionnelle depuis la promulgation de la loi nouvelle. C'est un point qui se rattache à une question générale que j'examinerai sous l'art. 68.

191. Les auteurs de la nouvelle loi sur la presse ne pouvaient omettre d'en étendre les prévisions à l'outrage aux bonnes mœurs, qui est bien incontestablement un délit de droit commun, puisqu'il est réprimé, ainsi que le constate le rapport de M. Lisbonne, par toutes les législations, et que, pour ce qui concerne spécialement la France, il a été successivement frappé par le Code pénal (art. 287) et par la loi du 17 mai 1819 (art. 8).

Le projet de la commission contenait un article 32 ainsi conçu :
« L'outrage aux bonnes mœurs, commis par l'un des moyens
énoncés en l'art. 26 (devenu l'art. 23 de la loi), sera puni d'un
emprisonnement de quinze jours à un an et d'une amende de
16 à 500 fr. — Si l'outrage est commis par des dessins, figures,
images ou emblèmes, les exemplaires exposés aux regards du
public, mis en vente, colportés, distribués, seront saisis et détruits. »

Sur le renvoi qui lui avait été fait du contre-projet de M. Floquet, la commission avait fait subir à ce texte trois modifications
importantes. Dans le paragraphe 1er, d'une part, après le rappel
des moyens énoncés dans l'art. 23, elle avait ajouté les mots :
« et, en outre, par des dessins, gravures, peintures, emblèmes
ou images quelconques », et, d'autre part, elle avait élevé la pénalité en fixant, pour l'emprisonnement, une durée de un mois
à deux ans, et, pour l'amende, un chiffre de 16 à 2,000 fr. Dans
le 2e paragraphe, elle avait supprimé les mots « et détruits » qui
suivaient le mot « saisis. »

192. Aucune discussion sérieuse ne s'est élevée à la Chambre
des députés sur ces dispositions. Tout s'est borné à un léger
changement de rédaction du premier paragraphe, admis sur la
demande de M. Lorois, et à l'addition, dans ce même paragraphe,
sur la proposition de M. Ribot, des mots « ou par la mise en
vente, la distribution ou l'exposition », addition qui avait pour
objet de ne pas permettre que l'article pût être interprété « en
ce sens qu'un dessin saisi chez un imprimeur tomberait sous le
coup de la pénalité prescrite ».

193. Il convient, toutefois, de noter encore cette explication
donnée par le rapporteur au sujet de la suppression du mot détruits à la fin du second paragraphe : « Il s'agit d'une saisie préventive, c'est-à-dire d'une mesure qui précède la décision de
justice. La destruction des exemplaires serait prématurée si elle
était opérée préalablement... Rien n'empêchera de les détruire
après qu'en cas de poursuite et de condamnation, le tribunal
en aura ordonné la destruction. »

194. Par suite de ces modifications, l'article sur lequel a voté la
Chambre et qu'elle a adopté, en première et en deuxième lecture,
s'est trouvé rédigé en ces termes : « L'outrage aux bonnes mœurs
commis par l'un des moyens énoncés en l'art. 24 (23), ou par la
mise en vente, la distribution ou l'exposition de dessins, gravures, peintures, emblèmes, images quelconques, sera puni d'un

emprisonnement de un mois à deux mois et d'une amende de 16 à 2,000 fr.—Si l'outrage est commis par des dessins, figures, images ou emblèmes, les exemplaires obscènes exposés aux regards du public, mis en vente, exposés ou distribués, seront saisis. »

195. La commission du Sénat avait accepté cette rédaction, et le Sénat l'avait lui-même d'abord adoptée (séance du 11 juillet 1881); mais, quelques jours après (séance du 16 juillet), le président de la commission est venu lui proposer une correction, « dans un intérêt de haute moralité ». — « Nous avons, a dit M. de Massy, voté l'art. 27 (l'ancien art. 32 du projet de la commission de la Chambre des députés, l'art. 28 de la loi), relatif à l'outrage aux bonnes mœurs, dans lequel se trouve compris un cas particulier d'outrage aux bonnes mœurs, la mise en vente, l'exposition de dessins, gravures, emblèmes obscènes; nous avons renvoyé à la juridiction des Cours d'assises, par l'art. 43 45), tous les outrages aux bonnes mœurs. On nous a fait observer, et notre honorable collègue, M. le procureur général près la Cour de Paris, me permettra d'invoquer son autorité et le désir qu'il a manifesté à la commission, on nous a fait observer qu'il y a presque partout, et particulièrement à Paris, tant de délits d'outrage aux bonnes mœurs par dessins et images obscènes, que renvoyer ces cas particuliers devant les assises, c'est rendre la répression presque impossible.— La commission vous propose donc, dans l'art. 27, de faire deux paragraphes particuliers : 1° l'outrage aux bonnes mœurs; puis, 2° un paragraphe à part pour l'outrage aux bonnes mœurs par la voie des emblèmes dont je vous parlais, et alors, dans l'article sur la compétence, la commission vous manifeste le désir de comprendre cet outrage particulier aux bonnes mœurs parmi les délits qui sont de la compétence de la police correctionnelle. »

Cette double correction a été votée par le Sénat et admise ensuite par la Chambre des députés.

196. Dans la séance du 11 juillet, M. de Gavardie avait demandé au Sénat d'ajouter à la répression de l'outrage aux bonnes mœurs celle de l'outrage à la morale religieuse, comme l'avait fait l'art. 8 de la loi du 17 mai 1819. Il a suffi, pour faire rejeter son amendement, de ces observations judicieuses du rapporteur, M. Pelletan : « L'amendement de l'honorable M. de Gavardie a supprimé un mot qui figurait dans la loi de 1819, « la morale publique ». Je dirai même que la morale publique figurait seule

dans le projet de loi présenté par M. de Serre et si éloquemment défendu par lui, lorsqu'il a repoussé l'introduction de la morale religieuse dans la loi, parce qu'elle pouvait prêter, par sa formule vague et indéfinie, à trop d'interprétations. Les observations de l'honorable M. de Gavardie n'ont pas éclairci la question. Il nous dit bien que la morale religieuse découle de Dieu, que sans Dieu il n'y a pas de morale, que la morale disparaît avec la notion de Dieu et la croyance à l'immortalité.... Mais ces idées n'appartiennent qu'à la croyance, qu'à l'opinion individuelle; elles ne relèvent pas de la loi pénale, et c'est le grand progrès que consacre le projet de loi actuel. Il a éliminé tous les délits d'opinion.... Vous parlez de l'outrage à Dieu. Mais à quel Dieu ? A votre propre Dieu, à votre Dieu catholique, qui n'est, quoi qu'on en dise, ni le Dieu du juif, ni le Dieu du philosophe.... Je trouve M. de Gavardie trop modeste; ce n'est pas seulement la peine de l'outrage qu'il devrait vouloir rétablir dans la presse, c'est encore la peine du blasphème, c'est la peine de l'hérésie, qui sont, l'un et l'autre, l'outrage à votre notion de la divinité, plus qu'un outrage, un sacrilège. Vous savez comment vous avez emprunté, en d'autres temps, le bras séculier pour les punir.... C'est ce que nous voulons éviter à l'avenir; c'est pour cela que nous avons éliminé l'outrage à la morale religieuse. Permettez-moi de vous le dire, nous croyons beaucoup mieux la défendre que vous ! La morale publique, aussi bien que la morale religieuse, est au-dessus de toutes les atteintes; vous l'affaiblissez au lieu de la fortifier, en croyant que des attaques peuvent en diminuer le respect dans les esprits. »

197. C'est donc l'outrage aux bonnes mœurs seulement que punit la loi nouvelle, dont les dispositions définitives, formant l'art. 28, sont ainsi conçues : « L'outrage aux bonnes mœurs commis par l'un des moyens énoncés en l'art. 23 sera puni d'un emprisonnement de un mois à deux ans et d'une amende de 16 francs à 2,000 francs. — Les mêmes peines seront applicables à la mise en vente, à la distribution ou à l'exposition de dessins, gravures, peintures, emblèmes, ou images obscènes. Les exemplaires de ces dessins, gravures, peintures, emblèmes ou images obscènes exposés au regard du public, mis en vente, colportés ou distribués, seront saisis. »

198. Après le rejet de son amendement par le Sénat, M. de Gavardie avait demandé à la commission de s'expliquer sur le sens des mots « bonnes mœurs », qui lui paraissaient non moins

vagues que les mots « morale religieuse » dont il n'avait pas réussi à faire admettre l'introduction dans la loi. Le président de la commission s'est contenté de le renvoyer à l'art. 287 du Code pénal, où se trouve aussi l'expression de « bonnes mœurs » qui, a-t-il fait remarquer, a été d'ailleurs consacrée dans toutes les lois spéciales sur la presse.

M. Chassan, t. 1er, p. 315, donne à ce sujet l'explication suivante : « Il semble, au premier aspect, que l'outrage aux mœurs ou aux bonnes mœurs exprime la même idée que l'outrage à la morale publique.... Mais celle-ci comprend autre chose encore que les bonnes mœurs... L'outrage aux mœurs ou aux bonnes mœurs comprend plus spécialement les outrages qui blessent la pudeur et qui s'adressent à l'esprit de licence et de débauche. »

199. Il résulte clairement des termes de l'art. 28, rapprochés de ceux de l'art. 49, ainsi que des explications données à la Chambre des députés, soit par M. Ribot, soit par M. Lisbonne, rapporteur (V. ci-dessus, n. 192, et *infrà*, sur l'art. 49), que les dessins, gravures, peintures, emblèmes ou images obscènes peuvent seuls être préventivement saisis, et exclusivement dans le cas où ils sont sortis de chez l'imprimeur pour être exposés aux regards du public, mis en vente, colportés ou distribués, sans que cette saisie puisse être suivie de destruction tant que la justice n'aura pas prononcé; et qu'après condamnation, la saisie des exemplaires exposés, mis en vente ou distribués ne peut être opérée qu'en vertu d'une disposition expresse du jugement.

200. D'un autre côté, par la combinaison des art. 28 et 45, la loi attribue aux Cours d'assises l'outrage aux bonnes mœurs commis par l'un des moyens énoncés dans l'art. 23, et réserve aux tribunaux correctionnels le délit de mise en vente, exposition ou distribution de dessins, gravures, peintures, emblèmes ou images obscènes.

201. La publicité, qui est un des éléments essentiels du délit d'outrage aux bonnes mœurs puni par le § 1er de l'art. 28, doit, à peine de nullité, être précisée dans les questions soumises au jury, soit en ce qui concerne l'auteur principal, soit à l'égard du complice. — Cass. 4 mars 1882, aff. Albertini (*Gaz. des trib.*).

202. En ce qui touche la complicité, il a été jugé, à bon droit, qu'elle résulte de l'envoi fait par une personne, avec ordre de les expédier, des exemplaires spécimens d'un roman immoral, alors

qu'elle savait que la même distribution avait causé ailleurs un grand scandale. — (Cass. 18 févr. 1882 (S.V.82.1.420).

203. Dans son rapport à la Chambre des députés, M. Lisbonne a dit : « A l'avenir, il n'y aura plus d'applicables au délit d'outrage aux bonnes mœurs que les dispositions qui seront contenues dans la loi nouvelle. » On doit donc regarder l'art. 28 comme abrogeant, non seulement l'art. 8 de la loi du 17 mai 1819, mais aussi l'art. 287 du Code pénal, que cette loi, tout en prévoyant les mêmes faits, n'avait pas elle-même expressément abrogé, et dont la disposition finale, tout au moins, relative à la confiscation, était restée en vigueur. — Conf., Faivre et Benoît-Lévy, p. 120.

204. La répression édictée par la loi du 29 juillet 1881 est-elle suffisante pour arrêter le développement scandaleux qu'a pris le commerce des écrits et des dessins obscènes, surtout dans les grandes villes? Après une expérience qui, pour être assez courte, ne lui a pas paru moins décisive, le gouvernement ne l'a point pensé ; et il a déposé un projet de loi qui, sous forme de modification de l'art. 330 du Code pénal, d'une part, punissait d'un emprisonnement de trois mois à deux ans et d'une amende de 16 fr. à 3,000 fr. : 1º toute personne ayant commis un outrage public à la pudeur ; 2º les auteurs des délits commis contre les bonnes mœurs par des écrits, imprimés, affiches, dessins, gravures, peintures, emblèmes ou images obscènes, mis en vente, vendus ou distribués, exposés ou affichés dans les lieux ou réunions publics ; 3º les auteurs des délits de même nature par des discours, chants ou cris obscènes proférés dans des lieux ou réunions publics ; — d'autre part, déclarait passibles des mêmes peines les complices de ces délits dans les conditions déterminées par l'art. 60 du Code pénal ;—et enfin décidait que la poursuite aurait lieu devant le tribunal correctionnel conformément au droit commun et suivant les règles édictées par le Code d'instruction criminelle. Par là, le gouvernement se proposait de soustraire le délit d'outrage aux bonnes mœurs à la législation privilégiée qui régit aujourd'hui la presse, au point de vue de la saisie préventive (art. 49), de la complicité (art. 42 à 44), de la compétence (art. 45), de la récidive, du cumul des peines (art. 63) et de la prescription (art. 65).

205. La commission de la Chambre des députés chargée d'examiner ce projet de loi, tout en s'associant aux préoccupations du gouvernement, a fait subir au premier paragraphe du texte pré-

senté par lui d'assez graves modifications, qu'il a déclaré accepter, et le projet, malgré les objections très habilement développées par M. Gaillard et appuyées avec force par M. Maret, a été voté, par la Chambre (séance du 26 juin 1882), en ces termes :

« Art. 1er. Est puni d'un emprisonnement de un an à deux ans et d'une amende de 16 à 3,000 fr., quiconque aura commis le délit d'outrage aux bonnes mœurs par la vente, l'offre, l'exposition, l'affichage ou la distribution gratuite sur la voie publique ou dans les lieux publics, d'écrits, d'imprimés autres que le livre, d'affiches, dessins, gravures, peintures, emblèmes ou images obscènes.

« Art. 2. Les complices de ces délits, dans les conditions prévues et déterminées par l'art. 60 du Code pénal, seront punis de la même peine, et la poursuite aura lieu devant le tribunal correctionnel, conformément au droit commun et suivant les règles édictées par le Code d'instruction criminelle.

« Art. 3. L'art. 463 du Code pénal s'applique aux délits prévus par la présente loi.

« Art. 4. Sont abrogées toutes les dispositions contraires à la présente loi.»

206. Comme on le voit, le projet amendé par la commission et adopté par la Chambre des députés, diffère de celui qu'avait déposé le gouvernement, en ce qu'il repousse l'assimilation entre l'outrage public à la pudeur et l'outrage aux bonnes mœurs par publications ou dessins obscènes ; en ce qu'il laisse soumis aux dispositions de l'art. 28 de la loi du 29 juillet 1881, soit le livre, soit les discours, chants ou écrits obscènes ; enfin, en ce qu'il élève le maximum de l'amende et déclare, toutefois, applicable aux délits qu'il réprime l'art. 463 du Code pénal, relatif aux circonstances atténuantes. Mais, de même que le projet originaire, il fait rentrer dans le droit commun, quant aux formes et aux conditions de la poursuite, le délit d'outrage aux bonnes mœurs commis par les moyens qu'il détermine ; il le soumet à la compétence des tribunaux correctionnels ; il permet, conformément aux dispositions du Code d'instruction criminelle, la saisie préventive et l'arrestation des délinquants ; et il rétablit les règles ordinaires relativement à la récidive, à l'imputabilité et à la complicité.

207. Au moment où j'écris, le texte voté par la Chambre des députés n'a pas encore subi l'épreuve de la discussion au Sénat. S'il est définitivement adopté par le Parlement, la loi du 29 juil-

let 1881 aura été, bien peu de temps après sa promulgation, abrogée dans plusieurs de ses dispositions importantes. Ne sera-ce pas chose regrettable, et ne sera-t-on pas tenté de donner raison à ces observations de M. Gaillard, dans la séance du 26 juin 1882 : « La situation actuelle n'est que le prolongement, dans des conditions semblables, de l'ancienne situation qui nous était faite au point de vue de la littérature pornographique au moment même où l'on discutait la loi qui régit actuellement la presse... Rien de nouveau, aucune exigence nouvelle. Quand vous avez fait la loi du 29 juillet 1881, vous saviez quelles précautions vous aviez à prendre contre les publications obscènes ? »

<h2 style="text-align:center">§ III. — Délits contre les personnes.</h2>

SOMMAIRE.

208. La diffamation et l'injure publique étant des délits de droit commun, devaient trouver place dans la loi nouvelle.

209. La définition que la loi du 17 mai 1819 donnait de ces deux délits a passé dans la loi de 1881. — Une définition particulière proposée au Sénat par M. Jules Simon relativement à la diffamation envers les personnes publiques, n'a pas été admise. — Renvoi.

210. La jurisprudence et les solutions doctrinales auxquelles a donné lieu l'art. 13 de la loi de 1819, conservent aujourd'hui leur autorité.

211. Diffamation. — Distinction entre l'allégation et l'imputation d'un fait.

212. C'est un fait déterminé, vrai ou faux, qui doit être allégué ou imputé. Une simple qualification est insuffisante. — Exemple. — Mais l'allégation ou l'imputation de la simple tentative d'un fait tombe sous l'application de la loi.

213. Atteinte à l'honneur ou à la considération. Sens de ces mots. — Espèces.

214. La personne contre laquelle doit être dirigée l'allégation ou l'imputation s'entend même d'une personne morale.

215. L'intention coupable, élément essentiel du délit, est présumée. — Preuve contraire. — Espèces.

216. Injure. — Expression outrageante. — Renvoi. — Terme de mépris, invective. — Signification de ces mots.

217. La distinction entre l'injure renfermant l'imputation d'un vice déterminé et l'injure simple n'a pas été conservée par la loi nouvelle.

218. Intention méchante. — Présomption. — Preuve contraire.

219. Diffamation envers les Cours, les tribunaux, les armées de terre et de mer, les corps constitués et les administrations publiques. —

208. Bien que la diffamation et l'injure publique n'aient pas
été prévues par le Code pénal, qui n'a songé à réprimer les abus
de la parole et de la presse au détriment des personnes, que lorsqu'ils se produisent sous la forme de l'outrage ou de l'injure non
publique, on ne saurait leur contester le caractère de délits de
droit commun, soit à cause de leur corrélation étroite avec les
infractions punies par le Code pénal, que je viens de désigner,

soit parce que toutes les législations les ont frappées plus ou moins sévèrement. Elles devaient donc trouver place dans la nouvelle loi sur la presse.

209. En France, c'est la loi du 17 mai 1819 qui, la première, est venue régir la diffamation. La définition que son art. 13 donnait de ce délit, ainsi que du délit d'injure, est littéralement reproduite par l'art. 29 de la loi du 29 juillet 1881, dont les dispositions, qui formaient l'art. 33 du projet de la commission de la Chambre des députés, ont été adoptées sans discussion par cette Chambre et par le Sénat.

En voici le texte : « Toute allégation ou imputation d'un fait qui porte atteinte à l'honneur ou à la considération de la personne ou du corps auquel le fait est imputé, est une diffamation ; — Toute expression outrageante, terme de mépris ou invective qui ne renferme l'imputation d'aucun fait, est une injure. »

On verra plus loin (n. 221) qu'au Sénat, M. Jules Simon a fait de vains efforts pour faire admettre, par voie d'amendement à l'art. 31, relativement à la diffamation envers les personnes publiques, une définition particulière aux termes de laquelle la censure des actes commis ou des opinions exprimées par ces personnes dans l'exercice de leur mandat ou de leur fonction, n'aurait été punissable qu'autant qu'elle aurait contenu « l'imputation d'un fait condamné par les lois de droit commun ».

210. La jurisprudence et les interprétations doctrinales auxquelles a donné lieu l'application de l'art. 13 de la loi du 17 mai 1819 conservent aujourd'hui toute leur autorité. Pour les retracer il faudrait un volume. Dans le présent ouvrage, où je me borne à essayer de préciser la portée de la nouvelle loi sur la la presse et de déterminer le sens des dispositions par lesquelles elle a constitué, pour les divers genres de publications, un régime plus libéral, je ne saurais entreprendre une semblable étude, et je dois me contenter de rappeler sommairement les principes les plus essentiels que les tribunaux et les auteurs ont admis en matière de diffamation et d'injure.

211. La définition que l'art. 13 de la loi de 1819 et l'art. 29 de la loi de 1881 donnent de la diffamation, ne peut soulever aucune difficulté sérieuse. Elle exige l'*allégation* ou l'*imputation* d'un *fait* portant atteinte à *l'honneur* ou à la *considération* d'une *personne*.

Il est à peine besoin de faire remarquer que l'allégation se distingue de l'imputation en ce que, par la première, on énonce vaguement un fait, tandis que, par la seconde, on l'affirme d'une manière positive.

212. C'est un fait déterminé, vrai ou faux, qui doit être allégué ou imputé. Une simple qualification, si offensante qu'elle soit, et quelques mauvaises actions qu'elle implique, ne présente pas le caractère de la diffamation, parce qu'elle ne se rattache pas à un acte précis. — Lorsqu'on dit qu'un employé de commerce a apporté du désordre dans la correspondance et de l'inexactitude dans les recettes, on lui impute un fait déterminé de manquement à ses devoirs professionnels, qui est caractéristique de la diffamation. — Cass., 7 mai 1880 (S.-V.81.1.280).

L'allégation ou l'imputation de la tentative d'un fait tomberait sous l'application de la loi, aussi bien que celle d'un fait consommé, alors même que la tentative ne remplirait· pas les conditions nécessaires pour la rendre punissable. — Grellet-Dumazeau, *Diffamation*, t. 1, p. 27 ; Dalloz, *Répert.*, v° *Presse-Outrage*, n. 819.

213. Il est nécessaire que le fait allégué ou imputé porte atteinte à l'honneur d'une personne, c'est-à-dire aux qualités de probité, de droiture, de sagesse qui lui permettent de s'estimer elle-même, — ou à sa considération, c'est-à-dire à l'estime que lui accordent les autres, à la réputation dont elle jouit. — Compar. Dalloz, n. 825 et 828 ; Rousset, n. 1622.

Ainsi, pour citer quelques décisions récentes, écrire contre un individu, qu'on dit de lui qu'il est un failli non réhabilité, ayant voté à tort lors de certaines élections, c'est le diffamer, parce que les faits qu'on allègue portent atteinte tout à la fois à son honneur et à sa considération. — Bourges, 10 mai 1878 (*J. du Min. pub.*, 21.117). — Si l'on affirme que le gérant d'un établissement de crédit a soustrait une somme considérable pour la donner à une puissance étrangère, afin que celle-ci fasse la guerre à la France, on lui impute évidemment des faits contraires à son honneur. — Trib. corr. de Loudun, 5 nov. 1881 (S.-V. 82.2.90). — C'est encore se placer dans les termes de la définition légale de la diffamation, que de révéler les condamnations depuis longtemps encourues par un concurrent, dans le but de ruiner son crédit commercial. — Chambéry, 17 janv. 1878 (*J. du Min. publ.*, 21.231). V. aussi Cass., 28 nov. 1861 (S.-V.62. 1.440).

214. L'allégation ou l'imputation doit être dirigée contre une personne, ce qui s'entend même des personnes morales, par

exemple, des sociétés commerciales (Paris, 27 avr. 1835), des congrégations religieuses (Angers, 24 mars 1842), etc.

215. L'intention coupable est un élément du délit de diffamation, comme de tous les délits en général. Mais, d'après la jurisprudence constante de la Cour de cassation, les imputations de nature à porter atteinte à l'honneur et à la considération sont réputées de plein droit faites avec une intention coupable. — Cass., 26 nov. 1864, 4 août 1865 (S.-V.65.1.102 et 467), 2 août 1873 (*J. du Min. publ.*, 17.264), 18 mars et 18 nov. 1881 (S.-V. 81.1.435, et 82.1.236). Et, pour détruire cette présomption, il ne suffit pas qu'un arrêt se borne à une simple affirmation contraire; il est indispensable qu'il appuie cette affirmation sur l'énonciation de faits propres à la justifier. — Cass., 26 nov. 1864 et 2 août 1873, précités. — Ainsi, on ne doit pas s'arrêter à la déclaration d'un journaliste prévenu de diffamation, qu'il n'a eu d'autre but que de publier un article pouvant intéresser ses lecteurs. « Si ce motif, lit-on dans l'arrêt ci-dessus mentionné du 18 mars 1881, pouvait servir d'excuse aux journalistes, il dégénérerait en abus dangereux pour l'honneur des particuliers... La portée dommageable du fait n'a pu échapper au prévenu, et il s'est soumis aux conséquences de la publicité qu'il voulait lui donner. » — Compar. encore Cass., 10 nov. 1876 (*J. du Min. publ.*, 20.7).

Mais le défaut d'intention coupable serait suffisamment établi, s'il était démontré que celui qui a tenu sur le compte d'une personne des propos de nature à porter atteinte à son honneur ou à sa considération, l'a fait de bonne foi pour répondre à une demande de renseignements. — Aix, 27 juillet 1866 (*J. du Min. publ.*, 10.180).

216. A la différence de la diffamation, l'injure ne renferme l'imputation d'aucun fait, et il suffit, pour la constituer, d'une *expression outrageante*, d'un *terme de mépris* ou d'une *invective*.

J'ai eu déjà (*suprà*, n. 174) l'occasion de rechercher ce qu'il faut entendre par expression outrageante. Aucune difficulté ne peut se présenter dans l'appréciation de ce qui constitue un terme de mépris. Quant à l'invective, elle consiste dans toute expression amère ou violente (Dict. de l'Acad.) qui, même sans offrir un caractère outrageant ou tourner en terme de mépris, est de nature à blesser la personne à laquelle on l'adresse.

217. La loi du 17 mai 1819 reconnaissait deux catégories

d'injures, qu'elle frappait de peines différentes. Elle considérait l'injure comme un délit et la punissait d'une amende de 16 à 500 fr., lorsqu'elle contenait l'imputation d'un vice déterminé, et ne voyait dans l'injure simple qu'une contravention passible seulement des peines de police. La loi du 29 juillet 1881 a fait disparaître cette distinction, et édicté une seule et même pénalité contre toute injure commise publiquement. — V. ci-après, sur l'art. 33.

218. Un élément nécessaire de l'injure aussi bien que de la diffamation, c'est l'intention méchante qui, d'ailleurs, pour celle-là comme pour celle-ci, est présumée de droit toutes les fois que l'expression incriminée présente les caractères déterminés par le législateur, et qui ne peut être écartée que si le prévenu détruit cette présomption par la preuve contraire, sans se borner à se retrancher derrière sa bonne foi. — Hélie et Chauveau, *Théorie du Code pénal*, t. 6, n. 2783; Chassan, t. 2, n. 529. — Compar. *suprà*, n. 215.

219. La diffamation a une gravité particulière, lorsqu'elle est dirigée contre des corps constitués, contre des fonctionnaires publics ou contre des citoyens chargés, même temporairement, d'un mandat ou d'un service public. L'art. 16 de la loi du 17 mai 1819 et l'art. 5 de la loi du 25 mars 1822 avaient, en conséquence, consacré des dispositions spéciales à la diffamation commise envers de tels corps ou de telles personnes. La loi du 29 juillet 1881 s'est approprié ces dispositions en leur apportant certaines modifications et en les complétant.

Elle contient les prescriptions suivantes : — ART. 30. « La diffamation commise par l'un des moyens énoncés en l'art. 23 et en l'art. 28, envers les Cours, les tribunaux, les armées de terre ou de mer, les corps constitués et les administrations publiques, sera punie d'un emprisonnement de huit jours à un an et d'une amende de 100 francs à 3,000 francs, ou de l'une de ces deux peines seulement. » Art. 31. — « Sera punie de la même peine la diffamation commise par les mêmes moyens, à raison de leurs fonctions ou de leur qualité, envers un ou plusieurs membres du ministère, un ou plusieurs membres de l'une ou de l'autre Chambre, un fonctionnaire public, un dépositaire ou agent de l'autorité publique, un ministre de l'un des cultes salariés par l'Etat, un citoyen chargé d'un service ou d'un mandat public temporaire ou permanent, un juré ou un témoin, à raison de sa déposition. »

220. MM. Clémenceau et Lockroy se sont vainement élevés, lors de la deuxième délibération à la Chambre des députés, contre ces dispositions, auxquelles ils reprochaient d'empêcher la critique «de tout ce qui représente quelque chose dans le pays », et «d'organiser l'arbitraire », en abandonnant au juge l'appréciation de ce qui constitue la diffamation. Le rapporteur, M. Lisbonne, a répondu : «Nous disons qu'il n'est pas plus permis de diffamer un corps constitué que de diffamer un particulier. Ce sont des faits déterminés, précis, qu'impute le diffamateur et que retient le juge. J'ajoute, en terminant, que le juge, c'est le jury ; c'est à son patriotisme que nous nous en rapportons. »

221. Au Sénat, M. Jules Simon avait déposé sur l'art. 31 un amendement ainsi conçu : «Ne tombera pas sous l'application des art. 30 et 31, la censure d'un acte commis ou d'une opinion exprimée, dans l'exercice de son mandat ou de sa fonction, soit par un corps politique ou administratif, soit par un mandataire politique ou administratif ou par un fonctionnaire public, lorsque cette censure ne contiendra pas l'imputation d'un fait condamné par les lois de droit commun. » Reprenant avec de plus amples développements la thèse que MM. Clémenceau et Lockroy avaient soutenue sans succès devant la Chambre des députés, M. Jules Simon l'avait complétée par cette théorie : « Je crois absolument nécessaire que celui qui entreprend, dans un article, de juger la conduite d'un homme politique le puisse faire en toute liberté ; je ne dis pas en toute sécurité, car il peut très-bien arriver que l'écrivain ait l'intention de courir un danger ; il peut arriver à un écrivain de se dire : en écrivant ceci, je cours un danger, je le sais. Mais il faut qu'il le sache ; il le saura très clairement, s'il sait qu'on lui interdit d'imputer à un homme politique un acte puni par la loi. Il ne le saura jamais, si vous vous bornez à cette expression : « un acte qui puisse porter atteinte à son honneur ou à sa considération »... Je comprends parfaitement la loi protégeant un citoyen privé ; mais quand il s'agit d'une personne publique, agissant en cette qualité, est-ce qu'il n'est pas nécessaire que tout le monde puisse discuter sa conduite sans restriction ni réserve?... Ce personnage, qui est dépositaire d'une portion de l'autorité publique, il en a les avantages : il a l'éclat, il a la puissance ; qu'il ait aussi les inconvénients de sa situation ; et l'inconvénient principal, pour un homme de combat, c'est de recevoir des coups. Empêchez que l'on porte des coups à une personne privée, mais n'empêchez pas qu'on en porte à la personne publique, qui est personne publique précisément pour en recevoir, et qui a plus d'un moyen de se défendre ; non seulement elle se défend par l'autorité publique, mais elle se défend par ses actes... »

M. Pelletan, rapporteur, et un autre membre du Sénat, M. le procureur général à la Cour de cassation Bertauld, ont, par leur énergique réfutation de cette doctrine vraiment excessive, emporté le rejet de l'amendement proposé. « L'amendement de M. Jules Simon, qu'il le sache ou non, a dit M. Pelletan, fait plus que permettre la diffamation contre les fonctionnaires, il la provoque ; car l'impunité est une provocation, et alors à quel spectacle serons-nous condamnés? Les fonctionnaires publics, sans cesse vilipendés et impunément outragés, ne seront plus que des parias d'un nouveau genre, les patients de la calomnie, et leur fonction ne sera plus qu'un pilori où chaque jour le dernier venu pourra venir leur jeter la boue à la figure, et pour peu qu'ils veuillent protester, on leur répondra : De quoi vous plaignez-vous ? N'est-il pas entendu que pour vous l'outrage est un nouveau salaire dont on doit payer votre dévouement à servir votre pays ?... Quel respect pourra-t-on avoir de l'autorité si, du haut en bas de la hiérarchie, depuis le ministre jusqu'au garde champêtre, depuis le président de la Cour de cassation jusqu'au juge de paix, tous les fonctionnaires peuvent être impunément diffamés, outragés, quelque honorables qu'ils soient ? Croyez-vous que l'ignominie des accusations dont on les couvrira sans cesse ne finira pas par déteindre sur leur caractère d'agent de l'autorité publique, et leur enlever le prestige indispensable à l'exercice de leurs fonctions ?... »

222. M. Trarieux, à la Chambre des députés, lors de la première délibération, et M. Bozérian, au Sénat, avaient proposé d'ajouter à l'énumération de l'art. 31 : « un candidat à une fonction élective ». Ils avaient invoqué les considérations de justice et de moralité qui devaient, suivant eux, faire, reconnaître aux électeurs, avec le droit de contrôler librement les opinions et les actes d'un candidat, celui de prouver, comme vis-à-vis d'un homme public, la vérité des faits diffamatoires qui seraient allégués contre lui. Pour faire rejeter aussi cet amendement, il a suffi à M. Lisbonne, rapporteur de la commission de la Chambre des députés, et à M. Robert de Massy, préside la commission du Sénat, de signaler l'impossibilité dans laquelle on se trouverait de distinguer, parmi les actes d'un can-

didat à une fonction élective, comme on peut le faire à l'égard
des actes d'un fonctionnaire public, ceux qui appartiennent à
la vie privée de ceux qui se rattachent à la fonction, et le peu
d'équité d'une loi qui, en permettant de diffamer un candidat
dans la lutte électorale, l'obligerait de supporter des imputations
que ne supporterait pas un fonctionnaire.

223. La loi nouvelle a ainsi sanctionné la doctrine que la
Cour de cassation avait consacrée par un arrêt du 10 nov. 1876
(*J. du Min. publ.*, t. 20, p. 7), en ces termes : « Attendu que
Chamousset et Châtelain... ont été relaxés par l'arrêt attaqué,
sur ce motif qu'ils n'avaient fait qu'user , bien qu'en termes
regrettables, du droit qui appartient à tout électeur d'apppécier
la sincérité des opinions politiques d'un candidat ; que le jeu
naturel de nos institutions comporte, en matière d'élection, des
franchises indispensables, et que, pendant la période électorale,
il est permis d'écrire et de dire tout ce qui est nécessaire pour
éclairer les électeurs ; — Attendu que ces motifs ne sauraient
être admis sous une forme aussi absolue ; que si les électeurs
ont le droit de discuter les candidats, leurs opinions et leurs
actes, ce droit ne peut aller jusqu'à la diffamation, et qu'il s'ar-
rête là où le délit commence. » V. aussi en ce sens, Bourges,
10 mai 1878 (*J. du Min. publ.*, 21.117).

Dans ce système, les électeurs, si vivement intéressés à faire
échouer la candidature de citoyens qui pourraient, à raison
d'actes répréhensibles, de manœuvres déloyales, être indignes
des suffrages qu'ils sollicitent, se trouvent obligés d'observer
à leur égard la même réserve qu'envers tous les autres particuliers, et ne sauraient, sans s'exposer à des poursuites pour diffamation, dévoiler les faits portés à leur connaissance qui leur
paraissent devoir attirer sur ces candidats l'animadversion publique. Cette théorie de la loi qui a entendu fonder la liberté
de la presse est-elle bien d'accord avec le principe de la liberté
électorale? Si l'assimilation d'un candidat à une fonction élective au citoyen déjà revêtu de cette fonction, rencontrait, sans
aucun doute, l'obstacle qui l'a fait repousser par le législateur,
n'était-il pas du moins possible d'assurer aux électeurs, pendant
la durée de la période électorale, une immunité analogue à celle
qui protège les débats soit devant les Chambres, soit devant
les Cours et tribunaux (V. ci-après, sur l'art. 41), et qui, sage-
ment limitée à l'objet en discussion, ne présente aucun danger
sérieux ?

Quoi qu'il en soit, et dans l'état de la législation, il a été exactement décidé que l'injure publique adressée par un journal à un citoyen à l'occasion de sa candidature aux élections législatives, ne s'attaquant qu'à l'homme privé, n'est point de la compétence de la Cour d'assises. — C. d'ass. de la Seine, 15 oct. 1881 (S.-V.82.2.89). — V. *infrà*, sur l'art. 45.

224. Sous la législation précédente, on avait contesté que l'armée fût comprise parmi les corps constitués, autorités ou administrations publiques auxquels s'appliquait l'art. 5 de la loi du 25 mars 1822. Si la Cour de cassation avait déclaré que cet article réprimait la diffamation dirigée contre une partie des officiers de l'armée (Cass., 9 fév. 1877, *J. du Min. publ.*, 20. 32), la Cour d'Alger avait décidé qu'il n'atteignait pas les injures publiques proférées contre l'armée en général (Alger, 24 juill. 1873, *Id.*, 18. 8.). L'art. 30 de la loi du 29 juill. 1881 a tranché cette difficulté. Les mots « les armées de terre et de mer » que la commission de la Chambre des députés avait introduits dans l'article correspondant de son projet, « pour faire cesser toute controverse dans la pratique », selon l'observation du rapport de M. Lisbonne, ont été maintenus, sans aucune opposition, par les deux Chambres.

225. Le projet, au contraire, avait omis le mot *autorités* que contenait l'art. 5 de la loi de 1822. Cette omission est aussi restée dans le texte de la loi. « L'art. 30, dit la circulaire du ministre de la justice, a supprimé le mot *autorités* comme inutile et faisant double emploi avec les *corps constitués* et les *administrations publiques*. »

226. Dans le projet de la commission de la Chambre des députés, l'art. 34, qui est devenu l'art. 30 de la loi, réprimait la diffamation... envers « les Cours d'appel », etc., et tel est le texte que la Chambre a voté, en première et en deuxième lecture. La commission du Sénat a rayé le mot *d'appel*. «Nous avons mis *les Cours*, explique le rapport de M. Pelletan, parce que cette expression générique comprend les autres Cours : la Cour des comptes et la Cour de cassation. »

227. Il n'est peut-être pas sans utilité de dire ici que les corps constitués sont ceux auxquels la constitution ou les lois organiques qui en forment le complément, ont attribué une partie de l'autorité ou de l'administration publique (de Grattier, *Législ. sur la presse*, t. 2, p. 470 ; Rousset, n. 1718 ; Dalloz, n. 894), tels que les Chambres, le Conseil d'Etat, les conseil gé-

néraux de département, les conseils d'arrondissement, les conseils municipaux, etc., et que l'on entend par administrations publiques la réunion hiérarchique des fonctionnaires chargés de la gestion d'une partie des intérêts de l'Etat, par exemple, les administrations des contributions directes ou indirectes, de l'enregistrement, des douanes, etc., ainsi que les établissements utiles au service public, dont la charité serait même le seul mobile, comme les bureaux de bienfaisance, les administrations des hospices, etc. (Chassan, t. 1er, n. 647; Rousset, n. 1721; Dalloz, n. 901).—La Cour de cassation a jugé, avec pleine raison, qu'une chambre de discipline de notaires ne saurait être considérée comme un corps constitué.—Cass. 9 sept. 1836 (S.-V.36.1.868). Conf., Chassan, t. 1er, p. 487, note 4; Dalloz, v° *Presse-Outr.*, n. 897; mon *Mémorial du Ministère public*, v° *Diffamation*, n. 16.

228. L'art. 31 de la loi du 29 juill. 1881 applique la pénalité édictée par l'art. 30 à la diffamation commise envers les personnes revêtues d'un caractère public, à l'égard desquelles l'art. 6 de la loi du 25 mars 1822 réprimait l'outrage public; mais il ajoute à l'énumération de ce dernier article les membres du ministère, les dépositaires ou agents de l'autorité publique et les citoyens chargés d'un service ou d'un mandat public temporaire ou permanent.

On ne saurait douter que la dénomination de membres du ministère ne comprenne les sous-secrétaires d'Etat. — Faivre et Benoit-Lévy, p. 156.

Les dépositaires ou agents de l'autorité publique sont ceux qui, par délégation médiate ou immédiate du gouvernement, exercent, dans un intérêt public, une portion de son autorité, ou font exécuter ses ordres (Paris, 31 mai 1843, Dall., *verb. cit.*, n. 903; Rousset, n. 1735). Cette qualité appartient essentiellement aux agents de police et aux gardes champêtres, lorsqu'ils exercent la surveillance dont il sont chargés, aux brigadiers de gendarmerie dans le même cas, aux médecins inspecteurs des eaux thermales (Cass. 19 mai 1860, *J. du Min. publ.*, 3. 227); etc. V. mon *Mémorial du Ministère public*, v^{is} *Diffamation*, n. 12, *Injures*, n. 1 et s., et *Outrage*, n. 5, 14 et 15.

Mais il a été très exactement jugé que cette qualité ne saurait être attribuée ni aux administrateurs d'un hospice (Cass. 16 mars 1872, S.-V. 72. 1. 348), ni à un sous-gouverneur du Crédit foncier (Trib. corr. de Loudun, 5 nov. 1881), parce qu'ils ne sont que les gérants d'intérêts privés.

De même, la Banque de France n'étant qu'un établissement privé, malgré la surveillance exercée sur elle par l'Etat, ses préposés, tels, par exemple, que son secrétaire général et les directeurs du Comptoir d'escompte, ne sont pas des fonctionnaires publics auxquels il puisse être fait application de l'art. 31 de la loi du 29 juill. 1881. — Trib. corr. de la Seine, 4 mai 1882 (*J. du Min. publ.*, t. 25).

L'appellation de citoyens chargés d'un service ou d'un mandat public me paraît embrasser, dans sa généralité, tous ceux qui, sans être dépositaires ou agents de l'autorité publique, remplissent d'une manière accidentelle ou continue, aussi par délégation de l'autorité, des fonctions ou une mission touchant à l'intérêt public ; par exemple, l'appariteur de police chargé de la conduite d'une patrouille (Cass. 6 oct. 1831, D.p.31.1.344), le gardien d'une maison centrale de détention (Cass. 11 févr. 1842, S.-V. 42. 1. 726), un surveillant-juré de la pêche (Cass. 12 mars 1842, S.-V. 42. 1. 511) ; un directeur d'établissement d'aliénés (Trib. corr. de la Seine, 28 juill. 1882. *J. du Min. publ.*, t. 25 ; etc.

229. La diffamation envers un témoin tombe sous l'application de l'art. 31, aussi bien lorsqu'elle a lieu pendant la déposition de celui-ci, que lorsqu'elle est commise postérieurement. Compar. Cass. 6 nov. 1823 (S.V. chr.) et 28 déc. 1876 (*J. du Min. publ.*, 20.37). Mais il en est autrement de la diffamation dirigée contre un témoin avant qu'il ait déposé en justice, parce que jusque-là il est encore incertain s'il fera sa déposition et remplira ainsi le ministère que la loi a entendu protéger d'une manière spéciale. V. mes observations sur un jugement du tribunal correctionnel de Nevers, du 19 avril 1877, qui a admis la solution contraire relativement à l'outrage que réprimait l'art. 6 de la loi du 25 mars 1822 (*J. du Min. publ.*, 20.102).

230. Pour que la diffamation commise envers les personnes que désigne l'art. 31 encoure les peines qu'il prononce, il faut qu'elle ait lieu à raison des fonctions ou de la qualité de ces personnes. Et comme il résulte de là que c'est la fonction ou la qualité plutôt que la personne elle-même qui est l'objet de la sollicitude du législateur, on doit en conclure que l'art. 31 s'applique même à la diffamation envers un ancien fonctionnaire, à raison de ses fonctions expirées. Compar. en ce sens, Cass. 23 mars 1860 (*J. du Min. publ.*, 3. 282) ; mon *Mémorial du Ministère public*, v° *Outrage*, n. 11.

La Cour d'assises de la Seine, par arrêt du 15 oct. 1881 (S.-V. 82. 2. 89), a consacré ce principe en décidant que le fait d'écrire dans un journal qu'un individu a, pendant qu'il était adjoint au maire d'une commune, faussement affirmé sur état un certain nombre de voyages au chef-lieu du département et exigé le payement de ces voyages, constitue une diffamation contre un fonctionnaire public à raison de ses fonctions.

231. Le tribunal correctionnel· de Grenoble a très exactement jugé, selon moi, le 18 janv. 1882 (*J. du Min. publ.*, t. 25), que le délit de diffamation à l'égard d'un ministre du culte catholique à raison soit de sa qualité de prêtre, soit de sa fonction de directeur d'un petit séminaire, rentre dans les termes de l'art. 31, en se fondant, d'une part, sur ce que la qualité de prêtre est protégée par la loi, chez le ministre d'un culte, indépendamment de la fonction exercée par celui-ci, et, d'autre part, sur ce que les petits séminaires étant des établissements destinés à assurer le recrutement du clergé, le ministre du culte catholique placé à la tête d'un tel établissement se trouve investi de fonctions se rattachant au ministère ecclésiastique.

232. Les peines de la diffamation envers les personnes publiques ou envers celles qui leur sont assimilées étaient, suivant l'art. 6 de la loi du 25 mars 1822 et le décret du 11 août 1848, un emprisonnement de quinze jours à deux ans et une amende de 100 fr. à 4,000 fr. La loi nouvelle y a substitué une pénalité plus douce (V. *suprà*, n. 219), se rapprochant de celle qu'avait édictée, pour la diffamation envers les dépositaires ou agents de l'autorité, l'art. 16 de la loi du 17 mai 1819, et qui consistait dans un emprisonnement de huit jours à dix-huit mois et une amende de 50 fr. à 3,000 fr., avec faculté pour les juges de ne prononcer que l'une de ces deux peines, selon les circonstances.

233. La diffamation commise envers les particuliers, c'est-à-dire envers les individus ou les êtres collectifs qui ne sont revêtus du caractère public à aucun degré, présente moins de gravité que celle qui est dirigée contre les personnes publiques. Aussi l'art. 18 de la loi du 17 mai 1819 la punissait-il seulement de cinq jours à un an de prison et de 25 à 2,000 fr. d'amende, en laissant au juge la faculté de n'appliquer que l'une de ces deux peines.

L'art. 32 de la loi du 29 juillet 1881 a encore atténué cette pénalité ; il porte : « La diffamation envers les particuliers par l'un des moyens énoncés en l'art. 23 et en l'art. 28 sera punie d'un emprisonnement de cinq jours à six mois et d'une amende de 20 francs à 2,000 francs, ou de l'une de ces deux peines seulement. »

Cet article a passé du projet de la commission dans la loi sans aucune discussion, ni à la Chambre des députés, ni au Sénat.

234. Nul doute que les personnes publiques ne doivent être assimilées aux particuliers, lorsque la diffamation dont elles ont été l'objet n'a pas été dirigée contre elles à raison de leurs fonctions. — Conf., Faivre et Benoit-Lévy, p. 160.

235. L'art. 6 de la loi du 25 mars 1822 n'exigeait, pour l'outrage dont il prononçait la répression, qu'une publicité réalisée *d'une manière quelconque*, et qu'il appartenait dès lors aux juges d'apprécier eu égard aux circonstances. V. mon *Mémorial du Ministère public*, v° *Outrage*, n. 8.

La loi de 1881 ne s'est pas départie, dans les art. 30, 31 et 32, relatifs à la diffamation, comme dans l'art. 33, concernant l'injure (V. ci-après, n. 237), de la règle qu'elle a adoptée dans les deux premiers paragraphes du présent chapitre et suivant laquelle la publicité des crimes et délits qu'elle prévoit doit avoir lieu par l'un des moyens énoncés dans les art. 23 et 28.

L'envoi par la poste d'un grand nombre d'exemplaires d'une lettre ou autre écrit contenant des imputations diffamatoires, rentre évidemment dans ces moyens, puisqu'il constitue une *distribution* de cette lettre. Compar. en ce sens, Cass. 9 juill. 1878 (*Bull. crim.*, n° 216), 7 mai 1880 (S.-V.81.1.280) et 18 nov. 1881 (S.-V. 82. 1. 236). Mais il n'en est de même ni de l'envoi d'un semblable écrit à une seule personne (V. Dijon, 8 mars 1877, S.-V. 77. 2. 213, et les autres autorités mentionnées dans mon *Mémorial du Ministère public.*, v° *Diffamation*, n. 8), ni de l'envoi à plusieurs personnes de lettres contenant chacune des imputations diffamatoires différentes (Alger, 11 sept. 1869, *J. du Min. publ.*, 12.277). — V. Toutefois Chambéry, 4 juin 1880 (*ibid.*, 23. 97).

236. Les divers éléments constitutifs de la diffamation doivent nécessairement être constatés par la décision qui proclame l'existence de ce délit. Mais comment, lorsque la prévention est portée devant la Cour d'assises, le jury s'expliquera-t-il sur ces éléments? La loi de 1881 est muette sur ce point, comme l'était déjà la loi antérieure, et ce silence a déterminé un membre du Sénat, M. Bozérian, à présenter une proposition de loi ayant pour objet, dans le seul cas, à la vérité, où la preuve des faits diffa-

matoires est offerte devant la Cour d'assises, de déterminer la
façon dont les questions doivent être posées au jury. Dans la
séance du 27 juin 1882, M. Tenaille-Saligny a présenté au Sénat,
sur cette proposition, au nom de la commission d'initiative parlementaire, un rapport dans lequel, en concluant à la prise en
considération, il s'est demandé s'il ne conviendrait pas d'élargir
la proposition et de compléter la loi du 29 juill. 1881 relativement aux conditions dans lesquelles le jury doit être interrogé.
— Le Sénat ne s'est point encore prononcé à cet égard.

En attendant, je dois mentionner un arrêt du 21 sept. 1839
(S.V.39.1.935) par lequel la Cour de cassation a déclaré qu'il
est nécessaire que le jury soit appelé non seulement à prononcer
sur le fait matériel de publication, mais aussi à apprécier toutes
les circonstances de fait et de moralité qui ont accompagné cette
publication. Conf. Chassan, t. 2. n. 1865.

Il y a contradiction manifeste dans la réponse du jury, comme
l'a décidé un autre arrêt de la Cour suprême du 8 déc. 1881
(S.-V. 82. 1. 237), lorsque, après avoir reconnu qu'un article du
journal incriminé réunit, à l'égard de l'auteur, les éléments
du délit de diffamation, elle déclare qu'il n'a pas ce caractère à
l'égard du gérant du journal. ·

237. Relativement à l'injure, la loi devait également distinguer entre celle qui est commise envers les personnes publiques
et celle qui est adressée aux particuliers. La première, que
l'art. 19 de la loi du 17 mai 1819 ne punissait que d'un emprisonnement de cinq jours à un an et d'une amende de 25 fr. à
2,000 fr., lorsqu'elle était dirigée contre des dépositaires ou
agents de l'autorité publique, avait été frappée par l'art. 5 de
la loi du 25 mars 1822, d'un emprisonnement de quinze jours à
deux ans et d'une amende de 150 à 5,000 fr., dans le cas où elle
était commise envers les Cours, tribunaux, corps constitués, autorités ou administrations publiques.—La seconde était punie par
l'art. 19 précité de la loi de 1819 d'une amende de 16 à 500 fr.,
quand elle était publique ou qu'elle renfermait l'imputation d'un
vice déterminé, tandis que l'art. 20 de la même loi appliquait
seulement à l'injure simple ou non publique les peines de police, c'est-à-dire, aux termes de l'art. 471 du Code pénal, 1 fr.
à 5 fr. d'amende, et, d'après l'art. 474 du même Code, un à
trois jours d'emprisonnement en cas de récidive, le tout à la condition que l'injure n'eût pas été provoquée.

La loi du 29 juillet 1881 a simplifié la législation sur ce point d'une manière très heureuse. Réunissant dans l'art. 33 toutes les dispositions relatives à la répression de l'injure, elle a frappé d'un emprisonnement de six jours à trois mois et d'une amende de 18 à 500 fr., avec faculté d'application alternative de l'une ou de l'autre de ces deux peines, l'injure envers les corps ou les personnes que désignent les art. 30 et 31. Et quant à l'injure envers les particuliers, elle a non seulement, comme je l'ai déjà indiqué plus haut (n. 217), proscrit la distinction entre l'injure renfermant l'imputation d'un vice déterminé et l'injure simple, mais admis aussi l'excuse de provocation, sans distinguer entre l'injure publique et celle qui ne l'est pas, et, conservant seulement cette dernière distinction quant à la pénalité, elle a puni l'injure commise publiquement, et non provoquée, d'un emprisonnement de cinq jours à deux mois et d'une amende de 16 fr. à 300 fr., ou de l'une de ces deux peines seulement, tandis qu'elle a maintenu l'application de l'art. 471, n° 11, du Code pénal à l'injure non publique (aussi non provoquée).

« Nous avons fait disparaître, en fait d'injure, dit M. Lisbonne dans son rapport à la Chambre des députés, toute distinction entre l'injure qui renferme l'imputation d'un vice déterminé et celle qui ne la renferme pas. La seule différence que nous avons voulu établir, en fait d'injure, c'est celle résultant de la publicité...Nous avons admis, en matière d'injure commise envers les particuliers, l'excuse de la provocation, même alors que l'injure serait publique; ... la publicité de la provocation nous a paru compenser la publicité de l'injure : *Parva delicta mutua compensatione tolluntur.* »

Dans l'art. 36 du projet de la commission, qui est devenu l'art. 33 de la loi, la faculté de n'appliquer que l'une ou l'autre des peines d'emprisonnement et d'amende, n'avait été réservée ni relativement à l'injure envers les personnes publiques, ni à l'égard de l'injure envers les particuliers. — Cette lacune, volontaire ou involontaire, a été comblée par la Chambre des députés, sur la proposition de M. Azémar, appuyée par M. Jolibois et acceptée par la commission.

L'art. 33 est donc ainsi conçu : « L'injure commise par les mêmes moyens (ceux énoncés dans les art. 23 et 28) envers les corps ou les personnes désignés par les art. 30 et 31 de la présente loi, sera punie d'un emprisonnement de six jours à trois mois et d'une amende de 18 francs à 500 francs, ou de l'une de ces deux peines seulement. — L'injure commise de la même manière envers les particuliers, lorsqu'elle n'aura pas été précédée de provocation, sera punie d'un emprisonnement de cinq jours à deux mois et d'une amende de 16 francs à 300 francs, ou de l'une de ces deux peines seulement. — Si l'injure n'est pas publique, elle ne sera punie que de la peine prévue par l'art. 471 du Code pénal. »

238. Pour donner lieu à l'application du § 1er de l'art. 33, l'injure envers une personne publique doit avoir été adressée à celle-ci à raison de ses fonctions ou de sa qualité, et il importe peu, dès lors, que la personne ainsi injuriée ne soit plus revêtue de cette qualité ou de ces fonctions. Compar. *suprà*, n. 229. — C'est ainsi que, par son arrêt du 15 oct. 1881, déjà cité *ibid.*, la Cour d'assises de la Seine a reconnu le caractère de l'injure dont il s'agit à un écrit, publié dans un journal, où il est dit d'un ancien adjoint à un maire, qu'il a été « dans les conditions d'un émissaire suspect » et qu'il a eu « besoin d'émarger pour service ténébreux ». — « Attendu, porte l'arrêt, que les expressions contenues dans ces passages constituent une injure, aux termes de l'art. 33 de la loi du 29 juillet 1881; que cette injure a été rendue publique par la voie de la presse et dirigée contre Minol à raison des fonctions publiques qu'il avait précédemment occupées. »

239. Lorsque ce n'est pas à raison de sa qualité ou de ses fonctions qu'une personne publique a été injuriée, elle doit être assimilée à un particulier, et le délit ne tombe plus que sous l'application du § 2 de l'art. 33. — Conf., Faivre et Benoît-Lévy, p. 162. — Compar. *suprà*, n. 234.

Le tribunal correctionnel de Corbeil a jugé en ce sens, le 26 oct. 1881 (S.-V.82.2.94), que, dans le cas où il n'est pas constaté que l'injure envers un agent de l'autorité ait été adressée à celui-ci à raison de ses fonctions, cette injure, devant être considérée comme faite à un simple particulier, comporte l'excuse de la provocation.

240. La provocation peut, sans doute, résulter des injures que le plaignant aurait lui-même adressées le premier au prévenu (Cass., 11 oct. 1837, J.P.21.816, et 18 avril 1864, *Bull. cr.*, n. 60; Trib. de Corbeil, 26 oct. 1881, précité; Chassan, t. 1er, n. 534; Hélie et Chauveau, t. 6, n. 2784). Mais d'autres faits peuvent aussi la constituer. MM. Faivre et Benoît-Lévy, p. 163, voient une provocation dans tout acte que le plaignant n'avait pas le droit de faire vis-à-vis du prévenu. Je ne saurais aller

aussi loin. Il serait excessif et dangereux de poser en principe
que tout acte contraire au droit d'un citoyen le rend excusable
d'injurier l'auteur de cet acte. Ce qu'il faut dire, et ce que
MM. Faivre et Benoît-Lévy admettent eux-mêmes un peu plus
loin, c'est que l'appréciation des circonstances constitutives de la
provocation est abandonnée aux tribunaux, dont la décision sur
ce point, du reste, échappe à la censure de la Cour suprême. —
Cass., 18 août 1864 (*Buil. cr.*, n. 216); Hélie et Chauveau, *loc. cit.*

Si les deux parties s'étant mutuellement injuriées, le juge ne
peut reconnaître celle qui a proféré les injures sans provocation, il ne doit prononcer aucune peine. — Cass., 1er sept. 1826
(S.-V. chr.); Hélie et Chauveau, *ibid.*; Chassan, *loc. cit.*

241. L'art. 34 de la loi du 29 juillet 1881 est conçu en ces
termes : «Les art. 29, 30 et 31 ne seront applicables aux diffamations ou injures dirigées contre la mémoire des morts, que dans les
cas où les auteurs de ces diffamations ou injures auraient eu l'intention de porter atteinte à l'honneur ou à la considération des
héritiers vivants. — Ceux-ci pourront toujours user du droit de
réponse prévu par l'art. 13. »

Je dois faire remarquer tout d'abord que ce texte, qui est celui que donne le *Journal officiel*, contient une erreur manifeste
relativement aux numéros des articles auxquels il se réfère. En
effet, si l'on s'en tenait à la désignation qu'il fait de ces articles,
d'un côté, il y aurait une contradiction inacceptable dans sa disposition, puisque les art. 30 et 31 ne sont relatifs qu'à la répression de la diffamation, tandis que l'art. 34 s'occupe des diffamations *ou injures* contre la mémoire des morts; et, d'un autre
côté, il faudrait admettre que la loi a entendu appliquer aux
êtres moraux (Cours, tribunaux, etc., énoncés dans l'art. 30) qui ne
meurent pas, des dispositions concernant la *mémoire des morts*
et ouvrant aux *héritiers vivants* l'action en diffamation, en même
temps qu'elle leur réserve le droit de réponse; ce qui choquerait
la raison.

Les articles auxquels le législateur a voulu renvoyer ne peuvent être que l'art. 31, relatif à la diffamation envers les personnes publiques, l'art. 32, concernant la diffamation envers les
particuliers, et l'art. 33, répressif de l'injure tant envers les particuliers qu'envers les personnes publiques. L'erreur du texte
tient évidemment à ce que le numérotage des dispositions du
projet de loi a reçu, soit de la part de la commission de la Chambre des députés, soit de la part de la commission du Sénat, des

modifications dont on n'aura pas exactement tenu compte en rédigeant le texte qui est devenu l'art. 34 de la loi.

Suivant MM. Faivre et Benoît-Lévy, p. 165, il faudrait lire ce texte comme s'il y avait : « Les art. 29, 31 et 32 ne seront applicables, etc. » Ces auteurs se fondent sur ce que la rédaction de la commission du Sénat qui a pris dans la loi le numéro 34 mentionnait l'art. 28 du projet de cette commission, qui est aujourd'hui l'art. 29, l'art. 29, qui est devenu l'art. 32, et l'art. 31, qui a conservé ce numéro. Mais cette opinion ne me paraît point fondée. C'est dans la rédaction même de la commission que s'est, selon moi, glissée l'erreur. Il ne me paraît point douteux que celle-ci n'ait eu l'intention de mentionner les art. 29, 31 et 32 de son projet, qui ont reçu, dans le texte définitif, les numéros 31, 32 et 33, et non les art. 28, 29 et 31, devenus 29, 31 et 32, qu'elle y a, par le fait, énoncés ; et j'appuie mon sentiment sur ce que la correction que proposent MM. Faivre et Benoît-Lévy, en faisant viser inutilement par l'art. 34 la disposition de l'art. 29, qui contient simplement la définition de la diffamation et de l'injure, laisserait subsister cette anomalie, déjà signalée plus haut par moi, que l'art. 34, pour déterminer les conditions de la répression des diffamations *ou injures* contre la mémoire des morts, déclarerait applicables, dans la mesure qu'il détermine, à ces diffamations ou injures, des dispositions qui ne concernent que la diffamation.

On doit, à mon sens, tenir pour certain qu'il faut rectifier ainsi le § 1er de l'art. 34 : « Les articles 31, 32 et 33 ne seront applicables aux diffamations ou injures dirigées contre la mémoire des morts, que dans le cas où les auteurs de ces diffamations ou injures auraient eu l'intention de porter atteinte à l'honneur ou à la considération des héritiers vivants. » Et, même ainsi corrigée, la rédaction de ce texte reste incomplète et vicieuse, comme je le montrerai plus loin (V. ci-après, n. 245).

242. Le projet de la commission de la Chambre des députés ne contenait aucune disposition au sujet des diffamations ou injures contre la mémoire des morts. Il s'en était « référé, à cet égard, aux applications de la jurisprudence » (Rapport de M. Lisbonne à la Chambre des députés après le vote de la loi par le Sénat). Cette excuse d'une telle omission n'est guère acceptable. Car, de deux choses l'une : ou les auteurs du projet de loi regardaient la jurisprudence comme fixée sur la question de la diffamation contre la mémoire des morts, et ils devaient donner à ses

décisions la consécration législative, sous peine de laisser dans la loi nouvelle une impardonnable lacune ; ou ils considéraient la question comme étant encore sujette à controverse, et ils devaient la trancher par une disposition formelle dont l'absence était inexplicable dans une loi qui avait pour objet de régler d'une façon complète la matière de la presse.

243. C'est cette dernière hypothèse qui était la vraie. Si la Cour de cassation, par divers arrêts, avait affirmé le droit des héritiers de poursuivre la répression de la diffamation commise contre la mémoire de leur auteur (Cass., 23 mars 1866, 1ᵉʳ mai 1867 (ch. réun.), 5 juin 1869 et 24 mai 1879 (motifs), *J. du Minist. publ.*, 9.184; 10.113; 12.244 ; S.-V.80.1.137), les Cours d'appel avaient généralement résisté à cette doctrine, contre laquelle protestaient aussi la plupart des auteurs (V. notamment Paris, 11 juill. et 14 août 1836; Rennes, 22 nov. 1865 ; Angers, 28 mai 1866, *Rép.* de Dalloz, vᵒ *Instr. crim.*, n. 103 et 104 ; S.V. 66.2.54; *J. du Minist. publ.*, 9.184; — Chassan, t. 1ᵉʳ, p. 350; de Grattier, t. 1ᵉʳ, p. 167; Grellet-Dumazeau, *Diffam.*, t. 1ᵉʳ, n. 61 et suiv.; F. Hélie, *Instr. crim.*, t. 1ᵉʳ, n. 559 ; Dalloz, *loc. cit.*, et vᵒ *Presse*, n. 1128; Berville, *Droit de plainte en matière de diffamation*; Paillart, *Des franchises de l'historien* ; Paringault, *Des morts diffamés ou injuriés*; Sourdat, *Responsabilité*, t. 1ᵉʳ, n. 65; Bonnier, *Tr. des preuves*, t. 1ᵉʳ, n. 90; Le Sellyer, *Actions publique et privée*, t. 1ᵉʳ, n. 264 et 265; Sorel sur Mangin, *Action publique*, n. 127, note; mon *Mémorial du Ministère public*, vᵒ *Diffamation*, n. 34 et suiv.). Et, même dans le système favorable à l'action en diffamation, il y avait dissidence quant à l'ordre suivant lequel les successeurs de la personne décédée devaient être admis à exercer cette action. — V. *Mémor. du Minist. publ.*, *verb. cit.*, n. 38 et 39. *Adde* Chambéry, 26 juin 1874 (*J. du Minist. publ.*, 17.308); Trib. corr. de la Seine, 26 mai 1876, et Paris, 18 août 1876 (*Id.*, 19.164 et 252).

244. La commission du Sénat n'a point, quant à elle, pensé que le législateur dût garder le silence sur un aussi grave problème, et elle a essayé de le résoudre par les dispositions transcrites plus haut et que les deux Chambres ont adoptées sans discussion. Cette solution consiste à n'autoriser la poursuite pour diffamations ou injures contre la mémoire des morts que dans le cas où les auteurs de ces diffamations ou injures auraient eu l'intention de porter atteinte à l'honneur ou à la considération des héritiers vivants, sauf la faculté toujours laissée à ces der-

niers d'y répondre dans les conditions déterminées par l'art. 13 (V. *suprà*, n. 65).

M. Pelletan, dans son rapport au Sénat, a développé, en termes éloquents, les considérations d'un ordre si élevé qui justifient le principe que consacrent ces dispositions. « La loi, a-t-il dit, entre autres choses fort justes, exige, pour un procès en diffamation, la volonté formelle du diffamé. Lui seul, de son vivant, a le droit de l'intenter, et la loi supposerait qu'à sa mort il a repassé son droit tout personnel à un homme souvent encore à naître, et qu'il revit, bon gré mal gré, dans la personne de cet héritier, et qu'il veut, par la volonté de cet héritier, tirer vengeance, à un siècle de distance, d'une diffamation qu'il a connue peut-être pendant sa vie et qu'il a dédaignée !

« Et si, par hasard, un héritier veut poursuivre, et qu'un autre héritier au même degré fasse opposition à la poursuite parce qu'elle peut nuire plutôt que servir à la mémoire du défunt, auquel des deux le tribunal donnera-t-il raison ?...

« Nous comprenons sans doute la solidarité de famille, et nous voudrions la resserrer plutôt que la relâcher... Mais, au-dessus du droit de la famille privée, il y a le droit de la famille universelle que représente l'histoire. L'histoire ne serait qu'une lanterne magique, si elle n'était en même temps une leçon. Quelle leçon pourrait-elle nous donner, si la loi de la diffamation vient étendre son voile sur les morts pour les cacher à la postérité ? On veut qu'une pierre scellée sur une tombe couvre leur vie antérieure aussi bien que leur dépouille ; mais une pareille prétention ne serait rien moins que la suppression de l'histoire ; et qu'aurait donc à faire la postérité et pourquoi en appellerait-on à son jugement, si elle n'avait le droit de venger la victime et de flétrir le bourreau ?

« Et à quel titre d'ailleurs, et en vertu de quelle compétence un tribunal de police correctionnelle viendrait-il citer l'histoire à sa barre et lui faire sa part ?... Votre commission n'a pas voulu qu'on mît l'histoire au greffe, comme on le disait autrefois de la couronne ; elle n'admet le délit de diffamation des morts qu'autant qu'elle passe au-dessus de leur tombe pour aller frapper des vivants. La loi n'a plus alors devant elle des ombres de personnes ; elle a des personnes réelles qui ont pu subir un dommage et qui ont droit à une réparation. »

245. Dans son second rapport à la Chambre des députés, M. Lisbonne n'a donné, au nom de la commission de cette

Chambre, qu'une adhésion, en quelque sorte contrainte, aux dispositions additionnelles que venait de voter le Sénat. On y lit : « Cette restriction, due à des préoccupations par trop exclusives des immunités de l'histoire, et qui cesse de protéger les personnalités modestes auxquelles l'histoire ne songe pas, a un grave inconvénient : c'est de créer un texte dont l'application pratique est de nature à donner lieu aux plus sérieuses difficultés et aux décisions les plus contradictoires. Votre commission, en vous proposant cependant de l'adopter, s'est déterminée par cette seule considération, qu'en se bornant à refuser le caractère de délit aux diffamations et injures envers les morts, dans le cas où le diffamateur n'a pas eu l'intention d'attaquer les héritiers vivants, la disposition nouvelle laisse dans le droit commun l'action civile, de la part de ces derniers, en dommages-intérêts. Ce n'est, en effet, que la répression pénale que dénie le texte nouveau ; ce n'est pas la réparation qui prend sa source dans la simple faute et le préjudice causé, abstraction faite de toute intention criminelle. »

246. J'ai dit plus haut (n. 241) que la rédaction de l'art. 34 était incomplète et vicieuse. En effet, quoiqu'il règle les conditions de l'exercice de l'action pour *injures* aussi bien que pour diffamation contre la mémoire des morts, cet article exige, dans tous les cas, que le prévenu ait eu l'intention de *porter atteinte à l'honneur ou à la considération* des héritiers vivants. Or, si une telle intention est un élément essentiel de l'incrimination lorsque c'est la diffamation qu'elle a pour objet, il n'en est plus de même quand il s'agit d'injure. Dans cette dernière hypothèse, il devait suffire d'exiger que le prévenu ait eu l'intention d'atteindre les héritiers vivants par les *expressions outrageantes,* les *termes de mépris* qu'il aurait employés ou les *invectives* qu'il aurait dirigées contre la mémoire du mort, et qui sont constitutifs de l'injure. En un mot, il fallait reproduire, à l'égard de ces deux incriminations différentes, la distinction qu'établit l'art. 29 relativement aux éléments caractéristiques de l'injure et de la diffamation.

La commission du Sénat paraît avoir emprunté la rédaction de la disposition nouvelle à l'arrêt cité plus haut de la Cour de Paris du 11 juillet 1836, qui renferme ces motifs : « Considérant... que les faits diffamatoires imputés à la mémoire d'une personne décédée donnent *à ces représentants* le droit d'en demander la réparation, lorsque ces faits sont de nature à *porter atteinte à leur honneur et à leur considération,* et qu'ils ont été publiés *dans cette intention;* que les écrits formant l'objet de la plainte ont été publiés dans le but de diffamer les membres actuels de la famille de Mme la duchesse de Tourrel, etc. » Mais, dans l'espèce de cet arrêt, comme on le voit, il ne s'agissait que de diffamation, et c'est ce que la commission du Sénat n'a pas suffisamment remarqué.

Tel qu'il est conçu, l'art. 34 atteint la diffamation plutôt que l'injure, et c'est en effet de la diffamation seule que s'est préoccupé le rapport fait au nom de la commission du Sénat, comme aussi c'est uniquement au sujet de la diffamation que s'était élevée la controverse à laquelle la loi nouvelle a voulu mettre fin. Mais alors pourquoi avoir compris l'injure dans les prévisions de l'art. 34? On ne peut que regretter vivement qu'une disposition de cette importance ait été rédigée avec si peu d'attention, et qu'il ne se soit trouvé personne ni au Sénat, ni à la Chambre des députés, pour signaler la confusion qu'elle présentait.

247. Quoi qu'il en soit, il me paraît clairement résulter du texte que les expressions outrageantes, les termes de mépris ou les invectives qui, bien qu'ayant pour but d'injurier les héritiers en même temps que la mémoire du mort, n'auraient pas été prononcés dans l'intention de porter atteinte à l'honneur ou à la considération de ces mêmes héritiers, donneraient seulement ouverture en leur faveur, à l'action civile si formellement réservée par le rapport précité de M. Lisbonne.

248. Ce n'est aussi qu'une action en dommages-intérêts que les héritiers seraient admis à exercer à raison de la diffamation même qui aurait été dirigée contre la mémoire du défunt, si elle leur avait porté préjudice sans avoir été inspirée par le mobile qu'indique l'art. 34.

Suivant MM. Faivre et Benoit-Lévy, p. 168, l'action civile appartiendrait aux héritiers lorsqu'ils n'ont pas été atteints directement par la diffamation ou l'injure. Cette interprétation manque, selon moi, d'exactitude. Quand la diffamation ou l'injure ne vise pas directement les héritiers, mais n'attaque que la mémoire de leur auteur, elle ne constitue pas à leur égard cette faute et ne leur cause pas ce préjudice dans lesquels le rapport de M. Lisbonne entend lui-même que la réparation prenne sa source. Décider le contraire, ce serait faire renaître sous une autre forme tous les inconvénients auxquels la loi nouvelle a voulu remédier, tous

les dangers dont elle a voulu affranchir l'écrivain dans l'intérêt
surtout de la liberté d'investigations de l'histoire. Une semblable
doctrine ne serait-elle pas en contradiction flagrante avec cette
pensée du rapport au Sénat : «La loi n'a plus devant elle des
ombres de personnes, elle a des personnes réelles qui ont pu
subir un dommage et qui ont droit à une réparation ? »

Ce qui peut uniquement servir de base à l'action civile des héritiers, lorsque la diffamation n'a pas été commise dans une intention coupable à leur égard, c'est l'atteinte que, malgré cette
absence d'intention, elle a portée à leur honneur ou à leur considération, suivant les termes de l'art. 34.

249. MM. Faivre et Benoit-Lévy, *ibid.*, estiment que si le mort
diffamé ou injurié a laissé plusieurs héritiers à des degrés différents, ceux qui sont du degré le plus proche ont seuls l'action
en diffamation ou en injure. Je ne saurais non plus partager
ce sentiment. Le droit de préférence des héritiers du degré le
plus proche se concevait lorsque l'action avait pour objet de
venger la mémoire du mort. Mais aujourd'hui qu'elle ne peut être
basée que sur le tort causé aux héritiers personnellememet,
tous ceux auxquels est portée cette atteinte directe doivent, à
quelque degré qu'ils se trouvent, jouir du droit d'en demander
réparation.

250. Relativement au droit de réponse, je repousse également,
et par les mêmes motifs, l'opinion de ces auteurs, qui n'en accordent aussi l'exercice qu'aux héritiers du degré le plus proche.
La loi, d'ailleurs, ne distingue pas, et il ne saurait être permis de
suppléer une distinction qu'elle n'a pas faite.

Par contre, MM. Faivre et Benoit-Lévy donnent à ces expressions du § 2 de l'art 34 «pourront toujours user du droit de réponse », un sens absolu que je n'admets pas davantage. Les héritiers, d'après eux, peuvent user du droit de réponse, « même
lorsque les écrits ne constituent ni injure ni diffamation. » Cette
interprétation, qu'ils déclarent du reste ne pas approuver au
fond, leur paraît résulter nécessairement de l'emploi du mot
« toujours. » Pour moi, je considère cette expression comme
ayant seulement pour objet de réserver le droit de réponse aux
héritiers, soit que les auteurs de la diffamation ou de l'injure
aient eu l'intention de porter atteinte à l'honneur ou à la considération de ces héritiers, soit qu'ils n'aient pas eu cette intention.
Le second paragraphe de l'art. 34 n'est évidemment qu'un cor-
rectif de la restriction édictée par le premier. Le mot « toujours »

qu'il emploie ne doit pas être pris isolément, mais entendu *propter subjectam materiam.*

251. La vérité d'un fait qui porte atteinte à l'honneur ou à la considération d'une personne n'empêchant point que l'allégation ou l'imputation de ce fait ne constitue une diffamation (V. *suprà*, n. 212), l'auteur de l'allégation ou de l'imputation ne saurait, en règle générale, être admis à prouver que le fait dont il s'agit est vrai ; cette preuve sans utilité ne ferait qu'aggraver la diffamation.

Ce principe toutefois comporte des exceptions nécessaires. Les personnes revêtues d'un caractère public ne peuvent dérober leurs actes au contrôle de tous ; elles ne sauraient donc se prétendre diffamées si la vérité du fait relatif à leurs fonctions, à leur ministère ou à leur mandat, qui a été allégué ou imputé contre elles, vient à être établie. Et en ce qui concerne les particuliers eux-mêmes, le prévenu de diffamation devra n'être pas déclaré coupable, si la justice, devant laquelle le fait allégué ou imputé avait été l'objet d'une poursuite ou d'une plainte, vient à prononcer pour ce fait une condamnation contre celui qui se disait diffamé.

C'est en se plaçant à ces différents points de vue que la loi du 26 mai 1819 avait édicté les dispositions suivantes : « Art. 20. — Nul ne sera admis à prouver la vérité des faits diffamatoires, si ce n'est dans le cas d'imputations contre les dépositaires ou agents de l'autorité, ou contre toute personne ayant agi dans un caractère public, de faits relatifs à leurs fonctions... La preuve des faits imputés met l'auteur de l'imputation à l'abri de toute peine... — Art. 25. Lorsque les faits imputés seront punissables, selon la loi, et qu'il y aura des poursuites commencées à la requête du ministère public, ou que l'auteur de l'imputation aura dénoncé ces faits, il sera, durant l'instruction, sursis à la poursuite et au jugement du délit de diffamation. »

252. La commission de la Chambre des députés, s'inspirant de ces dispositions, mais y apportant toutefois des modifications assez graves, avait rédigé ainsi l'art. 38 de son projet : « La vérité du fait diffamatoire pourra être établie par toutes sortes de preuves, dans les cas où la diffamation est commise soit envers l'un des corps indiqués dans l'art. 30, soit envers les personnes indiquées dans l'art. 31, mais seulement dans les cas où elle porte sur des faits relatifs à leurs fonctions, ministère, mandat, service ou déposition. — Elle pourra l'être également à

l'égard de toute personne, lorsque le fait est passible, en le supposant prouvé, d'une peine quelconque, et que le prévenu aura été lésé par le fait imputé. — Dans tous ces cas, si la preuve est rapportée, le prévenu sera renvoyé de la plainte. »

La commission avait cru devoir rejeter les prescriptions de l'art. 25 de la loi de 1819, comme reposant sur un principe mauvais et comme donnant lieu, dans la pratique, aux plus grandes difficultés (Rapport de M. Lisbonne).

253. A la Chambre, MM. Bardoux et Durand ont présenté un amendement tendant, au contraire, à faire passer dans la loi nouvelle le système de celle de 1819; il était ainsi conçu : « La vérité du fait diffamatoire, mais seulement quand il est relatif aux fonctions, pourra être établie par les voies ordinaires, dans le cas d'imputations contre les corps constitués, les armées de terre ou de mer, les administrations publiques, et contre toutes les personnes énumérées dans l'art. 31, sauf la preuve contraire. — Si la preuve est rapportée, le prévenu sera renvoyé de la plainte. — Dans toute autre circonstance, et vis-à-vis de toute autre personne non qualifiée, lorsque le fait imputé est l'objet de poursuites commencées à la requête du ministère public, sur la plainte du prévenu, il sera, durant l'instruction, sursis à la poursuite et au jugement du délit de diffamation. » En développant cet amendement, M. Bardoux s'est surtout attaché à démontrer qu'admettre, à l'égard des particuliers, la preuve de la vérité du fait diffamatoire dès que ce fait, en le supposant prouvé, serait passible d'une peine, et que le prévenu aurait été lésé par l'imputation, ce serait porter l'atteinte la plus profonde au principe protecteur de la vie privée, et troubler d'une manière fâcheuse le repos des familles, sans bénéfice pour la liberté de la presse.

Le rapporteur, M. Lisbonne, a objecté que l'information qui doit être la conséquence du sursis ordonné en cas de poursuite commencée, peut avoir une durée illimitée; qu'elle peut même ne pas être ouverte; que si elle a lieu, elle n'offrira aucune garantie, ni pour le prévenu, ni pour le plaignant, qui n'y seront pas parties, et qu'enfin si elle se termine par la condamnation du plaignant, il faudra, pour décider si le prévenu de diffamation doit être acquitté, rechercher encore à quel mobile il a obéi; inconvénients et complications qu'évite le système du projet. Mais, sur cette observation de M. Lorois, que s'il n'était pas sursis à la poursuite commencée contre celui qui se plaint d'être diffamé, il pourrrait intervenir deux jugements contraires, l'un renvoyant de la plainte le prévenu de diffamation, l'autre acquittant le plaignant de la prévention dirigée contre lui à raison du fait qui lui était imputé, la Chambre a adopté l'amendement.

254. Tandis que, fidèle aux vrais principes, elle a repoussé, lors de la deuxième délibération, un autre amendement par lequel M. Ballue, sous prétexte que le simple particulier qui a été diffamé par l'imputation d'un fait faux se trouverait, d'après le texte voté en première lecture, dans l'impossibilité de se justifier de ce fait, demandait de remplacer ce texte par celui-ci : « La vérité du fait diffamatoire pourra toujours être établie. Si la preuve est rapportée, le prévenu sera renvoyé des fins de la plainte. »

M. Lelièvre, en combattant cette proposition, au nom de la commission, avait avancé que celui à qui était imputé un fait diffamatoire pouvait, s'il le désirait, rendre la preuve admissible, en assignant au civil l'auteur de la diffamation. Il y avait là une erreur manifeste. Dans le cas même où l'action en diffamation est portée devant le tribunal civil, soit par un particulier, soit par une personne publique, lorsque l'auteur du fait incriminé est décédé, ou que ce fait est couvert par une amnistie (art. 46), la preuve des faits diffamatoires n'est admissible que dans les limites fixées par la loi sur la presse.

Par exemple, le tribunal civil de Chambéry a pu décider, à bon droit, le 25 janv. 1882 (aff. Possoz C. Audé et Chatelain), que la personne actionnée devant la juridiction civile en dommages-intérêts à raison de faits diffamatoires imputés par elle à un fonctionnaire public, et relatifs à ses fonctions, doit être admise à prouver devant cette juridiction la vérité des faits imputés, alors que la poursuite correctionnelle a été rendue impossible par l'amnistie.

255. La commission de la Chambre des députés avait refusé d'admettre, comme le proposait un de ses membres, une exception à l'interdiction de la preuve de la vérité des faits diffamatoires, dans le cas où le plaignant requerrait lui-même cette preuve, ou autoriserait le prévenu à la faire. Elle avait obéi à ces considérations, qu' « autoriser la preuve du fait diffamatoire quand le plaignant la requiert, c'était l'obliger moralement à la requérir toujours, et c'était faire de l'exception la règle générale ; » qu' « il y a d'ailleurs telles circonstances où le demandeur en diffamation n'aurait pas la liberté de son initiative, quand, par

exemple, le fait diffamatoire ne lui est pas exclusivement personnel » (Rapport de M. Lisbonne).

La même proposition, reproduite par M. Bozérian devant la commission du Sénat, n'y a pas trouvé un accueil plus favorable. La commission « a pensé, est-il dit dans le rapport de M. Pelletan, qu'il fallait ou permettre ou interdire la preuve dans tous les cas, car du moment où le diffamé renonce à la demander, il crée contre lui la présomption de la vérité des faits allégués ; il aura donc à subir, bon gré mal gré, à l'audience, la nécessité d'une preuve qui serait une descente de justice dans son intérieur et une visite domiciliaire de ce qu'il y a de plus secret dans l'intimité. Le respect du foyer nous a fait rejeter l'amendement de M. Bozérian. »

256. Mais la commission du Sénat a pensé, avec raison, qu'il convenait d'assimiler aux personnes publiques, relativement au droit exceptionnel de fournir la preuve des faits imputés, « d'autres hommes qui revêtent en quelque sorte un caractère public, par cela seul qu'ils font appel à la fortune publique. » (Rapport de M. Pelletan). Tout en rendant hommage à la loyauté de la plupart des associations de capitaux, la commission a voulu assurer à la presse le droit de dénoncer les détournements de l'épargne nationale dont d'autres qui ne sont, à proprement parler, que des maisons de jeu, se rendent coupables. Elle a, en conséquence, proposé d'intercaler dans les dispositions adoptées par la Chambre des députés un paragraphe ainsi conçu : « La vérité des imputations diffamatoires et injurieuses pourra être établie contre les directeurs ou administrateurs de toute entreprise industrielle, commerciale ou financière faisant publiquement appel à l'épargne ou au crédit. »

257. Lors de la discussion au Sénat, M. Bozérian, rappelant que l'assimilation des candidats à une fonction élective aux fonctionnaires publics avait été repoussée à raison de l'impossibilité de distinguer les faits touchant la vie privée de ceux qui devraient être considérés comme ne s'y rattachant pas, a demandé de quelle espèce de faits la preuve serait autorisée à l'encontre des directeurs ou administrateurs des entreprises industrielles, commerciales ou financières. M. Laboulaye a répondu, au nom de la commission, que ces faits étaient ceux qui touchent à la constitution même de la société ; qu'on pourrait dire, par exemple, et être admis à prouver que le premier versement n'a pas été effectué, ou qu'il est fictif. — Sur cette explication, la dis-

position additionnelle a été votée par le Sénat ; elle a été ensuite maintenue sans débat par la Chambre des députés.

258. L'art. 20 de la loi du 26 mai 1819, après avoir déclaré que la preuve de la vérité des faits imputés aux personnes ayant agi dans un caractère public, mettait l'auteur de l'imputation à l'abri de toute peine, ajoutait : « Sans préjudice des peines prononcées contre toute injure qui ne serait pas nécessairement dépendante des mêmes faits. » La commission de la Chambre des députés a exclu cette réserve de son projet, comme inutile et périlleuse; inutile, s'il s'agissait d'une injure vraiment indépendante du fait diffamatoire dont la preuve avait été fournie ; périlleuse, s'il y avait lieu de détacher un prétendu délit d'injure du délit de diffamation que venait d'effacer le juge (V. rapport de M. Lisbonne). Ni à la Chambre, ni au Sénat, personne n'a critiqué cette suppression.

Voici définitivement en quels termes la loi du 29 juillet 1881 a statué, par son art. 35, sur l'ordre d'idées que le projet de la commission de la Chambre des députés avait emprunté à la loi de 1819 : « La vérité du fait diffamatoire, mais seulement quand il est relatif aux fonctions, pourra être établie par les voies ordinaires, dans le cas d'imputations contre les corps constitués, les armées de terre ou de mer, les administrations publiques et contre toutes les personnes énumérées dans l'art. 31. — La vérité des imputations diffamatoires et injurieuses pourra être également établie contre les directeurs ou administrateurs de toute entreprise industrielle, commerciale ou financière faisant publiquement appel à l'épargne ou au crédit. — Dans les cas prévus aux deux paragraphes précédents, la preuve contraire est réservée. Si la preuve du fait diffamatoire est rapportée, le prévenu sera renvoyé des fins de la plainte. — Dans toute autre circonstance et envers toute autre personne non qualifiée, lorsque le fait imputé est l'objet de poursuites commencées à la requête du ministère public, ou d'une plainte de la part du prévenu, il sera, durant l'instruction qui devra avoir lieu, sursis à la poursuite et au jugement du délit de diffamation. »

259. Sous la législation précédente, la Cour de cassation a jugé, par arrêt du 28 juillet 1876 (*J. du Min. publ.*, t. 19, p. 161), que l'électeur délégué par le conseil municipal pour procéder à la nomination des membres du Sénat, agit dans un caractère public en remplissant son mandat; d'où elle a conclu à l'admissibilité de la preuve de la vérité des imputations diffamatoires di-

rigées contre cet électeur à raison de l'exercice de ce même mandat. En rapportant cette décision, *loc. cit.*, j'ai essayé de démontrer que l'exactitude du principe qu'elle posait était contestable ; je ne puis ici que renvoyer aux observations dont je l'ai fait suivre.

260. Les faits dont le § 1er de l'art. 35 de la loi actuelle permet de prouver la vérité à l'égard des personnes qu'il désigne, sont exclusivement les faits diffamatoires. L'injure et l'outrage lui-même, qui n'est qu'une aggravation de l'injure, ne renfermant point l'imputation d'un fait précis, ne sauraient comporter aucune preuve de la vérité des actes blâmables, des défauts ou des vices auxquels ils font allusion. Ce point, qui était constant sous l'empire de la loi de 1819 (V. Chassan, t. 2, n. 1798 et 1800, *in fine*; de Grattier, t. 1, p. 464; Bonnier, *des Preuves*, t. 1er, n. 65 ; Cass., 3 fév. 1877, D.P.77.1.281), est rappelé par M. Lisbonne dans son rapport à la Chambre des députés.

261. La preuve ne peut porter que sur les faits mêmes qui ont donné lieu à la poursuite en diffamation ; elle ne saurait être étendue à d'autres faits imputés, à moins qu'il n'y ait indivisibilité entre ceux-ci et les premiers (Cass., 23 juin 1882, aff. gérant de la *Lanterne*, c. Tourné) : « Attendu, porte cet arrêt, qu'aux termes de l'art. 24 de la loi du 26 mai 1819, comme d'après les dispositions des art. 35 et 52 de la loi du 29 juillet 1881, la preuve autorisée contre les fonctionnaires publics ne peut être autre que celle du fait diffamatoire qui a motivé la poursuite, sauf le cas d'indivisibilité (qui n'est pas celui de l'espèce) entre le fait poursuivi et les autres faits imputés ; — Attendu qu'en jugeant dans ce sens, la Cour d'appel n'a fait qu'une exacte application des règles les plus certaines de la matière. »

262. La preuve de la vérité des faits imputés à l'une des personnes que désigne l'art. 35 est admissible, même après que cette personne a cessé d'exercer les fonctions à raison desquelles a eu lieu l'imputation (Chassan, t. 2, n. 1817; de Grattier, t. 1er, p. 462; Grellet-Dumazeau, t. 2, n. 659; Petit, p. 71, note 6). Cette preuve devrait également être admise après la mort de la personne publique diffamée, dans le cas où, suivant l'art. 34, l'action en [diffamation pourrait être exercée contre ses héritiers vivants. — Faivre et Benoît-Lévy, p. 176.

263. A l'égard [des administrateurs ou directeurs des entreprises industrielles, commerciales ou financières faisant publiquement appel à l'épargne ou au crédit, l'art. 35 autorise la

preuve des imputations diffamatoires *et injurieuses*. Il semblerait résulter de ce texte, qu'en pareil cas, et contrairement à la règle générale (V. ci-dessus, n. 259), la loi permet au prévenu de prouver la vérité même des simples injures. Mais on ne saurait s'arrêter à cette interprétation. Les mots « et injurieuses » sont sans doute échappés à la plume du rédacteur de la disposition additionnelle qui est devenue le § 3 de l'art. 35, sans qu'on puisse supposer qu'ils expriment une dérogation qui ne se concevrait pas et à laquelle il n'a été fait aucune allusion, même la plus éloignée, soit dans le rapport de M. Pelletan, soit dans l'explication de M. Laboulaye à la tribune du Sénat. Bien loin de là, M. Pelletan, dans son rapport, a fait entendre clairement que la disposition additionnelle proposée n'avait pour objet que de permettre la preuve des faits diffamatoires. « On reprocha un jour, à la presse, du haut de la tribune, a-t-il dit, de ne pas signaler ces détournements de l'épargne nationale ; mais elle ne les eût dénoncés que pour courir à une condamnation certaine, par l'interdiction de la *preuve en matière de diffamation*. Votre commission a voulu autoriser *cette preuve*, pour mettre la crédulité à l'abri de l'exploitation. »

264. Bien que, relativement aux imputations dirigées contre les directeurs ou administrateurs d'entreprises industrielles, commerciales ou financières, l'art. 35 ne reproduise pas les dispositions de ses deux premiers paragraphes, d'après esquelles, d'une part, la preuve contraire est réservée, et, d'autre part, si la preuve est rapportée, le prévenu doit être renvoyé de la plainte, il n'est pas douteux que ces dispositions ne s'appliquent également ici. Rien encore ne permet de croire que, sous ce double rapport, la loi ait voulu apporter aux principes qu'elle venait d'établir une dérogation, d'ailleurs injustifiable.

Dans la séance du Sénat du 11 juillet 1881, M. Griffe, au nom de la commission, avait indiqué la rectification de texte suivante : la disposition relative aux imputations contre les directeurs ou administrateurs d'entreprises industrielles, commerciales ou financières, devait former le § 2 de l'art. 35 ; le § 3 devait contenir cette disposition : « Dans le cas prévu aux deux paragraphes précédents, la preuve contraire est réservée. » Dans le § 4, il devait être dit : « Si la preuve du fait diffamatoire est rapportée, le prévenu sera renvoyé de la plainte. » Puis, le § 4 actuel devait devenir le § 5. Cette rédaction, qui mettait dans les dispositions de l'art. 35 la plus grande clarté, a été modifiée après le vote du Sénat, sans qu'on en trouve exprimé nulle part le motif; mais, à coup sûr, cette modification n'a pu avoir pour but ni pour effet de changer l'économie de l'article, telle que M. Griffe l'avait exposée.

265. Pour que le tribunal saisi d'une action en diffamation contre un particulier doive prononcer le sursis prescrit par le § 4 de l'art. 35, il faut qu'il y ait eu un commencement de poursuite à la requête du ministère public, ou une plainte de la part du prévenu. La plainte portée par une autre personne ne donnerait lieu au sursis qu'autant qu'elle aurait amené un commencement de poursuite de la part du ministère public. — Chassan, n. 1750; de Grattier, t. 1er, p. 488, 489, 495; Grellet-Dumazeau, t. 2, p. 87; Dalloz, n. 1350. — V. toutefois Faivre et Benoît-Lévy, p. 177.

Quand l'une ou l'autre des conditions exigées par la loi se trouve remplie, le sursis devient obligatoire pour le tribunal, s'il est demandé soit par le ministère public, soit par le prévenu, et, à défaut de demande, le tribunal peut même l'ordonner d'office, sans que ce soit d'ailleurs pour lui une nécessité. V. Chassan, n. 1741 et suiv.; Dalloz, n. 1351 et suiv.; Cass., 9 août 1878 (S.-V.79.1.286) et 15 déc. 1881 (*Id.*, 82.1.238).

266. S'il n'était pas donné suite à la plainte du prévenu, et qu'il résultât des agissements de celui-ci qu'il a entendu l'a-abandonner, les juges pourraient s'abstenir de surseoir, ou passer outre au jugement de la poursuite, malgré le sursis déjà prononcé. — Cass., 2 oct. 1817; Mangin, *Act. publ.*, t. 1er, n. 233; Chassan, t. 2, n. 1763; Dalloz, n. 1355.

- A plus forte raison, les juges seraient-ils autorisés à statuer sans sursis préalable, s'il était intervenu, sur la plainte du prévenu de diffamation, une déclaration qu'il n'y a lieu à suivre. — Cass., 29 déc. 1865 (*J. du Minist. publ.*, 10.151) et 7 févr. 1879 (S.-V.79.1.142); mon *Mémorial du Ministère public*, v° *Diffamation*, n. 63.

267. Lorsque la plainte du prevénu a été, au contraire, suivie d'une condamnation, celle-ci doit-elle nécessairement emporter son acquittement? La négative peut invoquer un arrêt de la Cour de Montpellier, du 22 nov. 1841 (J.P.42.2.573), et l'opinion de MM. de Grattier, t. 1er, p. 498, et Dalloz, n. 1360. Mais je préfère dire, avec M. Chassan, n. 1747, que si la simple preuve, dans les cas où la loi l'admet, affranchit le prévenu de

toute peine, la condamnation qu'il obtient, dans l'hypothèse contraire, doit, à plus forte raison, avoir le même effet.

268. Je dois faire remarquer, en terminant, que les auteurs de la loi nouvelle n'ont entendu établir, quant à l'admissibilité de la preuve, aucune distinction entre la diffamation écrite et la diffamation verbale, et qu'il suffit que la diffamation soit publique pour que l'art. 35 lui soit applicable (Rapport de M. Lisbonne, à la Chambre des députés). — Compar. Bonnier, n. 77.

268 *bis*. Relativement aux formes de procédure que doit observer le prévenu qui veut être admis à prouver le fait diffamatoire, V. *infrà*, sur l'art. 52.

§ 4. — *Délits contre les chefs d'Etat et agents diplomatiques étrangers.*

SOMMAIRE.

269. Nécessité de la répression des attaques dirigées contre les chefs d'Etat étrangers et leurs agents diplomatiques. — Disposition empruntée à la loi du 17 mai 1819. — Substitution du mot « offense » au mot « outrage. »
270. Publicité.
271. Ce qu'il faut entendre par offense. — Diffamation, injure.
227. L'offense envers le souverain d'un pays étranger ne peut résulter d'attaques dirigées contre le gouvernement de ce pays.
273. Souverain déchu ou décédé.
274. Outrage envers les agents diplomatiques. — Diffamation, injure. — Publicité.
275. Agent diplomatique ayant cessé d'être accrédité près du gouvernement français.
276. Attaque contre la vie privée.

269. Dans l'intérêt des relations internationales, il est nécessaire que les chefs des États étrangers et les agents qu'ils accréditent près du gouvernement français soient protégés par notre législation contre les attaques dont ils seraient l'objet en France. La loi du 17 mai 1819 contenait à cet égard des dispositions répressives (art. 12 et 17) que la loi nouvelle lui a empruntées avec quelques modifications.

L'art. 39 du projet de la commission de la Chambre des députés portait: « L'outrage commis publiquement envers les chefs d'Etat étrangers sera puni d'un emprisonnement de six mois à deux ans et d'une amende de 100 à 3,000 fr., ou de l'une de ces deux peines seulement. »

La Chambre qui avait voté cet article en première lecture, malgré de courtes observations de M. Ballue tendant à le faire supprimer, l'a maintenu sans débat en deuxième délibération.

Mais la commission du Sénat, pour mettre sans doute ce texte en harmonie avec l'art. 26, qui punit l'offense envers le président de la République, a substitué le mot « offense » au mot « outrage » et, en ce qui touche la peine de l'emprisonnement, y a remplacé la durée de six mois à deux ans par celle de trois mois à un an. La disposition ainsi amendée n'a été l'objet d'aucune discussion au Sénat.

Elle forme l'art. 36 de la loi, qui est dès lors ainsi conçu : « L'offense commise publiquement envers les chefs d'Etat étrangers sera punie d'un emprisonnement de trois mois à un an et d'une amende de 100 francs à 3,000 francs, ou de l'une de ces deux peines seulement.»

270. Cette disposition diffère encore néanmoins de celle de l'art. 26 susrappelé, comme elle diffère également de l'art. 12 de la loi de 1819, en ce que, au lieu d'exiger, à l'exemple de ces articles, que l'offense ait été commise par des moyens spéciaux de publicité, elle se contente d'une publicité quelconque, dont l'appréciation est abandonnée aux juges. — Compar. *suprà*, n. 177.

271. Ici, comme dans l'art. 26, l'offense ne se distingue de l'outrage que par le caractère exceptionnel de l'expression. De même que l'outrage ordinaire, elle comprend la diffamation et l'injure. V. ci-dessus, n. 173 et 174.

272. L'offense envers le souverain d'un pays étranger ne peut évidemment, comme l'a décidé le tribunal correctionnel de la Seine par un jugement du 8 janv. 1880 (*Journ. du Minist. publ.*, t. 23, p. 3), résulter d'attaques qui seraient dirigées contre le gouvernement de ce pays, au lieu de viser directement ou indirectement la personne même du chef de l'Etat. Dans tous les Etats constitutionnels, la personne du souverain ou du chef de l'Etat se distingue essentiellement du gouvernement à la tête duquel il est placé; et l'on ne concevrait pas dès lors que l'offense envers la personne du chef de l'Etat pût résulter d'imputations qui ne sont dirigées que contre le gouvernement, de critiques qui ne portent que contre les actes de celui-ci, et non contre les agissements personnels de ce chef d'Etat. Compar., au

surplus, ce que j'ai dit précédemment (n. 174) au sujet de l'offense envers le Président de la République.

273. Les imputations diffamatoires dirigées contre un souverain déchu et décédé ne constituent pas le délit d'offense envers ce souverain, un tel délit supposant revêtue de sa dignité la personne envers laquelle il est commis. C'est ce qu'ont fort bien jugé un arrêt de la Cour de Paris du 7 décembre 1878 (*J. du Minist. publ.*, 21. 278) et un arrêt de la Cour de cassation du 24 mai 1879. (S.-V. 80. 1. 137) qui, bien que relatifs à des diffamations contre un souverain français frappé de déchéance, s'appliquent, par identité de raison, à l'hypothèse que prévoit l'art. 36 de la loi de 1881. Le souverain étranger déchu ou décédé ne doit plus être considéré que comme un simple particulier, et les imputations dont il est l'objet ne peuvent donner ouverture en sa faveur ou au profit de ses héritiers qu'à l'action en diffamation accordée aux particuliers par les art. 32 et 34. V. en ce sens, Paris, 12 sept. 1834 (Dalloz, n. 672); Chassan, t. 1er, p. 436; de Grattier, t. 1er, p. 174.

274. Aux deux dispositions distinctes par lesquelles la loi du 17 mai 1819 (art. 17 et 19) frappait de peines inégales, d'une part, la diffamation envers les ambassadeurs, ministres plénipotentiaires, envoyés, chargés d'affaires ou autres agents diplomatiques accrédités près du gouvernement, et, d'autre part, l'injure envers ces mêmes personnes, le projet de la commission de la Chambre des députés a substitué une seule disposition, où la diffamation et l'injure sont remplacées par l'outrage, qui les comprend l'une et l'autre.

L'art. 40 de son projet punissait l'outrage commis envers les agents diplomatiques « par les moyens énoncés en l'article 24 (23 de la loi) »; mais, entre la première et la deuxième délibération, la commission a supprimé ces expressions pour mettre à leur place le mot «publiquement», déjà employé dans l'article précédent et embrassant tous les modes de publicité.

A part une nouvelle protestation de M. Ballue, le vote du texte définitif de la commission n'a rencontré aucune difficulté ni à la Chambre des députés ni au Sénat. Il est devenu l'art. 37 de la loi, et il est rédigé en ces termes: «L'outrage commis publiquement envers les ambassadeurs et ministres plénipotentiaires, envoyés, chargés d'affaires ou autres agents accrédités près du gouvernement de la République, sera puni d'un emprisonnement de huit jours à un an et d'une amende de 50

francs à 2,000 francs, ou de l'une de ces deux peines seulement. »

275. Pour qu'un agent d'un gouvernement étranger soit protégé
par cette disposition, il suffit, mais il est nécessaire que, sous quelque dénomination que ce soit, il se trouve accrédité *actuellement*
près du gouvernement français. Celui qui aurait cessé de l'être
ne serait plus traité que comme un simple particulier. Ce n'est,
en effet, qu'en vue du maintien de la bonne harmonie entre le
gouvernement français et les représentants, en France, des gouvernements étrangers, qu'a été édicté l'art. 37. — Compar. en
ce sens, de Grattier, t. 1er p. 215 ; Rousset, n. 1744 ; Dalloz, n.
915 ; Faivre et Benoit-Lévy, p. 180.

276. Mais, par cette même raison, l'outrage commis envers
un agent diplomatique est punissable, encore bien qu'il ne soit
pas relatif aux fonctions de cet agent, et n'attaque que sa vie
privée. Même dans ce dernier cas, l'outrage fait à l'agent diplomatique pourrait être une cause de refroidissement ou de més-
intelligence entre les deux gouvernements. — V. Cass. 27 janv.
1843 (S.-V. 43. 1. 239) ; Parant, *Lois de la Presse*, p. 93 ; Chassan, t. 1er p. 438 ; Grellet-Dumazeau, t. 2. p. 259 ; Dalloz, n.
913 ; Rousset, n. 1742.

§ 5. — *Publications interdites, immunités de la défense.*

SOMMAIRE.

277. Motif qui devait faire interdire la publication des actes d'accusation
ou autres actes d'une procédure criminelle avant leur lecture à
l'audience publique.—Disposition empruntée à la loi du 27 juillet
1849.
278. Rejet par la Chambre des députés d'un amendement de M. Sourigues, relatif à la publication des réclames.
279. La publication des actes de procédure criminelle n'est pas toujours
permise après la lecture de ces actes à l'audience. — Renvoi. —
Annonce de faits judiciaires déjà rendus publics.
280. Modes de publication.
281. Publication partielle.
282. Publication faite par le prévenu ou avec son consentement.
283. Interdiction du compte rendu des procès en diffamation ne comportant pas la preuve des faits diffamatoires. — Faculté de publier la
plainte.
284. Droit des Cours et tribunaux d'interdire le compte rendu des procès, en matière civile seulement.

rendu des séances publiques des Chambres, a été, après renvoi à la commission, qui a maintenu sa rédaction , retiré par son auteur.

306. Observation de M. de Larcy, au Sénat, sur la portée des mots « outrage » et « outrageants » employés à l'égard du compte rendu des débats judiciaires et des discours prononcés devant les Cours et tribunaux.

307. Sur une proposition de M. Batbie, qui a donné lieu à un renvoi à la commission du Sénat, celle-ci a introduit dans la loi une disposition étendant au compte rendu des débats judiciaires l'immunité accordée à celui des débats législatifs.

308. A la suite d'observations présentées au Sénat par le garde des sceaux, M. Le Royer a déposé un amendement tendant à faire attribuer au tribunal qui aurait connu de l'affaire la connaissance de l'action à laquelle donnerait ouverture le compte rendu des débats judiciaires. — Rejet de cet amendement.

309. La commission du Sénat n'a pas été d'avis d'étendre l'immunité aux discours tenus dans les conseils généraux et dans les conseils municipaux, ni d'attribuer, soit au Conseil d'Etat, soit au Tribunal des conflits, l'appréciation des actes reprochés aux membres de ces conseils.

310. Texte de l'art. 41 concernant les immunités parlementaires et judiciaires.

311. Le seul compte rendu des séances publiques des Chambres contre lequel la loi n'accorde aucune action est celui que rédige lui-même le journaliste. — L'immunité ne couvre ni les discussions dans les bureaux, ni les protestations adressées aux Chambres contre des élections. — Elle protège le compte rendu, même inexact, s'il est de bonne foi.

312. Compte rendu des débats judiciaires. — Bonne foi et fidélité. — Dans quels cas est ouverte l'action pour outrage.

313. Les comptes rendus de mauvaise foi ou infidèles ne donnent ouverture qu'à une action civile, à moins qu'ils ne renferment un délit ordinaire justifiant l'exercice de l'action publique.

314. Espèce dans laquelle il n'y a pas compte rendu de débats judiciaires fait de mauvaise foi.

315. Autre espèce où le récit d'un procès ne constitue pas un compte rendu de débats judiciaires couvert par l'immunité.

316. L'action à raison d'un compte rendu infidèle ou de mauvaise foi de débats judiciaires doit être portée devant le tribunal du domicile du défendeur. — Jurisprudence antérieure en sens contraire.

317. La partie à l'égard de laquelle un compte rendu de débats judiciaires est diffamatoire peut exercer l'action en diffamation.

318. L'immunité concernant les débats judiciaires protège les protestations contre des élections produites devant les tribunaux admi-

nistratifs, excepté lorsque le plaignant, n'ayant pas été appelé devant ces tribunaux, est un tiers.

319. Cette immunité s'applique aux tiers comme aux parties plaidantes.
— Ce n'est pas en cette qualité de tiers que le témoin est à l'abri
de toute action pour diffamation.

320. Pour les faits se rattachant à la cause, toutes actions autres que
l'action en diffamation, en injure ou en outrage, est admissible.

321. Caractère que doit présenter la réserve de l'action à l'égard des
faits étrangers à la cause.

322. L'action des tiers est indépendante de toute réserve, ainsi que de
la condition que les faits soient étrangers à la cause.

323. Les témoins sont des tiers.

324. L'art. 41, en autorisant la suppression des *discours* injurieux, outrageants ou diffamatoires, n'a pas entendu enlever aux tribunaux
le droit de supprimer les *écrits* présentant le même caractère.

325. Renvoi pour ce qui concerne l'outrage.

326. Il n'est pas nécessaire que les faits à raison desquels la suppression
est ordonnée soient étrangers à la cause.

277. Le respect du droit de défense ne permet pas que l'acte
d'accusation, ni aucun autre des actes d'une procédure criminelle ou correctionnelle soient publiés avant qu'ils aient été lus
en audience publique. La divulgation des charges que ces actes
peuvent signaler contre l'accusé ou le prévenu, à un moment
où celui-ci n'a aucun moyen de les combattre, serait de nature
à lui causer un préjudice peut-être irréparable. Cependant, ce
n'est que sous l'influence des idées généreuses qui se firent jour
après la révolution de 1848 que cette publication a été interdite
pour la première fois.

L'art. 10 de la loi du 27 juillet 1849 la prohibait, sous peine
d'une amende de 100 fr. à 2,000 fr., avec faculté pour les juges,
en cas de récidive commise dans l'année, de porter l'amende au
double, et de condamner le coupable à un emprisonnement de
dix jours à six mois.

Le projet de la commission de la Chambre des députés a reproduit cette disposition en adoucissant, toutefois, la pénalité
qu'elle prononçait, et en supprimant l'aggravation qu'elle faisait résulter de la récidive. La Chambre des députés et le Sénat
ont adopté sans discussion son art. 41, qui est devenu l'art. 38
de la loi, conçu comme il suit : « Il est interdit de publier les
actes d'accusation et tous autres actes de procédure criminelle
ou correctionnelle avant qu'ils aient été lus en audience publique, et ce, sous peine d'une amende de 50 francs à 1,000 francs. »

278. A l'occasion de cet article, M. Sourigues a développé, à la Chambre, dans un long discours, un amendement comprenant plusieurs dispositions, dont la première portait : « Sous peine d'engager sa responsabilité, tout journal qui publiera une réclame devra la placer sous un titre indiquant clairement qu'elle n'émane pas de la rédaction. »

Il a rappelé qu'une pétition qu'il avait présentée au Sénat en 1870, et dans laquelle il soutenait une thèse semblable à celle que son amendement tendait à faire consacrer, avait été écartée par l'ordre du jour, à la suite d'un rapport de M. de Marnas, dont il a cité quelques passages, et entre autres les suivants : « Le pétitionnaire voudrait que tout journal ayant dénoncé une opération financière fût tenu d'insérer immédiatement les rectifications, contre-réclames, contre-annonces qui lui seraient adressées à ce sujet, aux frais et sous la responsabilité de l'auteur de ces documents. — Votre commission pense qu'à l'erreur et à la tromperie possibles, c'est substituer la confusion ; les concurrents, les rivaux, les spéculateurs, soit à la hausse, soit à la baisse, viendront contredire, et si la vérité ne se rencontre pas dans la première publication, quelle espérance y a-t-il de la trouver dans les démentis, et quelle possibilité plus grande de contrôle dans un cas que dans l'autre ? Laissons agir la liberté ; on a souvent comparé la presse à la lance d'Achille ; qu'elle guérisse les blessures qu'elle fait. — Le sieur Sourigues voudrait encore qu'au cas de refus d'insertion, une action en dommages-intérêts pût être intentée contre les journaux ou les auteurs d'articles qui, par leur influence, ont concouru à égarer les tiers intéressés. Votre commission estime qu'il n'est pas besoin d'une loi nouvelle pour atteindre le but que se propose le pétitionnaire, et que le principe général de responsabilité écrit dans l'art. 1382 du Code civil s'applique en matière de presse comme ailleurs. »

La Chambre paraît avoir partagé cette appréciation, car elle a rejeté l'amendement de M. Sourigues, sans qu'il ait été même fait aucune réponse à son discours. La question n'a pas été portée devant le Sénat.

279. De ce que la publication des actes d'accusation et de tous autres actes de procédure criminelle ou correctionnelle n'est interdite, aux termes de l'art. 38, qu'*avant* la lecture de ces documents à l'audience publique, il ne s'ensuit pas que cette publication soit toujours permise *après*. L'art. 38 doit, en

effet, être combiné avec l'art. 39, interdisant de rendre compte des procès en diffamation où la preuve des faits diffamatoires n'est pas autorisée. V. *infrà*, n. 288 et suiv.

Il a été jugé que l'interdiction de publier les actes de procédure criminelle ou correctionnelle avant leur lecture en audience publique, n'empêche pas qu'un journal ne puisse informer ses lecteurs de faits judiciaires déjà notoires et entourés d'une certaine publicité, en ayant soin d'éviter les récits et appréciations erronés. — Trib. corr. de Lyon, 8 juill. 1881 (*Courr. des Trib.* du 2 oct.).

280. La loi ne spécifiant aucun mode de publication, l'interdiction s'applique à tous les moyens par lesquels la publicité aura été réalisée, et, par exemple, à la reproduction dans un mémoire publié. — V. Trib. corr. de Lyon, 24 févr. 1858 (D.P. 58.3.40).

281. Une publication partielle tombe, du reste, sous l'application de la loi aussi bien qu'une publication intégrale. Ainsi, il est défendu de publier, même en forme de résumé et en restreignant la reproduction à certains passages ou même à de simples extraits, les actes dont parle l'art. 38, avant leur lecture à l'audience. — V. Cass., 31 mars 1854 (S.-V.54.1.412).

282. Bien qu'édictée surtout dans l'intérêt du droit de défense, l'interdiction que prononce cet article, et qui est motivée aussi par l'intérêt plus général de la justice, s'étend au cas où la publication a été faite par le prévenu lui-même ou avec son autorisation. — Trib. corr. de Lyon, 24 févr. 1858, précité ; Dalloz, n. 988; Rousset, n. 2175 et 2176.

283. Dans le but de protéger le plaignant autant que le prévenu contre les atteintes d'une fâcheuse publicité, la loi déjà citée du 27 juill. 1849 avait défendu de rendre compte des procès pour outrage ou injures et des procès en diffamation qui ne comportent pas la preuve des faits diffamatoires, en réservant seulement au plaignant la faculté de faire annoncer sa plainte (art. 11). Le décret du 17 février 1852, allant beaucoup plus loin, avait interdit, par le § 1er de son art. 17, le compte rendu de tout procès pour délit de presse ; mais la loi du 12 févr. 1872 avait abrogé cette disposition.

La commission de la Chambre des députés a obéi à la même pensée que le législateur de 1849 en introduisant dans son projet de loi (art. 42) des dispositions aux termes desquelles il est interdit de rendre compte des procès en diffamation où la preuve des faits diffamatoires n'est pas autorisée, et la plainte seule peut être publiée par le plaignant.

284. D'un autre côté, l'art. 17 précité du décret du 17 février 1852 avait, par son § 3, conféré aux Cours et tribunaux le droit d'interdire le compte rendu de tous procès civils, correctionnels et criminels. Le projet de la commission s'est approprié aussi cette disposition, mais seulement en ce qui concerne les procès civils. « Cette seconde disposition, a dit M. Lisbonne dans son rapport, se justifie encore plus-facilement que la première, puisqu'il ne s'agit ici que de débats d'une nature intime, et que la juridiction devant laquelle ils sont portés n'est appelée qu'à juger des affaires dans lesquelles n'est pas en jeu l'intérêt de la société. C'est pour cette raison que notre art. 42 limite la faculté pour les tribunaux d'interdire le compte rendu des procès aux matières civiles et ne l'étend pas aux matières criminelles et correctionnelles.—L'interdiction de rendre compte en matière civile n'est qu'une application de la règle générale édictée par l'art. 87 du Code de la procédure civile, mais que ne reproduisent pas les articles 153, 190 et 519 du Code d'instruction criminelle. Voilà pourquoi l'art. 42 n'autorise pas les tribunaux à interdire le compte rendu des procès en matière criminelle ou correctionnelle, sauf, bien entendu, le cas où le huis clos est requis et ordonné. »

286. Comme l'art. 11 de la loi de 1849 et l'art. 17, § 5, du décret de 1852, le projet a admis que ni l'une ni l'autre interdiction ne s'applique à la publication des jugements.

286. Enfin, il a emprunté au même art. 11 de la loi de 1849 la disposition par laquelle cet article interdisait de rendre compte des délibérations intérieures soit des jurés, soit des Cours et tribunaux, afin de sauvegarder le secret de ces délibérations. Mais il n'a pas reproduit la défense que faisait cet article de publier les noms des jurés, excepté dans le compte rendu de l'audience où le jury aurait été constitué.

287. Quant à la pénalité, le projet n'a conservé ni celle de l'art 11 de la loi de 1849, ni celle de l'art. 17 du décret de 1852; il y a substitué une répresssion moins rigoureuse.

288. Ces diverses dispositions du projet de la commission ont été adoptées sans débat par les deux Chambres. Elles forment l'art. 39 de la loi nouvelle, dont voici les termes : « Il est interdit de rendre compte des procès en diffamation où la preuve des faits diffamatoires n'est pas autorisée. La plainte seule poura être pu-

bliée par le plaignant. Dans toute affaire civile, les Cours et tribunaux pourront interdire le compte rendu du procès. — Ces interdictions ne s'appliqueront pas aux jugements, qui pourront toujours être publiés. — Il est également interdit de rendre compte des délibérations intérieures, soit des jurys, soit des Cours et tribunaux. — Toute infraction à ces dispositions sera punie d'une amende de 100 francs à 2,000 francs. »

289. Le premier paragraphe de cet article ne prohibant que le compte rendu des procès *en diffamation*, celui des procès pour outrage ou pour injures, que proscrivait l'art. 11 de la loi de 1849, est aujourd'hui parfaitement licite. Et il en doit être de même des procès pour offense soit envers le Président de la République, soit envers les chefs d'Etat étrangers, puisque l'offense n'est qu'une sorte d'outrage (V. *suprà*, n. 173). — Compar. un jugement du tribunal correctionnel de St-Jean d'Angely du 9 avr. 1875 (*J. du Minist. publ.* 18.165) qui avait déclaré l'art. 11 de la loi du 27 juill. 1849 applicable au compte rendu d'un procès pour offense envers la personne du chef de l'Etat. — Je suppose, bien entendu, que l'outrage et l'offense ne présentent pas un caractère diffamatoire.

Quant aux procès en diffamation, il n'y a pas à distinguer entre ceux qui sont engagés devant la juridiction civile et ceux qui sont portés devant la juridiction criminelle. —Paris, 27 nov. 1868 (aff. de Villemessant, *Gaz. des trib.* du 29 nov.); Cass. 15 janv. 1869 (S.-V.69.1.141); Chassan, t. 1er, n. 927; Rousset, n. 2192.

290. La plainte en diffamation qui peut seule être publiée s'entend incontestablement, non point de la dénonciation adressée au juge d'instruction ou au ministère public, mais de la citation devant la juridiction criminelle ou correctionnelle ou de l'assignation devant le tribunal civil, donnée à la requête de la personne diffamée. — Compar. Faivre et Benoit-Lévy, p. 183.

Ce n'est du reste qu'à cette dernière qu'est réservé le droit de publier la plainte; le prévenu ne pourrait prendre lui-même l'initiative de cette publication. — Faivre et Benoit-Lévy, p. 184.

291. Le compte rendu qu'interdit l'art. 39 est la relation des faits et des débats du procès, sous quelque forme qu'elle ait été présentée. Il ne suffirait pas, pour faire échapper cette relation à la prohibition de la loi, qu'elle fût renfermée dans un article de discussion générale ou d'appréciation critique. — V. Cass., 19 oct. 1833, 23 fév. et 12 mai 1837, et 2 mars 1838; Haute Cour de justice, 26 oct. 1849; Dalloz, n. 297; Rousset, n. 2190.

292. L'interdiction du compte rendu s'applique même aux parties de l'instruction de l'affaire qui s'accomplissent publiquement, par exemple, aux faits relatés dans l'arrêt de renvoi et l'acte d'accusation qui ont été lus à l'audience d'une Cour d'assises. Compar. Dijon, 20 déc. 1843 (D.p.44.2.112); Aix, 16 fév. 1873 (*J. du Min. publ.*, 16. 84).

Mais on ne doit pas, selon moi, considérer comme un compte rendu interdit par la loi l'analyse faite dans un intérêt purement scientifique d'un arrêt de renvoi et d'un acte d'accusation, surtout lorsque ces documents ont été lus en audience publique. — Telle est également l'opinion de M. Dalloz, n. 299. V. aussi de Grattier, 1. 2. p. 326. — Mais V. toutefois Chassan, n. 921.

293. M. de Grattier, *loc. cit.*, enseigne à tort que l'interdiction porte seulement sur les débats, et que les faits du procès peuvent être reproduits. En n'exceptant de la prohibition que les jugements, la loi indique suffisamment qu'il est défendu de publier tout le reste. — Dalloz, n. 301 ; Faivre et Benoit-Lévy, p. 186.

294. En ce qui touche les jugements qui, aux termes de l'art. 39, peuvent toujours être publiés, il faut comprendre dans cette expression aussi bien les jugements préparatoires et ceux statuant sur la compétence ou les incidents, que les jugements rendus sur le fond. — Chassan, t. 1er n. 929; de Grattier, t. 2. p. 326; Rousset, n. 2202. Mais la publication ne peut s'étendre à l'exposé des faits qui précède le jugement proprement dit. — Chassan, de Grattier, *ibid.*

295. En refusant aux tribunaux de répression le droit d'interdire le compte rendu des procès jugés par eux, l'art. 39 ne porte pas atteinte aux droit que ces tribunaux tiennent de l'art. 81 de la constitution du 4 nov. 1848, d'ordonner le huis clos dans le cas ou la publicité de l'audience constituerait un danger pour l'ordre ou pour les mœurs. — Rapport de M. Lisbonne (V. *suprà*, n. 284); circulaire du garde des sceaux.

Le huis clos peut sans doute être requis par le ministère public ; mais les tribunaux ne sont pas tenus, pour pouvoir l'ordonner, d'attendre cette réquisition.

De même qu'il n'est pas nécessaire que le ministère public soit entendu préalablement à la décision par laquelle, en matière civile, les juges interdisent le compte rendu d'une affaire. — V. Cass. 23 avr. 1857 (*J. du Min. publ.*, 1. 44); mon *Mémor. du Minist. publ.*, vº *Presse*, n. 20.

296. L'infraction aux dispositions de l'art. 39, bien que punie

d'une peine correctionnelle, constitue une contravention matérielle que ne peut excuser la bonne foi du prévenu. — Faivre
et Benoit-Lévy, p. 184. — Compar. dans le même sens, Aix 14
févr. 1873 (*J. du Min. publ.*, 16. 85).

297. Si l'on peut très légitimement ouvrir une souscription
dans le but d'indemniser un citoyen des frais, des amendes et
des dommages-intérêts auxquels il a été condamné, la publicité
donnée à l'annonce ou à l'ouverture d'une telle souscription, et
imprimant à celle-ci le caractère d'une protestation contre la
condamnation prononcée, ne saurait, au contraire, être licite.

La loi du 9 sept. 1835 fut la première qui punit ce fait (art. 11).
La répression qu'elle avait édictée fut reprise par la loi du 27
juill. 1849 (art. 5), et, dans son projet de loi, la commission de la
Chambre des députés n'a « pas cru pouvoir renoncer à cette prévoyante disposition » (Rapport de M. Lisbonne).

Toutefois, en transportant dans l'art. 43 du projet l'interdiction qu'avaient prononcée les art. 11 de la loi de 1835 et 5 de
la loi de 1849, conçus tous les deux dans les mêmes termes, elle
en a restreint l'étendue et adouci la pénalité. Tandis que la législation antérieure frappait d'un emprisonnement d'un mois à un an
et d'une amende de 500 fr. à 1,000 fr. l'ouverture ou l'annonce publique de souscriptions destinées à couvrir le montant des frais et
réparations pécuniaires prononcées par des condamnations judiciaires, de quelque juridiction qu'elles fussent émanées, la commission n'a visé que les condamnations en matière criminelle
et correctionnelle, et a ramené la répression à un emprisonnement de huit jours à six mois et à une amende de 100 fr. à
1,000 fr., avec faculté de n'appliquer que l'une de ces deux
peines.

L'art. 43 du projet, voté sans autre objection qu'une citation
faite à la Chambre par M. Clémenceau et sur laquelle je revien-
drai tout à l'heure, est devenu l'art. 40 de la loi; en voici les
termes: « Il est interdit d'ouvrir ou d'annoncer publiquement
des souscriptions ayant pour objet d'indemniser des amendes, frais
et dommages-intérêts prononcés par des condamnations judiciaires, en matière criminelle et correctionnelle, sous peine d'un
emprisonnement de huit jours à six mois et d'une amende de
100 francs à 1,000 francs, ou de l'une de ces deux peines seulement. »

298. C'est la publicité seule de l'annonce ou de l'ouverture de
la souscription que punit la loi. Les souscriptions privées ne

sont point interdites. « Chacun reste maître de ses sympathies »,
disait M. Sauzet, garde des sceaux, dans l'exposé des motifs de
la loi de 1835. « Chacun est libre de disposer à son gré de ses
sympathies et de son argent », a dit à son tour M. Lisbonne dans
son rapport à la Chambre des députés.

Toute espèce de publicité rentre dans les prévisions de la loi.
La prohibition, comme l'observait M. Dufaure, ministre de l'intérieur, dans une circulaire du 1er août 1849, « ne concerne pas
seulement les journaux, mais bien tout acte patent et notoire
provoquant à une souscription. » V. aussi Chassan, t. 1er n. 276.

L'annonce publique d'une souscription, quels qu'en soient les
termes et la forme, tombe sous le coup de la prohibition, dès
que, directement ou indirectement, elle indique le fait de la
souscription et son objet. — Paris, 9 mai 1862, et Cass., 2 août
1862 (S.-V. 63. 1. 56).

Sous la Restauration, le duc de Broglie adressa, en son nom et
au nom de quelques-uns de ses amis politiques, à un journaliste
condamné pour délit de presse, une lettre dans laquelle il lui
disait notamment : « Vous êtes le premier en ordre de date qui
ait encouru, sans motif apparent, une condamnation personnelle
et pécuniaire. Souffrez que nous prenions notre quote-partie de
la peine... En accueillant la proposition que j'ai l'honneur de
vous faire, vous servirez utilement votre patrie et vous aurez de
nouveaux droits à la reconnaissance publique ; car il ne peut
y avoir rien de plus avantageux qu'une manifestation sage, régulière et constitutionnelle de l'opinion dans des matières de cette
importance. »

Après avoir donné lecture de cette lettre à la Chambre, M.
Clémenceau a fait l'observation suivante : « La lettre que je viens
de lire ayant été publiée dans les journaux, je prétend que la
souscription était publique... J'ai donc le droit de dire que ce
que vous défendez, c'est ce que M. le duc de Broglie et ses amis
estimaient être une manifestation licite, régulière et constitutionnelle ; vous, vous en faites un délit. »

Cependant MM. Faivre et Benoit-Lévy, p. 188, estiment qu'une
telle lettre ne serait pas délictueuse. Ils supposent sans doute
qu'elle n'aurait pas reçu la publicité que signalait M. Clémenceau et qui est incontestablement caractéristique de l'annonce
publique interdite par la loi.

299. Il résulte clairement des termes de l'art. 40, que les souscriptions publiques ayant pour objet d'indemniser de condam-

nations en matière civile ne sont pas prohibées. — Faivre et Benoit-Lévy, p. 189.

Il en est de même de celles qui sont ouvertes ou annoncées dans le but, non point d'indemniser des condamnations prévues par la loi, mais de les faire réformer ou annuler, ou, en d'autres termes, de fournir aux frais de l'appel ou du pourvoi en cassation. — Douai, 23 août 1847 (D.p.47.2.214); Chassan, n. 979; Dalloz, n. 317; Rousset, n. 1940.

300. Un seul fait d'annonce publique suffit pour constituer la contravention ; il n'est pas nécessaire que ce fait soit réitéré. — Cass. 1er sept., 1836 (S.-V. 37. 1. 209).

301. Dans le cas de l'art. 40, comme dans ceux prévus par l'art. 39 (V. ci-dessus, n. 295), l'excuse de la bonne foi est inadmissible. — Rousset, n. 1942.

302. Les discussions des assemblées politiques et les plaidoiries et productions de pièces devant les tribunaux ont droit à des franchises particulières sans lesquelles elles ne pourraient souvent faire éclater la vérité, qui n'est pas un besoin moins impérieux pour le gouvernement de l'Etat que pour la justice. Aussi, dans ses art. 21, 22, et 23, la loi du 17 mai 1819 déclarait-elle qu'aucune action ne pourrait être exercée à raison soit des discours tenus dans le sein des Chambres, ainsi que des rapports ou autre pièces imprimées par ordre de l'une ou l'autre de celles-ci, soit du compte rendu des séances publiques de la Chambre des députés fait fidèlement et de bonne foi dans les journaux, et que les discours prononcés ou les écrits produits devant les tribunaux ne donneraient ouverture à aucune action en diffamation ou injures, à moins qu'elle n'eût été réservée par les juges, et sauf, dans tous les cas, l'action civile des tiers.

Ces sages dispositions devaient trouver place dans la nouvelle loi sur la presse. Cependant le projet de la commission de la Chambre des députés n'en reproduisait que les dernières, celles relatives aux discours et productions d'écrits devant la justice. Il portait, art. 44 : « Ne donneront lieu à aucune action en diffamation, injure ou outrage, les discours prononcés ou les écrits produits devant les tribunaux. — Pourront néanmoins les juges saisis de la cause et statuant sur le fond prononcer la suppression des discours injurieux, outrageants ou diffamatoires, et condamner qui il appartiendra à des dommages-intérêts. Les juges pourront aussi, dans le même cas, faire des injonctions aux avocats et officiers ministériels, ou même les suspendre de leurs fonctions. La durée de cette suspension ne pourra excéder six mois; en cas de récidive, elle sera d'un an au moins et de cinq ans au plus.— Pourront, toutefois, les faits diffamatoires étrangers à la cause, donner ouverture soit à l'action publique, soit à l'action civile des parties, lorsque ces actions leur auront été réservées par les tribunaux, et, dans tous les cas, à l'action civile des tiers. »

« Quant aux immunités parlementaires qui couvrent les opinions et les votes émis par les membres des deux Chambres dans l'exercice de leurs fonctions, a dit M. Lisbonne dans son rapport, elles ont pris place dans l'art. 13 de la loi constitutionnelle du 16 juillet 1875, et il nous suffit de leur consacrer cette simple mention. »

A la Chambre des députés, lors de la première délibération, M. Ribot a présenté et fait adopter un amendement mettant à l'abri de toute action « les comptes fidèles des séances publiques des Chambres. » — « La Constitution, a-t-il dit, accorde aux représentants de la nation une immunité complète pour leurs discours; mais cette immunité ne s'étend pas nécessairement aux journaux qui reproduisent les débats des Chambres. La loi de 1819 avait cru nécessaire d'accorder cette immunité à la presse; je crois qu'il n'y a aucune raison pour ne pas conserver cette disposition dans notre loi. »

303. Cet amendement était lui-même insuffisant; car, ainsi que l'a fait remarquer le président de la Chambre, en n'empruntant à la loi de 1819 que la disposition qui vient d'être rappelée et qui y constituait l'art. 22, il excluait celle de l'art. 21, affranchissant de toute action « les discours tenus dans le sein d'une des deux Chambres, ainsi que les rapports ou toutes autres pièces imprimées par ordre de l'une des deux Chambres ». Or, il résultait de là, aux yeux de M. Gambetta, que, par suite de l'abrogation de toutes les dispositions antérieures que prononce l'art. 68 de la loi nouvelle, « les membres des deux Chambres pourraient être actionnés pour les discours ou les rapports qu'ils auraient faits dans l'une ou l'autre Chambre. » Sur cette observation, que le rapporteur a approuvée, bien qu'elle ne fût exacte qu'à l'égard des pièces imprimées par ordre de l'une ou de l'autre des deux Chambres, puisque l'art. 13 de la loi constitutionnelle de 1875 garantit les membres du Parlement contre toute recherche et toute poursuite à l'occasion des opinions par eux émises dans l'exercice de leurs fonctions, la Chambre des dépu-

putés a ajouté à l'art. 44 du projet, qui est devenu l'art. 41 de la loi, un paragraphe reproduisant littéralement l'art. 22 de la loi de 1819.

304. Entre la première et la deuxième délibération, M. Gatıneau a déposé un amendement tendant à faire remplacer la disposition finale du paragraphe de l'article du projet, relative à la suspension des avocats et des officiers ministériels, par la rédaction suivante : « La durée de cette suspension ne pourra excéder deux mois ; en cas de récidive, elle pourra être de six mois au plus. — Il ne pourra être tenu compte de la récidive une année après l'expiration de la suspension précédemment prononcée. » La commission, acceptant le principe seulement de cette proposition, a modifié le paragraphe dont il s'agit en ce sens : « La durée de cette suspension ne pourra excéder deux mois, et six mois en cas de récidive dans l'année. » L'article a été ensuite voté par la Chambre avec les additions et changements qui viennent d'être indiqués.

305. Le paragraphe concernant l'exposé des séances des Chambres a été amendé par la commission du Sénat, qui y a fait suivre le mot « compte » du mot « rendu », y a supprimé le terme « fidèle », et y a ajouté les expressions « fait de bonne foi ».

Quand l'article est venu en discussion au Sénat, M. Paris a demandé la suppression de ces dernières expressions, en se fondant sur ce que, pour un véritable compte rendu, qui n'est que la reproduction pour ainsi dire officielle des débats parlementaires, la question de bonne foi ne peut se présenter, et sur ce que, d'ailleurs, aucune pénalité n'existe contre le compte rendu de mauvaise foi. Cette proposition, quoique combattue par M. Lenoël et par le rapporteur, a donné lieu au renvoi de l'article à la commission. Mais, à une séance ultérieure, la commission, par l'organe de son président, a déclaré maintenir sa rédaction. Alors M. Paris a fait, de son côté, la déclaration suivante : « Comme la presse a besoin aujourd'hui d'une telle rapidité, que le télégraphe est le premier rédacteur des journaux de province, il arrive que, dans l'intérêt de la célérité, et afin de porter plus vite à la connaissance du public ce qui se dit à la tribune des Chambres, la presse revient au compte rendu libre.... Dès lors, le système que je croyais plus libéral et qui consistait à affranchir le compte rendu officiel de toute action publique ou privée, manquait son effet, parce qu'il n'était plus applicable. On m'a fait observer qu'il serait préférable de maintenir purement et simplement la rédaction de la commission, pour que, la question de bonne foi devant nécessairement être discutée comme préliminaire de tout débat, on laissât à la presse, en matière de compte rendu, une liberté plus grande. J'ai partagé cette manière de voir, et comme je suis désireux de faire une œuvre libérale et non d'apporter des restrictions à la liberté des journalistes, je retire mon amendement. »

306. Sur le paragraphe suivant, M. de Larcy a fait remarquer que les mots « outrage » et « outrageant » qu'il contenait n'étaient applicables qu'aux discours et écrits atteignant les agents diplomatiques étrangers ou les bonnes mœurs, mais ne pouvaient pas concerner les corps constitués, les fonctionnaires publics et même les particuliers, à l'égard desquels la loi nouvelle n'admet que le délit de diffamation ou d'injure. Le rapporteur et quelques autres membres du Sénat, frappés de la justesse de cette remarque, ont proposé de supprimer les mots qui en étaient l'objet; mais cette proposition ayant été combattue, au nom de la commission, par M. Ninard, M. de Larcy s'est contenté d'insister sur son observation, que personne n'a formellement-contredite.

307. De son côté, M. Batbie a fait remarquer que l'article en discussion ne statuait rien au sujet du compte rendu par la presse des discours prononcés devant les tribunaux, et que l'art. 7 de la loi du 25 mars 1822, qui punissait un tel compte rendu lorsqu'il était infidèle et de mauvaise foi devant être abrogé par la loi nouvelle, il se trouvait dans celle-ci une lacune qu'il convenait de combler. La réponse de M. Griffe, membre de la commission, que le journaliste serait, dans ce cas, soumis au droit commun, et pourrait être atteint soit par les dispositions répressives de la diffamation et de l'injure, soit par la règle de l'art. 1382, Cod. civ., n'a point paru satisfaisante à M. Paris, qui, comme M. Batbie, a soutenu que, relativement au compte rendu des débats judiciaires, la loi devait faire à la presse les mêmes conditions que pour le compte rendu des débats législatifs, si elle ne voulait pas rendre le premier impossible. Repoussée par M. Cazot, garde des sceaux, comme reposant sur une assimilation inexacte des immunités qui protègent les débats devant les tribunaux et de celles qui sont attachées aux débats parlementaires, cette idée a été fortement soutenue par M. Le Royer, non point qu'il admît l'assimilation dont il vient d'être parlé, et

que M. Paris n'avait pas lui-même entendu établir, mais parce que, à ses yeux une chose aussi précieuse que l'immunité parlementaire, c'était la publicité des débats devant les tribunaux, publicité qui ne peut être vraiment garantie que par l'impunité assurée au compte rendu de ces débats fait avec fidélité et bonne foi. Sur quoi, l'article a été renvoyé à la commission du Sénat.

A la séance suivante, le président de la commission, M. Robert de Massy, a annoncé que, pour concilier les opinions diverses en présence desquelles elle s'était trouvée, la commission avait maintenu en tête de l'article qu'il s'agissait de voter les deux dispositions concernant les immunités assurées à la presse pour les débats parlementaires, et qu'à l'égard des immunités à lui attribuer pour les débats devant les Cours et tribunaux, elle avait ajouté dans le § 3, à la suite de l'ancienne rédaction, ces mots : « Ni les comptes rendus fidèles faits de bonne foi des débats judiciaires. »

308. Sans s'élever contre cette modification, le garde des sceaux a demandé la parole pour examiner les deux points suivants : — Dans le cas où le compte rendu serait inexact et fait de mauvaise foi, l'action publique pourrait-elle être exercée? Si l'action civile des tiers était seule admissible, à quel tribunal appartiendrait-il de juger la question d'exactitude? Il a dit, sur le premier point, que l'action publique lui paraissait devoir être écartée, à moins que le compte rendu ne renferme un délit ordinaire, par exemple, de diffamation, d'injure ou d'outrage. Sur le second point, il a émis l'opinion que l'action en dommages-intérêts ne pourrait être déférée qu'au tribunal devant lequel se sont déroulés les débats dont il a été rendu compte.

M. Le Royer, s'associant à cette manière de voir, a présenté un amendement ainsi rédigé : « Dans le cas où le compte rendu donnerait ouverture à une action en justice, cette action sera portée devant le tribunal qui a connu de l'affaire. »

Mais la théorie soutenue par M. Cazot, et que l'amendement de M. de Royer tendait à faire consacrer par la loi, a rencontré dans M. Griffe, parlant au nom de la commission, un contradicteur très-convaincu. Le juge qui a connu de l'affaire dont le compte rendu donne lieu à l'action civile peut être, a objecté M. Griffe, un juge d'exception, un tribunal de commerce, un tribunal administratif, une Cour d'assises, une Cour d'appel. Faudra-t-il soumettre à de telles juridictions la question d'exactitude du

compte rendu, et, pour en arriver là, déroger à la règle générale
suivant laquelle l'action doit être portée devant le tribunal du
domicile du défendeur? Sans doute, l'appréciation de l'exactitude du compte rendu présentera des difficultés pour ce dernier tribunal ; mais ces difficultés ne pourront-elles pas exister
aussi pour le tribunal de l'audience duquel il a été rendu compte,
s'il n'est plus composé des mêmes juges ?

Impressionné par ces objections, le Sénat a refusé de prendre
en considération l'article additionnel proposé par M. de Royer.
Et il ne s'est pas arrêté davantage à l'idée émise par M. Paris de
considérer comme préjudicielle la question d'exactitude du
compte rendu, qui aurait dû, comme telle, préalablement au jugement de l'action civile, être renvoyée au tribunal ayant statué sur l'affaire dont il a été rendu compte. Le Sénat a voté simplement, tel que l'avait amendé sa commission, l'article auquel
celle-ci avait donné le numéro 39 et qui est devenu l'art. 41 de
la loi.

309. La commission du Sénat avait été saisie de la question
de savoir s'il y avait lieu d'étendre aux membres des conseils
généraux et des conseils municipaux l'immunité accordée par
cet article aux sénateurs et aux députés, relativement aux discours tenus par eux dans le sein des Chambres. Elle a pensé que
l'intérêt d'ordre supérieur qui avait engagé le législateur à soustraire ces discours à toute action n'existait point au même degré
pour les délibérations d'un conseil général ou d'un conseil mu-
cipal ; que ces délibérations devaient donc rester sous l'empire
du droit commun, et qu'elles pouvaient donner lieu à une
poursuite en diffamation (Rapport de M. Pelletan).

Cependant la responsabilité des conseils généraux ou municipaux ne saurait être absolue ; l'acte qui leur est reproché peut
n'être pas un acte diffamatoire, mais un acte purement administratif et par conséquent non sujet à incrimination. Par qui la
question sera-t-elle jugée? Un membre de la commission avait
opiné pour qu'elle fût soumise au Conseil d'Etat. Un autre,
M. Demôle, avait proposé de renvoyer la décision au tribunal
des conflits. La commission du Sénat « a préféré laisser au juge
ordinaire le soin de décider ce qui pourra constituer, selon les
cas, un fait diffamatoire ou l'exercice légitime de la fonction »
(Rapport précité).

310. Voici comment, en définitive, se trouve rédigé l'art. 41 :
« Ne donneront ouverture à aucune action les discours tenus

dans le sein de l'une des deux Chambres, ainsi que les rapports ou toutes autres pièces imprimées par ordre de l'une des deux Chambres. — Ne donnera lieu à aucune action le compte rendu des séances publiques des deux Chambres, fait de bonne foi dans les journaux. — Ne donneront lieu à aucune action en diffamation, injure ou outrage, ni le compte rendu fidèle fait de bonne foi des débats judiciaires, ni les discours prononcés ou les écrits produits devant les tribunaux. — Pourront néanmoins les juges, saisis de la cause et statuant sur le fond, prononcer la suppression des discours injurieux, outrageants ou diffamatoires, et condamner qui il appartiendra à des dommages-intérêts. Les juges pourront aussi, dans le même cas, faire des injonctions aux avocats et officiers ministériels et même les suspendre de leurs fonctions. La durée de cette suspension ne pourra excéder deux mois, et six mois en cas de récidive dans l'année. — Pourront toutefois les faits diffamatoires étrangers à la cause donner ouverture, soit à l'action publique, soit à l'action civile des parties, lorsque ces actions leur auront été réservées par les tribunaux et, dans tous les cas, à l'action civile des tiers. »

311. La discussion au Sénat que j'ai analysée plus haut (n. 305) ne permet pas de douter que le compte rendu des séances publiques des deux Chambres contre lequel la loi n'accorde aucune action, ne soit point le compte rendu officiel qui est transmis aux journaux sous trois formes différentes (compte rendu *in extenso*, compte rendu analytique, compte rendu sommaire), mais bien celui qui est l'œuvre personnelle du journaliste. — Conf., Faivre et Benoît-Lévy, p. 196.

L'immunité ne s'étend pas, évidemment, au compte rendu des discussions dans les bureaux de l'une ou l'autre Chambre. Elle ne couvre pas non plus les protestations adressées aux Chambres contre des élections. — Orléans, 31 mai 1847 (*J.P.* 49.1.363); Nîmes, 13 janv. 1881 (S.-V.81.1.42).

Pour que le compte rendu des séances publiques échappe à toute action, il suffit qu'il ait été fait de bonne foi; la loi n'exige pas qu'il soit d'une exactitude rigoureuse. L'immunité le protège (en admettant, bien entendu, qu'il ne contienne aucun délit) tant que les inexactitudes qui s'y rencontrent n'accusent pas la volonté de causer un dommage. — V. Faivre et Benoît-Lévy, *loc. cit.*

312. Au contraire, pour ne donner lieu à aucune action en diffamation, injure ou outrage, le compte rendu des débats ju-

diciaires ne doit pas seulement être fait de bonne foi, il doit encore être fidèle, c'est-à-dire exact et impartial. — Mêmes auteurs, *ibid.*

L'action pour outrage contre l'auteur d'un compte rendu de débats judiciaires fait de mauvaise foi ou infidèle, n'est ouverte que dans le cas où il s'agit d'un outrage aux bonnes mœurs (art. 28), ou soit d'une offense envers le Président de la République ou envers les chefs d'Etat étrangers (art. 26 et 36), soit d'un outrage envers les agents diplomatiques accrédités près du gouvernement français (art. 37), puisque, selon la remarque faite au Sénat par M. de Larcy (V. *suprà*, n. 306), la loi, à l'égard des autres personnes, ne punit que la diffamation et l'injure.

A la différence de M. de Larcy, je mets sur la même ligne que l'outrage envers les agents diplomatiques étrangers, l'offense envers le président de la République ou envers les chefs d'Etat étrangers, parce que, comme j'ai eu déjà l'occasion de le faire remarquer (V. ci-dessus, n. 173, 174 et 271), l'offense n'est qu'un outrage désigné par une dénomination particulière. Sous l'empire de l'art. 11 de la loi du 27 juill. 1849, cette interprétation a été consacrée par un jugement dont je n'ai pas hésité à approuver la doctrine (Trib. corr. de Saint-Jean d'Angély, 9 avril 1875, *J. du Minist. publ.*, 18.165).

313. Le compte rendu fait de mauvaise foi, soit des séances publiques des Chambres, soit des débats judiciaires, et le compte rendu infidèle de ces mêmes débats, ne donnent lieu qu'à l'action civile en dommages-intérêts des personnes auxquelles ils portent préjudice, la loi ne soumettant à aucune responsabilité pénale les auteurs de semblables comptes rendus. C'est seulement lorsque le compte rendu renferme quelque délit ordinaire, comme celui de diffamation, d'injure ou d'outrage, que l'action publique peut trouver à s'exercer (V. *suprà*, n. 308). — Conf., Faivre et Benoît-Lévy, p. 196.

314. On ne saurait voir un compte rendu de débats judiciaires fait de mauvaise foi, dans l'annonce qu'un journal a faite successivement d'une condamnation correctionnelle prononcée contre un individu et de l'acquittement obtenu par celui-ci en appel, alors que cette annonce, qui n'a pas aggravé d'une manière appréciable la publicité que les deux décisions avaient reçue par leur prononciation à l'audience, a eu lieu sans malveillance apparente et sans commentaire hostile. — Lyon, 26 nov. 1881 aff. Feylk c. le *Petit Lyonnais, Gaz. des Trib.*).

315. Le récit par un journaliste des circonstances d'un procès correctionnel n'a pas le caractère d'un simple compte rendu des débats judiciaires, couvert par l'immunité qu'édicte l'art. 41 de la nouvelle loi sur la presse, lorsque non seulement il est accompagné d'appréciations malveillantes, mais qu'en outre il est précédé d'un historique étranger aux débats et intentionnellement mensonger. — Dijon, 29 mars 1882. (Aff. Tartelin c. l'*Indépendant de la Loire, Gaz. des trib.*).

316. Il paraît résulter du rejet qu'a fait le Sénat de l'amendement de M. Le Royer mentionné ci-dessus (n. 308), que l'action civile à raison d'un compte rendu infidèle ou de mauvaise foi de débats judiciaires, ne doit pas être déférée aux juges devant lesquels ont eu lieu ces débats, mais bien devant le tribunal du domicile du défendeur. La jurisprudence s'était pourtant prononcée en sens contraire sous la législation précédente (Cass. 18 mai 1872, S.-V.72.1.251, et 5 juill. 1873, *Journ. du Minist. publ.*, 16. 266; Angers, 22 mars 1875, *Id.*, 18.261).

Et il avait été décidé en conséquence qu'un article de journal contenant le compte rendu infidèle et de mauvaise foi des débats d'une même affaire, tant à l'audience du tribunal de première instance qu'à celle de la Cour d'appel, devait faire l'objet de deux poursuites distinctes, l'une devant le tribunal, l'autre devant la Cour (Caen, 7 déc. 1868, et Cass. 13 févr. 1869, *Journ. du Min. publ.*, 12.242 et 286).

317. La partie à l'égard de laquelle un compte rendu de débats judiciaires est diffamatoire peut certainement, au lieu d'en poursuivre l'auteur sous l'inculpation de délit de compte rendu infidèle ou de mauvaise foi, diriger contre lui une action en diffamation. On ne saurait prétendre que cette partie ne jouirait d'un tel droit qu'autant qu'elle soutiendrait que l'écrit diffamatoire a pris ses éléments en dehors des débats judiciaires, le journaliste qui rend compte de ces débats ne jouissant pas de l'immunité qui couvre l'avocat pour sa plaidoirie. — Lyon, 18 août 1876 (*J. du Minist. publ.*, 19.209); Cass. 14 janv. 1881 (*Id.*, 24.102.)

318. L'immunité établie par le § 3 de l'art. 4 protège les protestations contre les élections produites, soit devant le Conseil de préfecture, soit devant le Conseil d'Etat. — Cass. 21 juill. 1838 (S.-V.38.1.740); Rennes, 22 janv. 1879 (*Id.* 81. 2. 153); Chassan, t. 1er, n. 115; de Grattier, t. 2, p. 232. — Mais il cesse d'en être ainsi, lorsque le plaignant, n'ayant pas été appelé devant le tribunal administratif, était un tiers par rapport à la con-

testation soulevée. — Bourges, 10 mai 1878 (*J. du Minis. publ.*, 21.117).

319. La disposition de la loi qui interdit toute action en diffamation, en injure ou en outrage à raison des discours prononcés et des écrits produits devant les tribunaux, à l'exception seulement de ceux portant sur des faits étrangers à la cause, s'applique aux tiers comme aux parties plaidantes. — Cass. 23 nov. 1835, 14 déc. 1838 (S.-V.36.1.314; 39.1.707); 8 déc. 1876 (*Journ. du Minist. publ.*, 20.34); Angers, 5 févr. 1877 (*ibid.*); de Grattier, t. 1er p. 272.

Est-ce en cette qualité de tiers que le témoin est à l'abri de toute action de la part des personnes contre lesquelles, dans sa déposition, il a dirigé des imputations diffamatoires se référant à la cause? Les arrêts de la Cour de cassation du 8 déc. 1876 et de la Cour d'Angers mentionnés ci-dessus ont consacré l'affirmative. Mais cette solution me paraît contestable. N'est-ce pas par son rôle même, par l'obligation où il est de dire la vérité, par l'indépendance dont il doit jouir dans ses explications devant la justice, et non par l'immunité qu'établit la loi sur la presse, que le témoin est garanti contre toute poursuite (sauf, bien entendu, celle en faux témoignage), à raison de sa déposition? La Cour de cassation avait elle-même, dans le principe, admis cette interprétation, qui est enseignée par les auteurs. V. Cass. 1er août 1806, 10 mai 1821 et 1er juill. 1825 (S.-V. chr.); Chassan, t. 1er, n. 158; Dalloz, n. 1191; Rousset, n. 2384.

320. Pour les faits qui se rattachent à la cause, la loi n'exclut que l'action en diffamation, en injure ou en outrage. Toutes autres actions sont admissibles. Et, par exemple, les faux certificats produits dans une cause peuvent donner lieu à une poursuite criminelle, même à la requête de la partie civile. — Rennes, 22 janv. 1879 (S.-V. 81.2.153).

321. En ce qui concerne les faits étrangers à la cause, la réserve de l'action en diffamation au profit de la partie lésée ne doit pas être faite dans une forme vague et générale. Ainsi, il ne suffit pas que le tribunal déclare « donner acte à cette partie des réserves par elle formulées oralement à l'audience pendant que son adversaire développait les motifs invoqués par lui à l'appui de sa réclamation »; le juge doit, d'une part, spécifier les imputations prétendues diffamatoires qui se sont produites devant lui, et, d'autre part, déclarer que les faits auxquels elles se rapportaient étaient étrangers à la cause. —

Cass. 28 déc. 1878 (*Journ. du Minist. publ.*, 22.222). — V. aussi
Cass. 2 avril 1825, 6 févr. 1829, 3 mars 1837 et 10 déc. 1872
(S.-V. chr. et 37.1.906 ; 73.1.207) ; Mangin, *Action publique*, t.
1er, n. 154 ; Chassan, t. 1er, n. 198 ; Parant, p. 102. — *Contrà*,
Cass. 4 mai 1865 (S.-V.65.1.429).

322. L'action des tiers n'a pas besoin de leur avoir été réservée
par le tribunal (Cass. 17 juin 1842 ; Dalloz, n. 125), et n'est pas
subordonnée à la condition que les faits soient étrangers à la
cause (Riom, 20 déc. 1826 ; Cass. 8 juill. 1852, D.P.52.5.438 ;
Dalloz, n. 1248 et 1249. —*Contrà*, Cass. 25 nov. 1835 et 14 déc.
1838, S.-V.36.1.314 ; 39.1.707 ; Chassan, t. 1er, n. 132 ; de
Grattier, t. 1er, p. 273 et 274).

323. Les témoins doivent, selon moi, être considérés comme
des tiers, parce qu'ils sont sans intérêt personnel dans la cause.
V. conf., Grellet-Dumazeau, t. 2, p. 211 ; Dalloz, n. 1244. —
Contrà, Cass., 6 nov. 1823 (S.-V. chr.) ; Nîmes, 27 mai 1841
(Dalloz, n. 1254-2°) ; Chassan, n. 136.

324. Le § 4 de l'art. 41 porte, comme on l'a vu, que les juges
saisis de la cause peuvent prononcer la suppression des *discours*
injurieux, outrageants ou diffamatoires. L'art. 23 de la loi de
1819 disait « des *écrits* injurieux ou diffamatoires. » La loi nouvelle a-t-elle intentionnellement substitué le mot « discours » au
mot « écrits », de façon à restreindre aux discours le droit de
suppression des tribunaux ? On ne saurait le croire. Non seulement cette volonté ne s'est manifestée en aucune manière dans
la discussion de la loi, mais, au Sénat, M. Ninard, membre
de la commission, a dit formellement : « Lorsque les discours
ou écrits ont été produits devant les tribunaux, les tribunaux
en sont les juges ; ils ont le droit, quelquefois le devoir,
d'ordonner la suppression *de ces écrits*, s'ils sont injurieux, outrageants ou diffamatoires. » Et l'auteur rappelait, à l'appui, la
disposition dont je m'occupe. Ensuite, il ajoutait plus loin :
« Nous n'avons fait, d'ailleurs, que reproduire les dispositions
de la législation existante en cette matière. » — De tout cela, je
me crois autorisé à conclure que, malgré l'impropriété du terme
qu'elle a employé, la loi a entendu maintenir aux tribunaux la
faculté qu'ils tenaient de l'art. 23 de la loi de 1819, et dont le
germe se trouve dans l'art. 1036 du Code de procédure civile,
d'ordonner la suppression des écrits produits devant eux, lorsqu'ils renferment des diffamations, des injures ou des outrages.

325. En ce qui concerne l'outrage, l'observation que j'ai faite ci-dessus, n. 312, trouve également ici sa place.

326. Pour que la suppression puisse être ordonnée, il n'est pas nécessaire que les faits diffamatoires, outrageants ou injurieux soient étrangers à la cause. — Cass., 14 juin 1854 (S.-V. 54.1.611).

CHAPITRE V.

DES POURSUITES ET DE LA RÉPRESSION.

§ 1er. — *Des personnes responsables des crimes et délits commis par la voie de la presse, et de la compétence.*

SOMMAIRE.

A. *Responsabilité.* — 327. Comment, avant la loi du 29 juillet 1881, était déterminée la responsabilité pénale des crimes et délits commis par les voies de publication. — Le rapport de la commission de la Chambre des députés promettait que la loi nouvelle serait beaucoup plus libérale.

328. Cette promesse n'a pas été entièrement tenue. — Texte des art. 42 et 43.

329. Modifications apportées à la rédaction du projet.

330. Quelles personnes la poursuite peut atteindre soit comme auteurs principaux, soit comme complices.

331. Les peines de la complicité peuvent frapper les imprimeurs, vendeurs et distributeurs, à raison de leur participation au délit par des actes étrangers à leur industrie.

332. C'est par la nature du concours prêté, et non par la qualité ou la profession de la personne qui l'a prêté, que se détermine la responsabilité de celle-ci.

333. Le rédacteur en chef peut être poursuivi en même temps que le gérant. — Critique d'une décision contraire.

334. Dans son rapport, M. Lisbonne affirmait inexactement qu'à part le cas où l'on peut mettre éditeur et auteur en cause, il n'y aurait jamais qu'une personne à traduire en justice. — Complicité des colporteurs et distributeurs.

335. Les crieurs sont compris dans la dénomination de distributeurs.

336. Condamnation prononcée contre le complice sans que l'auteur principal soit lui-même condamné. — Questions au jury.

337. Les délits de paroles restent soumis aux règles ordinaires. — A

351. Il ne peut non plus, si le délit était celui de diffamation envers une personne publique, retenir une partie de l'écrit incriminé, comme renfermant des diffammations ou injures envers un particulier, lorsqu'il y a connexité entre les différents passages de cet écrit.

352. D'après quelle législation doit être déterminé, depuis la loi de 1881, le caractère d'un délit de presse commis avant la promulgation de cette loi. — Renvoi.

353. La diffamation envers les directeurs et administrateurs des entreprises industrielles, commerciales ou financières n'est pas de la compétence de la Cour d'assises, malgré l'admissibilité de la preuve des faits qui leur sont imputés.

354. Compétence territoriale ; c'est celle du droit commun.

355. Le principe suivant lequel l'action civile peut être exercée séparément de l'action publique cesse d'être applicable lorsque cette action résulte de la diffamation envers les corps et les personnes désignées dans les art. 30 et 31, sauf dans les cas de décès de l'auteur du fait incriminé et d'amnistie.

356. Extinction de l'action civile par le fait de l'extinction de l'action publique. — Renvoi.

357. La défense d'exercer isolément l'action civile cesse de s'appliquer lorsque les imputations ne présentent pas les caractères légaux de la diffamation et ne sont pas susceptibles d'être justifiées par la preuve de leur vérité.

A. — Responsabilité.

327. Avant la loi du 29 juillet 1881, la responsabilité pénale des crimes et délits commis par les voies de publication était déterminée de la manière suivante :

Les éditeurs des livres et les gérants des journaux, à titre de publicateurs des écrits délictueux, étaient punis comme auteurs principaux ; et il en était de même, en règle générale, des crieurs, afficheurs, vendeurs et distributeurs, à raison de leur coopération directe à la publication (Cod. pén., 283, 284, 287, 288 ; L. 17 mai 1819, art. 26 ; L. 18 juill. 1828, art. 8 ; L. 9 juin 1819, art. 9). Les auteurs des écrits, comme ayant fourni aux éditeurs ou gérants l'œuvre destinée à être publiée, étaient réputés leurs complices (L. 18 juil. 1828, art. 8 précité), et la qualité de simples complices était également attribuée aux crieurs, afficheurs, vendeurs et distributeurs lorsque l'écrit contenait une provocation à des crimes ou délits, à moins qu'ils ne fissent connaître ceux de qui ils tenaient cet écrit (Cod. pén., 285). Enfin, les imprimeurs ne pouvaient être recherchés pour le simple fait d'impression des écrits à l'égard desquels ils avaient rempli les obligations que leur imposait le titre II de la loi du 21 octobre 1814, excepté quand ils avaient agi sciemment dans les termes de l'art. 60 du Code pénal (L. 17 mai 1819, art. 24), ou lorsqu'ils avaient, sciemment aussi, imprimé des écrits contenant une provocation directe à des attroupements (L. 7 juin 1848, art. 6).

Dans le rapport de la commission de la Chambre des députés, l'économie de la loi nouvelle, sur ce point, était présentée comme beaucoup plus libérale. Les gérants et éditeurs étaient bien toujours considérés comme auteurs principaux, et les rédacteurs et écrivains réputés complices; mais les vendeurs, distributeurs ou colporteurs devaient échapper même aux peines de la complicité, comme n'étant « que de simples marchands de volumes ou de papiers imprimés. » A plus forte raison, nulle répression ne serait infligée « aux afficheurs, dont l'industrie est beaucoup plus infime ». L'impunité devait être également assurée à l'imprimeur. A la vérité, le rapport réservait contre lui l'application de l'art. 60 du Code pénal dans les conditions prévues par l'art. 6 de la loi du 7 juin 1848 sur les attroupements; mais, en rendant compte à la Chambre des modifications que la commission avait apportées à son projet primitif dans l'intervalle de la première à la deuxième délibération, le rapporteur, M. Lisbonne, avait annoncé la suppression de cette réserve, et la restriction de la complicité au seul écrivain.

328. La loi n'a pas tenu toutes ces promesses, comme on le voit par le texte de ses articles 42 et 43, qui ont été votés sans débat par les deux Chambres et qui sont ainsi conçus : — « Art. 42. Seront passibles, comme auteurs principaux, des peines qui constituent la répression des crimes et délits commis par la voie de la presse, dans l'ordre ci-après, savoir : 1° les gérants ou éditeurs quelles que soient leurs professions ou leurs dénominations; 2° à leur défaut, les auteurs; 3° à défaut des auteurs, les imprimeurs; 4° à défaut des imprimeurs, les vendeurs, distributeurs ou afficheurs. — Art. 43. Lorsque les gérants ou les éditeurs seront en cause, les auteurs seront poursuivis comme complices. — Pourront l'être, au même titre et dans tous les cas, toutes personnes auxquelles l'art. 60 du Code pénal pourrait s'appliquer. Ledit article ne pourra s'appliquer aux imprimeurs pour faits d'impression, sauf dans le cas et les conditions prévus par l'art. 6 de la loi du 7 juin 1848 sur les attroupements. »

329. L'art. 42 était rédigé de la manière suivante, sous le

numéro 45, dans le projet de la commission de la Chambre des députés : « Seront passibles, comme auteurs principaux, des peines qui constituent la répression des crimes et délits commis par la voie de la presse, à l'exclusion ou à défaut les uns des autres et dans l'ordre ci-après, savoir : 1° les gérants ou éditeurs, quelles que soient leurs professions ou leurs dénominations ; 2° les auteurs ; 3° les imprimeurs ; 4° les vendeurs, distributeurs ou afficheurs. » C'est la commission du Sénat qui, pour plus de clarté, au lieu des mots *à défaut ou à l'exclusion les uns des autres,* a mis : les gérants ou éditeurs...; *à leur défaut,* les auteurs ; à *défaut des auteurs,* les imprimeurs, etc.

On retrouve dans l'art. 43 le rappel, à l'encontre des imprimeurs, de l'art. 6 de la loi du 7 juin 1848, que la commission de la Chambre des députés avait eu l'intention de faire disparaître, et dont le maintien n'est expliqué d'aucune façon par les travaux préparatoires de la loi.

Dans l'art. 46 du projet, qui est devenu l'art 43 de la loi, à la suite du membre de phrase : « Ledit article (l'art. 60 du Code pénal) ne pourra s'appliquer aux imprimeurs pour fait d'impression », se trouvaient les mots : *« ni aux vendeurs, distributeurs ou afficheurs pour faits de vente, distribution ou affichage »*. Ces mots ont été supprimés par la Chambre sur cette observation de M. Ribot, qu'ils impliquaient contradiction avec l'art. 22, aux termes duquel les colporteurs et distributeurs peuvent être poursuivis, conformément au droit commun, lorsqu'ils ont sciemment colporté ou distribué des livres, écrits, brochures, journaux, etc., présentant un caractère délictueux.

330. De la combinaison des différents textes qui viennent d'être rappelés, il résulte que la poursuite pour crimes ou délits commis par la voie de la presse peut atteindre comme auteurs principaux : 1° les gérants et éditeurs ; 2° à leur défaut, les rédacteurs et écrivains ; 3° à défaut de ceux-ci, les imprimeurs ; 4° les colporteurs et distributeurs, à défaut des imprimeurs ; et comme complices : 1° les rédacteurs ou écrivains, lorsque les gérants ou éditeurs sont en cause ; 2° les imprimeurs, dans le cas de provocation à un attroupement, s'ils ont agi sciemment ; 3° les colporteurs ou distributeurs, lorsque c'est aussi sciemment qu'ils ont propagé la publication.

331. M. Lisbonne, dans son rapport à la Chambre des députés, a fait remarquer très-justement que les peines de la complicité peuvent frapper encore, mais non plus en vertu d'une exception,

les imprimeurs, les vendeurs, distributeurs ou afficheurs, dans le cas où ils « auraient participé au délit par des actes étrangers à leur industrie ou à leur profession. Ce n'est plus alors comme imprimeurs, vendeurs, distributeurs ou afficheurs qu'ils seraient poursuivis ».

332. Selon une autre observation du même rapport, « c'est la nature du concours prêté à la perpétration du délit, et non la qualité ou la profession de la personne qui l'a prêté, qui détermine sa responsabilité. Un imprimeur, par exemple, qui serait l'éditeur d'un livre ou le gérant d'un journal, ne pourrait exciper de sa qualité d'imprimeur pour échapper aux poursuites auxquelles l'exposerait le fait de la publication. »

333. Un jugement du tribunal correctionnel de la Seine du 8 juin 1882 (aff. Chabert c. Genay et Mayer, *Gaz. des Trib.* du 9 juin) a consacré une solution évidemment inadmissible, en décidant que le rédacteur en chef d'un journal ne peut être poursuivi en même temps et pour le même fait que le gérant : « Attendu qu'aux termes de l'art. 42 de la loi du 29 juill. 1881, le gérant d'un journal est le premier et le seul responsable des délits commis par la voie de la presse ; que le rédacteur en chef du journal n'est même, à aucun degré, compris dans l'énumération des personnes qui, à défaut du gérant, peuvent être poursuivies à raison des délits » N'est-ce pas comme auteur de l'article incriminé que le rédacteur en chef est poursuivi soit conjointement avec le gérant, soit à défaut de celui-ci, et dès lors les dispositions des art. 42-2° et 43 de la loi de 1881 ne lui sont-elles pas manifestement applicables? — Compar. Cass.; 5 juill. 1873 (*J. du Minist. publ.*, 16.266).

334. A en croire le rapport de M. Lisbonne, dans le système de la loi nouvelle, à part le cas où l'on peut mettre éditeur et auteur en cause, il n'y aurait jamais qu'une personne à traduire en justice. « Quelle qu'elle soit, disait ce rapport, elle n'aura à exciper ni de sa qualité ni de sa bonne foi. En se refusant à faire connaître les coupables ou en prêtant son concours à des personnes résidant à l'étranger, n'aura-t-elle pas volontairement assumé la responsabilité de la publication ? » Cette proposition n'est malheureusement pas d'une exactitude absolue. L'art. 22, que M. Lisbonne avait sans doute perdu de vue, et dont j'ai déjà mentionné la disposition ci-dessus, n. 329, permet de poursuivre les colporteurs et distributeurs, non point seulement à défaut des autres personnes qui ont coopéré à la publication délic-

tueuse, mais aussi par cela seul qu'ils ont eu connaissance du caractère délictueux de la publication; de telle sorte que, cette condition se réalisant, ils peuvent toujours être compris, comme complices, dans la poursuite dirigée soit contre le gérant ou éditeur, conjointement ou non avec l'auteur de l'écrit, soit contre l'imprimeur, en l'absence de ceux-ci, sans que l'on soit fondé à invoquer contre eux la cause de responsabilité énoncée dans le rapport.

335. Ni l'art. 22, ni les art. 42 et 43 ne mentionnent les crieurs; le législateur les a sans doute compris dans la dénomination de distributeurs, la première profession impliquant l'exercice de la seconde.

336. La règle suivant laquelle le prévenu de complicité peut être condamné, bien que l'auteur principal ne le soit pas lui-même, est incontestablement applicable en matière de presse. Il n'y a donc pas contradiction entre la réponse négative du jury sur la culpabilité du gérant du journal et sa réponse affirmative sur celle du rédacteur (V. notamment Cass. 8 sept. 1837, Dalloz, v° *Presse*, n. 1132-1°). Mais, il en serait autrement si, après une réponse affirmative, à l'égard du gérant, tant sur le fait de la publication que sur le caractère diffamatoire de l'article incriminé, le jury, à l'égard du rédacteur, répondait aussi affirmativement sur le premier point, mais négativement sur le second. Il y aurait alors entre les réponses une contradiction et une inconciliabilité qui ne permettraient pas que le verdict du jury servît de base à la condamnation du rédacteur. — Cass. 8. déc. 1881 (aff. Prax-Paris et Biondi c. Bouniol, *Gaz. des Trib.* du 16 déc.).

337. Les art. 42 et 43 de la loi du 29 juill. 1881 ne disposant que relativement aux *délits commis par la voie de la presse*, les délits de paroles restent soumis aux règles ordinaires; et quant aux contraventions, qui sont prévues dans les chapitres I à III, le législateur a pris soin de désigner expressément les personnes qui en sont pénalement responsables.

338. Pour remplacer, dans une certaine mesure, le cautionnement supprimé par la loi nouvelle (art. 5. V. *suprà*, n. 22), la commission de la Chambre des députés avait cru devoir, dans l'art. 47 de son projet, déclarer les propriétaires de ces publications civilement responsables, d'une manière générale, des condamnations pécuniaires prononcées contre les personnes dont les deux articles précédents édictaient la responsabilité pénale. Le rapport de M. Lisbonne s'efforçait d'établir que cette innova-

tion était conforme au droit commun, qui admet la responsabilité civile indirecte (Cod. civ., 1384), et qu'en étendant aux amendes cette responsabilité, qui, en règle générale, a lieu seulement pour les dommages-intérêts, le projet ne faisait que consacrer une exception introduite déjà dans plusieurs lois spéciales.

Bien que cette disposition eût été votée sans discussion par la Chambre en première lecture, la commission a jugé nécessaire, avant la deuxième délibération, d'y apporter une modification importante pour la faire rentrer plus exactement dans le droit commun, c'est-à-dire d'y limiter la responsabilité des propriétaires aux dommages-intérêts. Elle a en conséquence rédigé de la manière suivante l'art. 47 du projet, auquel elle avait donné le numéro 43 : « Les propriétaires des journaux et écrits périodiques seront civilement responsables des condamnations pécuniaires prononcées au profit des tiers contre les personnes désignées dans les deux articles précédents. »

339. A la deuxième délibération, M. Floquet a dirigé de très-vives critiques contre cet article qui, malgré la correction que je viens d'indiquer, lui paraissait contraire tout à la fois au droit politique, comme rétablissant d'une manière indirecte le cautionnement, au droit civil, comme appliquant la responsabilité civile à un cas tout à fait différent de ceux prévus p
1382 et suivants du Code civil, et enfin à la nature des choses, parce que ce n'est pas le propriétaire d'un journal qui en a la direction et la surveillance. M. Agniel, au nom de la commission, a répondu que l'obligation du cautionnement imposée aux journaux par la législation précédente reposait sur l'association de deux idées, l'une parfaitement juste, celle de la responsabilité du propriétaire, l'autre absolument fausse et inique, celle du versement par anticipation, et comme garantie préventive, d'une somme destinée à satisfaire aux condamnations pécuniaires qui pourraient être prononcées contre les journaux; et que de ces deux éléments le projet avait rejeté le second, mais retenu le premier, dont la suppression aurait en sens inverse fait sortir la presse du droit commun, pour lui créer une situation privilégiée ; qu'en effet le gérant d'un journal étant le préposé du propriétaire, on ne fait qu'appliquer l'art. 1384 du Code civil, en proclamant la responsabilité civile de ce dernier, qui a le droit et le devoir de surveiller le gérant, et qu'on ne pourrait effacer cette responsabilité sans enlever aux victimes des délits de presse le moyen de réparation le plus efficace.

La Chambre a adopté l'article amendé par sa commission. Mais la commission du Sénat a modifié, à son tour ce texte, en y ajoutant une référence aux art. 1382 à 1384 du Code civil, pour affirmer davantage que la responsabilité des propriétaires de journaux est renfermée dans les limites du droit commun. « La propriété d'un journal, lit-on dans le rapport de M. Pelletan, peut se constituer de bien des façons diverses; elle peut appartenir à un ou plusieurs individus, à des sociétés de caractères différents dans lesquelles la participation des intéressés tant à la propriété elle-même qu'à la direction et au contrôle sera plus grande ou plus restreinte, plus active ou plus effacée. Dans ces cas divers, la responsabilité prévue par cet article sera celle qui résulte du droit commun, et elle se mesurera conformément aux règles de nos lois civiles ou commerciales. Le propriétaire ou les propriétaires ont-ils commis une faute ou une négligence dommageable, les art. 1382 et 1383 du Code civil les atteindront; ils répondront aussi des condamnations prononcées au profit des tiers contre le gérant, dans le cas où celui-ci aurait le caractère de préposé dans le sens de l'art. 1384 du Code civil.»

La nouvelle rédaction n'a soulevé aucune réclamation devant le Sénat.

340. Dans le second rapport qu'il a présenté, après le renvoi à la Chambre de la loi votée par le Sénat, M. Lisbonne a fait les observations suivantes: «Les gérants seront considérés, à moins de circonstances exceptionnelles, comme étant les préposés des propriétaires de journaux dans le sens qu'a voulu donner à cette expression le législateur de 1804. — Dès l'instant que le projet voté par le Sénat admet, sauf les espèces, la responsabilité des propriétaires de journaux, l'art. 7 aurait dû exiger, comme vous l'aviez exigé vous-mêmes, que la déclaration imposée au gérant fît mention des noms des propriétaires autres que les commanditaires ou actionnaires. Dans le silence de la loi nouvelle, la recherche en sera faite désormais selon les règles du droit commun. » — V. *suprà*, n. 26.

341. Le texte adopté par le Sénat et en dernier lieu par la Chambre des députés, et qui est devenu l'art. 44 de la loi, se trouve ainsi conçu : « Les propriétaires des journaux ou écrits périodiques sont responsables des condamnations pécuniaires prononcées au profit des tiers contre les personnes désignées dans les deux articles précédents, conformément aux dispositions des articles 1382, 1383 et 1384 du Code civil. »

On remarque que le mot « civilement » qui, dans l'article adopté en deuxième délibération par la Chambre des députés, précédait le mot « responsables », ne se trouve plus dans le texte définitif. Il a été, sans doute, retranché comme inutile par le Sénat.

342. Bien que, dans le rapport de M. Pelletan et dans le second rapport de M. Lisbonne, il ne soit parlé de la responsabilité des propriétaires de journaux que relativement aux condamnations pécuniaires prononcées contre le gérant, ce qui est l'hypothèse la plus ordinaire, il ne faut pas perdre de vue que l'art. 44 étend cette responsabilité aux condamnations de même nature encourues par les autres personnes désignées dans les art. 42 et 43, c'est-à-dire par le rédacteur, à défaut du gérant; par l'imprimeur, à défaut du rédacteur; par les vendeurs, distributeurs et afficheurs, à défaut des imprimeurs, et par les complices.

Mais en ce qui concerne ces différentes personnes, comme en ce qui touche le gérant, les tribunaux auront à examiner si le fait qui a motivé la condamnation constitue une faute, une négligence ou une imprudence engageant la responsabilité directe du propriétaire, suivant les termes des art. 1382 et 1383 du Code civil, ou si celui contre qui cette condamnation a été prononcée se trouve vis-à-vis du propriétaire dans les conditions du préposé, pour les actes dommageables duquel l'art. 1384 soumet le commettant à une responsabilité indirecte.

B. Compétence.

343. Sous tous les gouvernements qui ont pris un souci véritable de la liberté de la presse, l'attribution au jury de la connaissance des délits commis par les voies de publication a été considérée comme une garantie nécessaire contre le pouvoir, dont les tribunaux correctionnels ont toujours paru plus disposés à partager les vues ou à subir l'influence. La loi du 26 mai 1819 (art. 13), la charte de 1830 (art. 69) et la loi du 8 octobre de la même année (art. 1er), la constitution du 4 novembre 1848 (art. 83), enfin les lois des 15 avril 1871 (art. 1er) et 29 déc. 1875 (art. 4) ont successivement investi ou remis en possession le jury du droit de statuer en matière de presse, non point seulement sur les crimes, mais aussi d'une manière générale et sauf certaines exceptions (fort nombreuses, il est vrai, dans la loi de

12

1875), sur les délits, que la loi du 25 mars 1822 (art. 7) et le décret du 17 février 1852 (art. 25) avaient, au contraire, déférés aux tribunaux correctionnels.

Le choix entre ces deux juridictions ne pouvait être douteux pour les auteurs de la nouvelle loi sur la presse. A la vérité, ils s'étaient astreints à rester dans les limites du droit commun pour la qualification et le classement des infractions; mais cette résolution ne pouvait plus les enchaîner quand il s'agissait de déterminer la compétence. La juridiction de la Cour d'assises s'imposait.

344. Toutefois, le projet de la commission de la Chambre des députés faisait encore une part très-large aux tribunaux correctionnels, puisque son art. 44 leur réservait, « outre les provocations aux délits suivies d'effet, les délits d'outrage au Président de la République, aux chefs d'Etat ou agents diplomatiques étrangers, de cris ou chants séditieux, de diffamation ou d'injure envers les particuliers, de lacération d'affiche, dans les cas prévus par les §§ 2 et 4 de l'art. 17, ainsi que toutes les infractions prévues et punies par les art. 38, 39 et 40 », et qu'il laissait seulement aux Cours d'assises, « outre les provocations au crime suivies d'effet, les délits de provocation non suivie d'effet, de nouvelles ou de pièces fausses, de diffamation ou d'injure envers les corps constitués ou les personnes revêtues d'un caractère public indiquées aux art. 30 et 31, de provocation aux militaires pour les détourner de leurs devoirs ».

La Chambre des députés avait, lors de la première lecture, voté cet article sans discussion. Mais, avant la deuxième délibération, la commission, après un nouvel examen, y a apporté une modification d'une certaine importance, consistant en ce que, au lieu de procéder par nomenclature des infractions attribuées soit aux Cours d'assises, soit aux tribunaux correctionnels, le nouveau texte établissait la Cour d'assises comme juridiction générale et indiquait ensuite les exceptions à cette règle. Il portait: « Les crimes et délits prévus par la présente loi sont déférés à la Cour d'assises. — Sont exceptés et déférés aux tribunaux de police correctionnelle, les délits et infractions prévus par les articles 3, 4, 9, 10, 11, 12, 13, 14, 17, §§ 2 et 4 ; 32, 33, § 2 ; 36, 37, 38, 39 et 40 de la présente loi. » En rendant compte de ce changement, dans la séance du 14 février 1881, M. Lisbonne, rapporteur, faisait l'observation suivante : « Le jury devient donc, en quelque sorte, juge d'attribution en matière de délits commis par la voie de la presse ou par la parole. Ce système procède d'un principe, au lieu d'une classification. »

345. Dans son rapport, M. Lisbonne avait dit : « Nous déférons au jury la connaissance de la généralité des délits commis par la voie de la presse et de la parole, indifféremment, qui impliquent l'appréciation plus spéciale des intentions des prévenus, *ou que la politique a plus ou moins occasionnés.* » Cette dernière affirmation a été fortement contestée, à la tribune de la Chambre, par MM. Madier de Montjau et Floquet, qui se sont élevés particulièrement contre l'attribution faite aux tribunaux correctionnels du délit d'outrage envers les chefs d'Etat étrangers et les agents diplomatiques accrédités près du gouvernement français. M. Floquet a rappelé que les lois de 1819, de 1830, de 1835 et de 1849 déféraient à la Cour d'assises ce délit, dans l'appréciation duquel « il entre nécessairement, a-t-il observé, une grande somme d'arbitraire; car, dans un pays libre, le droit de critiquer, d'examiner, de censurer la conduite des fonctionnaires publics étant un droit constitutionnel, il faut fixer, pour chaque cas particulier, la limite indécise entre le droit de critique et de censure autorisé, favorisé par le droit politique, et l'outrage et l'offense punis par la loi pénale. » — « Qui vous pousse, a dit ensuite l'orateur, à arracher de notre législation ces garanties suprêmes successivement réclamées et conquises par tant de législateurs qui vous ont précédés? Serait-ce qu'il vous faut la certitude de faire condamner en toute occasion les hommes qui seraient accusés d'avoir offensé ou outragé les souverains étrangers ou les ambassadeurs? Serait-ce donc que vous pensez avoir meilleur marché des attaques dirigées contre ces souverains étrangers et ces ambassadeurs devant les tribunaux correctionnels que devant le jury, et que, dès lors, vous satisferez plus facilement aux demandes qui vous seront adressées par les personnages qui se croiront attaqués? Oui, ce sera facile une fois, ce sera facile deux fois! Mais pensez aussi à l'importance d'un acquittement qui, une fois, pourrait aussi être prononcé par des juges ordinaires. C'est alors que se produiraient, naturellement, des réclamations ardentes des parties intéressées, réclamations auxquelles il serait facile de répondre, si le verdict avait été rendu par la justice ordinaire de la presse, par le jury ! »

Au discours de M. Floquet, le garde des sceaux, M. Cazot, a simplement répondu que la Chambre avait à se demander si elle voulait méconnaître le sentiment des convenances et des nécessités diplomatiques qui avait inspiré la solution adoptée par la commission et le gouvernement. « Quelles sont donc, a répliqué M. Floquet, les nécessités politiques qui pèsent sur vous et qui n'avaient pesé ni sur le législateur de 1819, ni sur le législateur de 1835, ni sur le législateur de 1849? Avez-vous demandé aux nations qui vous environnent la réciprocité?... Avez-vous demandé aux rois et aux souverains étrangers de vous garantir de leurs outrages et de dépouiller ceux qui les possèdent de la liberté de la défense et de la suprême garantie du jury? »

Sur cette objection irréfutable, la Chambre a voté, à une forte majorité, la proposition de M. Floquet tendant à soustraire à la juridiction des tribunaux correctionnels les délits prévus par les art. 36 et 37.

346. M. Marcou avait, d'un autre côté, présenté un amendement qui consistait à ajouter au paragraphe 1er de l'art. 44 du projet de la commission, les mots : « y compris le délit d'outrage (d'offense) au président de la République ». Mais, sur une observation du président de la Chambre, combattue en vain par le rapporteur et à laquelle la commission a fini par se rendre, il a été reconnu que, du moment que le délit visé par cet amendement ne figurait pas dans le paragraphe 2 de l'article, il était par cela même attribué à la Cour d'assises. Le texte amendé par la commission a été, en conséquence, adopté avec la seule modification que M. Floquet y avait fait introduire. Cette disposition n'a fait l'objet d'aucune réclamation au Sénat.

Elle constitue l'art. 45 de la loi, dont voici les termes : « Les crimes et délits prévus par la présente loi seront déférés à la Cour d'assises. — Sont exceptés et déférés aux tribunaux de police correctionnelle, les délits et infractions prévus par les articles 3, 4, 9, 10, 11, 12, 13, 14, 17, paragraphes 2 et 4; 28, paragraphe 2; 32, 33, paragraphe 2; 38, 39 et 40 de la présente loi. — Sont encore exceptées et renvoyées devant les tribunaux de simple police, les contraventions prévues par les art. 2, 15, 17, paragraphes 1 et 3; 21 et 33, paragraphe 3, de la présente loi. »

347. On remarque que, parmi les dispositions rappelées dans cet article, figure le paragraphe 2 de l'art. 28, qui n'était mentionné ni dans la rédaction primitive du projet, ni dans le texte amendé par la commission de la Chambre des députés. Cette addition a été faite par la commission du Sénat pour remplir

l'engagement qu'elle avait pris, lors de la discussion de l'art. 28, et que le Sénat avait ratifié, de mettre l'outrage aux bonnes mœurs par la mise en vente, la distribution ou l'exposition de dessins, gravures, peintures, emblèmes ou images obscènes, au nombre des délits qui sont de la compétence de la police correctionnelle. V. *suprà*, n. 195 (1).

---

(1) Voici, d'après l'art. 45, comment les infractions commises par la voie de la presse et de la parole se répartissent entre les trois juridictions qui sont appelées à en connaître :

I. — *Cour d'assises.*

1° Provocation à commettre un crime ou un délit, lorsque cette provocation a été suivie d'effet (art. 23, § 1).

2° Provocation à commettre un crime, lorqu'elle n'a été suivie que d'une tentative de crime (art. 23, § 2).

3° Provocation, non suivie d'effet, à commettre les crimes de meurtre, de pillage ou d'incendie (art. 24, § 1).

4° Cris séditieux (art. 24, § 2).

5° Provocation à des militaires dans le but de les détourner de leurs devoirs (art. 25).

6° Offense au Président de la République (art. 26).

7° Publication de nouvelles fausses et de pièces falsifiées (art. 27).

8° Outrage aux bonnes mœurs commis par l'un des moyens énoncés en l'art. 23 (art. 28).

9° Diffamation envers les Cours, les tribunaux, les armées de terre ou de mer, les corps constitués et les administrations publiques (art. 30).

10° Diffamation envers les membres du ministère, les membres des Chambres, les fonctionnaires, les dépositaires ou agents de l'autorité publique, les ministres des cultes, les citoyens chargés d'un service ou d'un mandat public, les jurés ou les témoins (art. 31).

11° Diffamation envers la mémoire d'une personne publique décédée, lorsque l'auteur de cette diffamation a voulu porter atteinte à l'honneur ou à la considération des héritiers vivants (art. 31 et 34).

12° Injure envers les corps ou personnes désignés dans les art. 30 et 31 (art. 33, § 1er).

13° Offense envers les chefs d'Etat étrangers (art. 36).

14° Outrage envers les ambassadeurs ou autres agents diplomatiques étrangers (art. 37).

II. — *Tribunaux correctionnels.*

1° Omission par l'imprimeur du dépôt des imprimés au ministère de l'intérieur ou à la préfecture (art. 3 et 4).

348. Une question que la jurisprudence a eu déjà à résoudre dans d'autres circonstances et que l'application de l'art. 45 de la loi du 29 juillet 1881 a soulevée de nouveau, est celle de savoir si les lois modificatives de la compétence doivent recevoir leur exécution même à l'égard des procès commencés, et bien qu'au moment de leur promulgation une décision au fond fût intervenue dans ces procès. On s'accorde bien à admettre, en principe, que les lois de compétence échappent, comme celles

---

2° Absence de gérant (art. 6 et 9).

3° Défaut de déclaration au parquet (art. 7 et 9).

4° Continuation de publication irrégulière (art. 9).

5° Omission par le gérant de dépôt d'imprimés au parquet et au ministère de l'intérieur ou à la préfecture (art. 10).

6° Défaut d'impression du nom du gérant au bas de chaque exemplaire (art 11).

7° Refus d'insertion des rectifications des dépositaires de l'autorité publique (art. 12).

8° Refus d'insertion des réponses des particuliers (art. 13).

9° Mise en vente ou distribution de journaux étrangers dont la circulation est interdite en France (art. 14).

10° Enlèvement, lacération ou altération par un fonctionnaire ou agent de l'autorité publique des affiches apposées par ordre de l'administration (art. 17, § 2).

11° Enlèvement, lacération ou altération d'affiches électorales par un fonctionnaire ou agent de l'autorité publique (art. 17, § 4).

12° Outrage aux bonnes mœurs par vente, exposition ou distribution de dessins, gravures, peintures, emblèmes ou images obscènes (art. 28, § 2);

13° Diffamation envers les particuliers (art. 32).

14° Injure envers les particuliers (art. 33, § 2).

15° Diffamation envers la mémoire d'un particulier décédé, lorsque l'auteur de cette diffamation a voulu porter atteinte à l'honneur ou à la considération des héritiers vivants (art. 32 et 34).

16° Publication des actes d'accusation ou autres actes de procédure criminelle ou correctionnelle avant leur lecture à l'audience publique (art. 38).

17° Compte rendu des procès en diffamation où la preuve des faits diffamatoires n'est pas autorisée (art. 39, § 1er).

18° Compte rendu des procès lorsque les Cours et les tribunaux l'ont interdit (art. 39, § 1er).

19° Compte rendu des délibérations intérieures soit des jurys, soit des Cours et tribunaux (art. 39, § 2).

20° Ouverture ou annonce publique de souscription ayant pour objet

d'instruction et de procédure, à la non-rétroactivité proclamée par l'art. 2 du Code civil; mais la difficulté devient grave quand il s'agit de déterminer l'étendue de ce principe et de décider s'il s'impose à toutes les phases de la procédure, ou s'il fléchit à certaine période de la poursuite. J'ai étudié ce problème délicat en rapportant, dans le *Journal du Ministère public*, t. 14, p. 25 et suiv., un arrêt de la Cour de cassation du 7 juillet 1871 qui, à l'occasion de la loi du 15 avril précédent sur la presse, a déclaré que les lois qui modifient la compétence ne saisissent point les affaires commencées dans lesquelles, avant que ces lois soient devenues exécutoires, il a été rendu une décision au fond, même frappée d'appel; et j'ai embrassé la doctrine de cet arrêt, bien que la jurisprudence antérieure de la Cour suprême ne paraisse pas l'avoir invariablement admise.

Le 8 novembre 1881, la Cour de Paris a décidé, conformément à cette doctrine, que les juges du second degré qui, au moment de la promulgation de la loi du 29 juillet 1881, se trouvaient saisis de l'appel d'un jugement correctionnel portant condamnation à raison d'un délit de presse, sont restés compétents pour statuer sur cet appel, malgré l'attribution que la loi précitée a

---

d'indemniser des condamnations pécuniaires en matière criminelle ou correctionnelle (art. 40).

III. — *Tribunaux de simple police.*

1° Omission sur les imprimés du nom et du domicile de l'imprimeur (art. 2).

2° Apposition d'affiches particulières aux endroits exclusivement destinés aux affiches des lois et autres actes de l'autorité publique (art. 15, §§ 1, 2 et 4).

3° Apposition d'affiches particulières imprimées sur papier blanc (art. 15, §§ 3 et 4).

4° Enlèvement, lacération ou altération, par un particulier, des affiches apposées par ordre de l'administration (art. 17, § 1er).

5° Enlèvement, lacération ou altération, par un particulier, des affiches électorales apposées ailleurs que sur la propriété de celui qui a commis l'enlèvement, la lacération ou l'altération (art. 17, § 3).

6° Colportage de livres, écrits, brochures, journaux, etc., sans déclaration préalable ou après une fausse déclaration (art. 21).

7° Défaut de présentation par le colporteur du récépissé de sa déclaration (art. 21).

8° Injure non publique (art. 33, § 2).

faite de ce délit à la Cour d'assises. M. Pascaud, président du tribunal de Bonneville, a critiqué vivement et avec une grande assurance, dans la *Revue pratique du droit français*, 1882, p. 209 et suiv., l'arrêt de la Cour de Paris. Cependant le pourvoi en cassation formé contre cette décision a été rejeté par la Cour suprême dans un arrêt du 18 février 1882 (S.-V.82.1. 185), reproduisant les motifs de celui du 7 juillet 1871. Et à cette même date du 18 février 1882 (*ibid.*), la chambre criminelle a également rejeté, par des motifs semblables, le pourvoi dont avait été frappé un arrêt de la Cour de Pau du 4 août 1881, rendu dans une espèce identique à celle de l'arrêt de Paris. Cette dernière Cour avait, d'ailleurs, avant ces décisions de la Cour suprême, persisté dans sa jurisprudence par un arrêt du 26 novembre 1881 (*J. du Min. publ.*, 24.259).

La même interprétation a été encore consacrée par la Cour de Toulouse, le 19 août 1881 (S.-V.82.2.82), par la Cour de Lyon, le 24 du même mois (*ibid.*), par la Cour de Dijon, le 13 décembre suivant (*ibid.*), et par la Cour de Douai, le 28 mars 1882 (*J. du Min. publ.*, t. 25); en sorte qu'on peut aujourd'hui la regarder comme constante en jurisprudence. Elle se justifie par les considérations suivantes, sur lesquelles se fondent les arrêts précités de la Cour de cassation : « Qu'à la différence des lois de procédure et d'instruction qui régissent les affaires commencées, dès leur promulgation, quel que soit l'état de la procédure, jusqu'à ce que tout soit consommé et terminé par une solution définitive, les lois de compétence, dans l'hypothèse du silence relativement à leur effet sur le passé, doivent être présumées avoir laissé hors de leur action les procès à l'occasion desquels le juge du premier degré a prononcé sur le fond dans la plénitude de ses attributions; — Que, dans ce cas, les choses ne sont plus entières, puisque le tribunal, usant de ses pouvoirs et les épuisant, a reconnu l'innocence ou la culpabilité du prévenu; que cette situation commande d'admettre que le législateur, s'inspirant du principe posé dans l'art. 2 du Code civil, a entendu ne pas dépouiller la juridiction déjà saisie des affaires qui avaient été jugées au fond, afin d'éviter des contrariétés de décisions, et de ne point léser les intérêts engagés et les droits acquis, en tenant compte des faits accomplis et des éventualités nées d'un jugement dont l'effet n'est que suspendu par l'appel; —Qu'une rétroactivité plus étendue aurait eu pour conséquence l'obligation imposée aux prévenus acquittés par un jugement frappé

d'appel, de subir un nouveau jugement devant une juridiction
d'un autre ordre et d'un seul degré; qu'elle aurait privé les prévenus condamnés en première instance, et appelants, du droit
de se justifier devant la juridiction du second degré, non supprimée, qu'ils auraient vainement saisie de leur recours; — Que de
pareils résultats ont toujours paru incompatibles avec les conditions d'une bonne justice, et avec le fonctionnement régulier des
juridictions; — Que, dans la spécialité même de la matière ré-
gie par la loi du 29 juillet, et conformément à la distinction
susindiquée, la loi du 26 mai 1819, art. 30, et celle du 8 oct.
1830, art. 8, n'avaient attribué aux Cours d'assises que les délits
de presse qui ne seraient pas encore jugés; — Que, bien que
ces dispositions légales aient depuis longtemps été abrogées,
leur autorité doctrinale leur a survécu, et les règles qu'elles
avaient sanctionnées n'ont jamais cessé d'être appliquées; que
la loi du 15 avril 1871 n'avait en rien dérogé à ces règles; qu'il
en est de même de la loi du 29 juillet 1881; — Que l'art. 45 de
cette loi, en faisant la part des délits de la presse déférés aux
Cours d'assises et de ceux réservés à la juridiction correctionnelle, a statué pour l'avenir et n'a point parlé du passé; que, si
le législateur avait voulu modifier les règles jusqu'alors observées, il eût pris soin de le dire, et que son silence doit être interprété en ce sens qu'il s'y est référé. »

349. Mais lorsque, au moment de la promulgation de la loi
nouvelle, il n'était pas encore intervenu de décision au fond
sur une poursuite portée devant le tribunal correctionnel pour
un délit de presse que cette loi a attribué à la Cour d'assises,
ce tribunal s'est trouvé dessaisi de la poursuite, quel que fût
l'état de la procédure, et encore bien, par exemple, que les parties eussent déjà comparu à l'audience. En admettant que cette
comparution constituât un contrat judiciaire contenant accepta-
tion de la compétence du tribunal, ce contrat judiciaire serait
sans effet légal, comme se trouvant contraire aux dispositions
formelles de la loi du 29 juillet 1881. — Riom, 27 décembre
1881 (S.-V. 82.2.87). — V. aussi Faivre et Benoit-Lévy, p. 219.

350. Le tribunal correctionnel auquel la loi nouvelle a enlevé
la connaissance d'un délit de presse, ne peut retenir l'action civile en réparation du dommage causé par ce délit. — Trib. corr.
de la Seine, 17 août 1881 (S.-V. 82.2.92); Riom, 27 déc. 1881
(*Id.*, 287).

351. Lorsqu'un tribunal correctionnel se déclare incompétent

pour statuer sur un délit de diffamation envers une des personnes désignées dans l'art. 31 de la loi du 29 juill. 1881, dont il avait été saisi avant la promulgation de cette loi, il ne saurait retenir la connaissance d'une partie de l'écrit diffamatoire, par le motif qu'elle renferme les délits de diffamation et d'injure publique envers un particulier, s'il y a connexité entre les différents passages de cet écrit. — Riom, 27 déc. 1881, précité.

352. Le caractère d'un délit commis par la voie de la presse doit être déterminé d'après la loi du 29 juill. 1881, bien qu'il ait été commis avant la promulgation de cette loi, si la peine dont elle le frappe est plus douce que celle dont il était puni par la législation antérieure.—Bourges, 24 novembre 1881 (S.V.82.2.84). C'est là une autre exception au principe de la non-rétroactivité des lois sur laquelle il ne peut s'élever aucun doute, en présence de la disposition de l'art. 6 du décret du 23 juillet 1810 et des nombreuses applications qu'en a faites la jurisprudence. V. au surplus, Hélie et Chauveau, t. 1er n. 27, et Blanche, t. 1er n. 26.

353. De ce que la preuve des faits diffamatoires est admissible à l'égard des directeurs et administrateurs d'entreprises commerciales, industrielles ou financières (V. *suprà*, n.256 et 257), il ne s'ensuit pas que la diffamation envers ces directeurs ou administrateurs soit de la compétence de la Cour d'assises. Ils ne perdent pas pour cela le caractère de simples particuliers et le droit, par conséquent, de saisir la juridiction correctionnelle. Tout ce qui résulte de leur assimilation aux personnes publiques, relativement à la preuve des faits qui leur sont imputés, c'est que cette preuve est soumise aux mêmes conditions devant les juges correctionnels que devant le jury. — Aix, 17 mars 1882 (S.-V.82.2.88); Cass. 29 juin 1882 (*J. du Minist. publ.*, t. 25). — *Contrà*, sur ce dernier point, Trib. corr. de Lille, 28 janv. 1882 (S.-V.82.2.90).

354. Dans le silence de la loi du 29 juill. 1881 sur la compétence territoriale, on doit incontestablement appliquer à cet égard les règles du droit commun. — Circulaire du ministre de la justice.

355. Le principe établi par l'art. 3 du Code d'instruction criminelle, que l'action civile peut être exercée, soit avec l'action publique, soit séparément, ne conserve sa force en matière de presse que sous une restriction qui se justifie aisément. Il était arrivé que, pour éluder l'application des dispositions autorisant la preuve des faits diffamatoires, les fonctionnaires et autres per-

sonnes publiques, au lieu de saisir de leurs plaintes en diffamation la juridiction criminelle, se bornaient à exercer une action en dommages-intérêts devant les tribunaux civils, qui déclaraient la preuve non recevable. Le décret du 22 mars 1848 (art. 2) et, après la chute de l'Empire, la loi du 15 avril 1871 (art. 4) déjouèrent ce stratagème en disposant que l'action civile, en pareille circonstance, ne pourrait être poursuivie séparément de l'action publique. Cependant la loi de 1871 excepta très justement le cas de décès de l'auteur du fait incriminé et celui d'amnistie, dans lesquels l'action civile subsiste seule.

La sagesse de ces dispositions, que le décret du 17 février 1852 n'avait pas admises (Bourges, 9 avril 1870, *Journ. du Min. publ.*, 13.139), mais qui ont même pu être considérées comme applicables sous l'empire de la loi du 29 déc. 1875, bien qu'elle ne les rappelât pas (Trib. civ. de Nancy, 25 juin 1877, *Journ. du Minist. publ.*, 12.142), était trop manifeste pour que les auteurs de la loi de 1881 omissent de les reproduire. L'art. 46, dont l'adoption n'a fait aucune difficulté ni à la Chambre, ni au Sénat, porte, en effet : « L'action civile résultant des délits de diffamation prévus et punis par les art. 30 et 31 ne pourra, sauf dans le cas de décès de l'auteur du fait incriminé ou d'amnistie, être poursuivie séparément de l'action publique. » — V. *infrà*, n. 459.

356. L'art. 4 précité de la loi du 15 avril 1871 disposait encore que, dans tous les autres cas, l'action civile s'éteindrait de plein droit par le seul fait de l'extinction de l'action publique. La commission de la Chambre des députés a jugé inutile de reproduire cette disposition, qui aurait fait double emploi avec les règles établies en matière de prescription par la loi nouvelle (rapport de M. Lisbonne). V. *infrà*, sur l'art. 65.

357. La défense que fait l'art. 47 d'exercer isolément l'action civile pour diffamation dans les cas qu'il détermine, cesse évidemment de s'appliquer, lorsque les imputations ne présentent pas les caractères légaux de la diffamation et ne sont d'ailleurs susceptibles, à raison de leur défaut de précision, ni d'être justifiées par la preuve de leur vérité, ni d'être combattues par la preuve contraire. — Comp. Cass. 2 juill. 1872, 20 déc. 1873, 3 août 1874 et 19 janv. 1875 (S.-V. 72.1.204 ; 74.133.75.1.369 et 373).

§ 2. — *De la procédure.*

ART. 1er. — COUR D'ASSISES.

SOMMAIRE.

414. Dans quel cas il peut être formé une Cour d'assises extraordinaire.
415. Par qui et comment doit être provoquée la formation de cette Cour
     d'assises. — Recommandations du garde des sceaux aux magis-
     trats du parquet.

358. La loi du 26 mai 1819, en attribuant aux Cours d'assises
la connaissance des délits de presse, avait, sans tenir compte du
caractère de ces infractions, laissé les règles propres au grand
criminel gouverner la procédure au moyen de laquelle la répression en était poursuivie. Ce n'était donc que par la voie de
l'information que la Cour d'assises pouvait être saisie de cette
poursuite. La loi du 8 avril 1831 (art. 1er) et ensuite celle du
9 septembre 1835 (art 24) firent disparaître cette anomalie, au
moins dans une certaine mesure, par la faculté qu'elles donnèrent au ministère public de faire citer directement le prévenu
devant la Cour d'assises, lorsqu'il n'y avait pas eu saisie de l'é-
crit délictueux, selon la première, même dans le cas de saisie,
suivant la seconde. La disposition de l'art. 24 de la loi de 1835
fut reproduite presque textuellement par l'art. 16 de la loi du
27 juillet 1849, qui, ayant cessé d'être applicable sous l'empire
du décret du 17 février 1852, fut remis en vigueur successivement par la loi du 15 avril 1871 (art. 1er) et par celle du 29 décembre 1875 (art. 4).

359. Le législateur de 1881 ne pouvait hésiter à consacrer
lui-même une règle qui, par son extrême simplicité, permet une
décision plus prompte (rapport de M. Lisbonne à la Chambre
des députés). Il l'a même étendue. Les lois antérieures n'avaient
admis la voie de la citation directe que pour les délits, non pour
les crimes (V. Chassàn, *Tr. des délits de la parole, de l'écriture
et de la presse*, t. 2, n. 1633, et *Lois sur la presse depuis* 1843,
p. 113). La loi du 29 juillet 1881 ne fait pas cette distinction,
comme on le voit par les termes de l'art. 47 (ci-après). Sous la
législation précédente, on contestait au fonctionnaire public lésé
par un délit de presse le droit de recourir, comme le ministère
public, à cette même procédure de la citation devant la Cour
d'assises (V. les arrêts et les dissertations insérés dans le *Journ.
du Minist. publ.*, t. 14, p. 249; t. 15, p. 85; t. 17, p. 34, 118 et
173; t. 18, p. 110). L'art. 47 reconnaît ce droit non seulement
au plus grand nombre des personnes publiques, mais encore aux
ministres des cultes, aux citoyens chargés d'un service ou d'un
mandat public, aux jurés et aux témoins. « C'est là, a dit M. Lis-

bonne dans son rapport à la Chambre, une innovation dont vous apprécierez la justice et l'utilité. Elle rend au plaignant toute sa liberté d'action, en même temps qu'elle engage sa seule responsabilité. »

Le Président de la République n'est pas, toutefois, au nombre des personnes auxquelles l'art. 47 a attribué le droit de citation directe; mais c'est, selon la remarque de la circulaire du garde des sceaux, parce que « sa dignité doit toujours être protégée par l'autorité publique ».

360. L'art. 47, qui, ainsi qu'on va le voir, n'a donné lieu devant la Chambre des députés qu'à un débat de peu d'importance, a été voté sans objection par le Sénat. Il est ainsi conçu : « La poursuite des crimes et délits commis par la voie de la presse ou par tout autre moyen de publication aura lieu d'office et à la requête du ministère public, sous les modifications suivantes : — 1° Dans le cas d'injure ou de diffamation envers les Cours, tribunaux et autres corps indiqués en l'art. 30, la poursuite n'aura lieu que sur une délibération prise par eux en assemblée générale, et requérant les poursuites, ou si le corps n'a pas d'assemblée générale, sur la plainte du chef de corps ou du ministre duquel ce corps relève; — 2° Dans le cas d'injure ou de diffamation envers un ou plusieurs membres de l'une ou l'autre Chambre, la poursuite n'aura lieu que sur la plainte de la personne ou des personnes intéressées; — 3° Dans le cas d'injure ou de diffamation envers les fonctionnaires publics, les dépositaires ou agents de l'autorité publique autres que les ministres, envers les ministres des cultes salariés par l'Etat et les citoyens chargés d'un service ou d'un mandat public, la poursuite aura lieu, soit sur leur plainte, soit d'office sur la plainte du ministre dont ils relèvent; — 4° Dans le cas de diffamation envers un juré ou un témoin, délit prévu par l'art. 31, la poursuite n'aura lieu que sur la plainte du juré ou du témoin qui se prétendra diffamé; — 5° Dans le cas d'offense envers les chefs d'Etat ou d'outrage envers les agents diplomatiques étrangers, la poursuite aura lieu soit à leur requête, soit d'office, sur leur demande adressée au ministre des affaires étrangères et par celui-ci au ministre de la justice; — 6° Dans les cas prévus par les paragraphes 3 et 4 du présent article, le droit de citation directe devant la Cour d'assises appartiendra à la partie lésée. — Sur sa requête, le président de la Cour d'assises fixera les jour et heure auxquels l'affaire sera appelée. »

Deux alinéas que contenait de plus le projet originaire

de la commission de la Chambre des députés ont été retranchés, le premier par la Chambre, le second par la commission elle-même. L'un, qui formait le n° 1, à la suite du premier paragraphe et qui portait : « Le ministère public aura la faculté de saisir la Cour d'assises par voie de citation directe », a été probablement considéré comme inutile en présence des autres dispositions de l'art. 47 combinées avec celles des art. 48 et 50. L'autre, formant le n° 2, et disposant : « Dans le cas d'outrage envers les Chambres, la poursuite n'aura lieu qu'avec leur autorisation », était sans objet depuis le rejet de la disposition du projet de la commission punissant l'outrage dont il s'agit (V. *suprà*, n. 168, 171 et 172).

361. Lors de la première délibération à la Chambre des députés, M. Ribot avait demandé la suppression du paragraphe de l'art. 47 qui, pour la poursuite du délit de diffamation envers un juré ou un témoin, exige la plainte préalable du juré ou du témoin se prétendant diffamé. Vainement a-t-il soutenu qu'il y avait intérêt général à ce que le ministère public pût poursuivre d'office l'auteur de ce délit ; il a suffi au rapporteur de répondre que la nécessité d'une plainte était la règle du projet de loi, pour faire écarter cette proposition par la Chambre.

362. M. Lisbonne avait, du reste, dans son rapport, justifié en thèse générale, dans les termes suivants, la condition d'une plainte préalable de la part des diverses personnes désignées dans l'art. 47 : « Ces restrictions... sont favorables à la liberté. En effet, si elles ont pour objet de ménager les susceptibilités de la partie qui a à se plaindre, elles sont surtout une garantie pour la partie qui a à se défendre contre la poursuite. Elles ont encore un avantage, celui de modérer l'ardeur de la vindicte publique. »

363. La loi de 1881, pas plus que les lois antérieures, ne soumet à aucune forme particulière la plainte qui doit servir de base à la poursuite du ministère public pour délit d'injure ou de diffamation. Dans son silence, on ne peut prétendre que cette plainte soit assujettie aux conditions exigées par les art. 31 et 65 du Code d'instruction criminelle, pour les dénonciations et pour la constitution de la partie civile ; mais on doit décider, comme la jurisprudence et les auteurs le faisaient sous la législation précédente, qu'il appartient aux juges d'apprécier si l'acte considéré comme plainte par le ministère public manifeste suffisamment la volonté de la partie lésée de mettre l'action publique en

mouvement (V. mon *Mémor. du Minist. publ.*, v^is *Diffamation*,
n. 46 et suiv., et *Outrage*, n. 29 et suiv.). La plainte pourrait valablement se produire, par exemple, sous la forme d'une lettre
adressée au procureur de la République et contenant la demande d'une poursuite. — Colmar, 28 janv, 1862 (*J. du Minist.
publ.*, 5.134); Cass. 20 juin 1873 (*id.*, 16.197) et 17 juill. 1874
(*id.*, 17.279). La lettre par laquelle le ministre de la guerre dé-
férerait au ministre de la justice un article diffamatoire pour les
officiers de l'armée, serait aussi constitutive de la plainte exigée
par l'art. 47 (Compar. Cass. 9 févr. 1877, *id.*, 21.32.). Peu im-
porterait qu'elle ne précisât par le délit à poursuivre, mais fût
générale dans ses termes, cette généralité la rendant applicable
à tous les délits qui peuvent ressortir de l'écrit dénoncé et qu'elle
laisse à la justice le soin de qualifier (même arrêt).

364. La loi du 29 décembre 1875, dérogeant en cela à la loi du
26 mai 1819, autorisait le ministère public à poursuivre d'office,
sans aucune formalité préalable, les délits de diffamation et d'injure envers les Cours, tribunaux ou autres corps constitués. Par
l'art. 47 (n° 1), la loi nouvelle revient au système de la loi de
1819, dont l'art. 4 exigeait une délibération de ces corps prise
en assemblée générale et requérant les poursuites.

365. L'art. 47 (n° 3) ne subordonnant à la condition d'une
plainte préalable la poursuite des délits d'injure et de diffamation envers les dépositaires ou agents de l'autorité publique, que
dans le cas ou ces fonctionnaires sont autres que les ministres,
il s'ensuit que les mêmes délits commis envers ces derniers peuvent être directement poursuivis d'office. — Conf., circul. du
ministre de la justice. — La poursuite du ministère public n'est
soumise non plus à aucune restriction en ce qui concerne le délit d'offense au Président de la République. — Si la première de
ces deux exceptions à la nécessité d'une plainte préalable n'est
pas parfaitement justifiée, la seconde, au contraire, s'imposait,
selon la remarque de la circulaire précitée.

La diffamation ou l'injure qui serait commise envers un ministre faisant partie de l'une ou de l'autre Chambre, à raison de
sa qualité de membre du Parlement, et non de ses fonctions de
ministre, ne pourrait être poursuivie sans la plainte qu'exige le
n° 2 de l'art. 47.

MM. Faivre et Benoit-Lévy, p. 225, vont plus loin et consi-
dèrent les expressions « membres de l'une ou de l'autre Chambre » qu'emploie ce n° 2 comme comprenant les ministres, même

lorsqu'ils ne font pas partie du Parlement; d'où il paraît suivre qu'à leurs yeux la plainte est nécessaire pour la poursuite de l'injure et de la diffamation envers les ministres, soit qu'on les prenne ou non en qualité de membres de l'une ou de l'autre Chambre. Cette interprétation n'est pas admissible ; les termes du n° 2 de l'art. 47 y résistent absolument.

366. Le droit de citation directe que le n° 6 de l'art. 47 accorde en termes exprès à la partie lésée dans les cas prévus par les n°s 3 et 4, appartient encore aux personnes désignées dans le n° 5, c'est-à-dire aux chefs d'Etat et aux agents diplomatiques étrangers, puisque ce n° 5 dispose qu'en cas d'offense envers les premiers et d'outrage envers les seconds, la poursuite peut avoir lieu, soit *à leur requête*, soit d'office, sur leur demande adressée au ministre des affaires étrangères et par celui-ci au ministre de la justice, et que le premier de ces deux modes ne peut évidemment s'entendre que de la voie de la citation directe. — Conf., Faivre et Benoit-Lévy, p.226.

367. Le président de la Cour d'assises qui, sur la requête de la partie lésée, fixe, aux termes de la disposition finale de l'art. 47, les jour et heure auxquels l'affaire sera appelée, ne peut être, quand, la session étant terminée, il y a lieu de former une Cour d'assises extraordinaire conformément à l'art. 59 (V. *infrà*), que le magistrat ayant présidé la dernière session, puisque, d'après l'art. 81 du décret du 6 juill. 1810, rendu applicable à cette circonstance par l'art. 59 précité, « dans les cas... d'une tenue extraordinaire d'assises, les présidents de la dernière assise sont nommés de droit pour présider l'assise extraordinaire. » — Faivre et Benoit-Levy, p.. 225. Mais si le plaignant attend la prochaine session d'assises, c'est le président désigné pour cette session qui doit rendre l'ordonnance fixant le jour où sera appelée l'affaire.

368. Il faut remarquer que la loi n'impose pas au ministère public l'obligation à laquelle elle soumet le plaignant, d'adresser une requête au président de la Cour d'assises pour la fixation des audiences auxquelles seront portées les affaires poursuivies à sa requête. « Les rapports de ces magistrats entre eux, dit la circulaire du ministre de la justice, rendent cette formalité inutile. Il suffira donc que le ministère public se concerte à cet effet avec le président. »

369. L'emploi de la citation directe devant la Cour d'assises n'est pour le ministère public qu'une faculté, non une obligation; la

voie de l'information lui reste toujours ouverte en vertu du droit commun, auquel la loi du 29 juillet 1881 n'a pas dérogé sous ce rapport, mais dont elle a seulement réglé l'application d'une manière spéciale. V. le numéro suivant.

Cette procédure plus lente doit-être réservée pour les affaires d'une gravité particulière et qui ne requièrent pas célérité. Sous la législation précédente, il était le plus souvent nécessaire d'y recourir, en vue de la saisie préventive des écrits délictueux ; mais aujourd'hui que cette saisie est interdite à l'exception d'un seul cas (V. *suprà*, n. 191 et suiv.), la voie de la citation directe peut être prise par le ministère public pour le plus grand nombre des poursuites. — V. la circulaire du ministre de la justice.

370. L'art. 6 de la loi du 26 mai 1819 disposait que la partie publique était tenue, lorsqu'elle poursuivait d'office, « d'articuler et de qualifier, dans son réquisitoire, les provocations, attaques, offenses, outrages, faits diffamatoires ou injures à raison des-quels la poursuite était intentée, et ce à peine de nullité de la poursuite. » La loi de 1881 s'est approprié cette disposition, mais elle y a ajouté une prescription nouvelle destinée à prévenir, dans l'intérêt de la défense, toute équivoque sur la nature de la répression demandée contre le prévenu. « Si le ministère public requiert une information, porte l'art. 48, il sera tenu, dans son réquisitoire, d'articuler et de qualifier les provocations, outrages, diffamations et injures à raison desquels la poursuite est intentée, avec indication des textes dont l'application est demandée, à peine de nullité du réquisitoire et de ladite poursuite. »

Ainsi, d'après ce texte, qui a été voté sans discussion, le réquisitoire du ministère public à fin d'information doit non seulement articuler et qualifier les faits incriminés, c'est-à-dire les énoncer d'une manière précise et détaillée et désigner par sa dénomination légale le délit qu'ils constituent, mais encore indiquer les textes de loi qui les prévoient et les punissent. Cette indication s'entend, du reste, de la mention de la date de la loi et du numéro de l'article ou de chacun des articles invoqués, et non de la reproduction du texte de ces articles. — C. d'assises de la Seine, 26 déc. 1881 (S.-V.82.2.233). — Compar. *infrà*, n°s 422 et suiv.

Ce ne serait point articuler d'une manière suffisante la provocation directe à commettre un crime ou un délit, suivie d'effet, que d'énoncer les faits constitutifs de la provocation et le crime ou le délit qu'elle aurait eu pour but de faire commettre, sans indiquer la relation existant entre l'infraction commise et la provocation (V. *suprà*, n. 152).—Conf., Faivre et Benoit-Lévy, p. 228.

371. La nullité dont l'art. 48 frappe le réquisitoire en cas d'inobservation des formes qu'il prescrit s'étend à l'information elle-même qui a été faite ensuite de ce réquisitoire, et à tous les actes ultérieurs de la procédure. Viciée dans son germe, la poursuite l'est nécessairement aussi dans les développements qu'elle a reçus.

372. Lorsqu'à la suite de l'information est intervenu un arrêt de renvoi devant la Cour d'assises, comment cette Cour sera-t-elle saisie? Y a-t-il lieu de dresser un acte d'accusation et faut-il notifier au prévenu tant cet acte que l'arrêt de renvoi? Sous l'empire de la loi du 26 mai 1819, comme sous celui de la loi du 25 avril 1871, la Cour de cassation a décidé que le ministère public n'était point tenu de dresser et de notifier un acte d'accusation, formalités prescrites seulement à l'égard des accusés de crimes par les art. 241 et 242, Cod. instr. crim., et qu'il suffissait de la notification de l'arrêt de renvoi au prévenu, en conformité de l'art. 13 de la loi de 1819 (Cass. 4 mars 1831, 10 avril 1847 et 6 mars 1874, S.-V.31.1.85, 47.1.305, et *Journ. du Min. publ.*,17.115). Et telle était aussi l'opinion des auteurs (V. Parant, p. 313 ; Pegat, *Cod. de la presse,* p. 84; Chassan, t. 2. n. 1597; Grellet-Dumazeau, t. 2, n. 1126 ; Nouguier, *Cour d'assises.* t. 1er, p. 6, à la note). Sous la loi actuelle, la Cour suprême est allée plus loin ; elle a jugé, par arrêt du 4 mars 1882 (aff. Albertini, *Journ. du Minist. publ.*, t. 25), que, dans le silence de cette loi, la notification de l'arrêt du renvoi n'est pas plus nécesssaire que celle de l'acte d'accusation ; et que le ministère public peut se borner, même dans ce cas, à faire citer le prévenu. La Cour reconnaît cependant que l'accomplissement des formalités prescrites par l'art. 241 du Code d'instruction criminelle paraît « conforme à l'usage et à l'intérêt d'une bonne administration de la justice. »

Cette jurisprudence conduit à admettre que si l'omission d'un acte d'accusation et le défaut de notification, soit de cet acte, soit de l'arrêt de renvoi, ne sont pas une cause de nullité, et si la poursuite ne cesserait pas d'être valable, bien que le prévenu aurait été simplement cité devant la Cour d'assises (V. en ce sens circul. du ministre de la just.), — pourvu, bien entendu, que la citation soit conforme aux prescriptions de l'art. 50 (V. *infrà*, n. 376), — il est toutefois plus convenable d'observer les règles de la procédure particulière à cette juridiction, auxquelles la loi de 1881 n'a pas expressément dérogé.

373. Les auteurs de la loi du 29 juill. 1881, frappés des graves abus auxquels peut donner lieu, en ce qui concerne les imprimés, l'exercice du droit de saisie conféré au procureur de la République et au juge d'instruction par le Code d'instruction criminelle, n'ont voulu rendre applicables, en matière de délits de presse, ni les dispositions des art. 37, 38, 87 à 90 de ce Code, ni les règles spéciales et moins rigoureuses qu'avaient établies en cette matière les art. 7 à 11 de la loi du 27 mai 1819. « La saisie illimitée de toute une édition, s'il s'agit d'écrits imprimés ordinaires, de tout un tirage, s'il s'agit de journaux, à l'occasion de la prévention d'un simple délit qui peut même dégénérer en une contravention, à dit M. Lisbonne dans son rapport à la Chambre des députés, est une mesure exorbitante, quelles que soient les précautions que l'on prenne pour accélérer la marche de la procédure. Nous avons voulu interdire d'une façon absolue le droit de saisie. — Nous ne faisons qu'une seule exception à cette interdiction, c'est au cas où le dépôt prescrit par les art. 5 (3) et 12 (10) de la loi nouvelle, n'aurait pas été effectué. Et même, dans ce cas, la saisie devra se borner à quatre exemplaires de l'écrit, ou quatre numéros du journal incriminé. Nous concilions ainsi les règles du droit commun avec les légitimes revendication de la liberté. »

374. L'art. 48 (originairement 52) du projet de la commission, soumis à la Chambre des députés, était ainsi rédigé : « Immédiatement après avoir reçu le réquisitoire, le juge d'instruction pourra ordonner la saisie des écrits, imprimés, placards, dessins, gravures, peintures, emblèmes et autres instruments de publicité, dans le cas seulement où le dépôt prescrit par les art. 3 et 10 de la présente loi n'aurait pas été effectué; dans ce cas, la saisie de quatre exemplaires de l'écrit ou dix numéros du journal incriminé pourra être ordonnée. Ces dispositions sont communes au procureur de la République et au juge d'instruction. »

M. Ribot, qui demandait que la loi nouvelle maintînt le droit de saisie entre les mains de l'autorité judiciaire, a fait remarquer, d'un côté, que la commission avait tort, dans tous les cas, de déclarer communes au procureur de la République les dispositions qu'elle proposait à l'égard du juge d'instruction, et, d'un autre côté, qu'elle avait négligé d'accorder à l'inculpé, sous le rapport de la détention préventive, la protection que lui assurait la loi de 1819 (art. 28). Sur ces observations, l'article a été renvoyé à la commission.

375. A une séance ultérieure, M. Lisbonne a présenté à la Chambre un rapport verbal dans lequel il a fait connaître que la commission avait arrêté une nouvelle rédaction que je me dispense de reproduire, parce qu'elle est devenue l'art. 49 de la loi, transcrit ci-après, et il a donné les explications suivantes : « Au point de vue de la poursuite, nous avons dû nous préoccuper du droit de saisir l'œuvre incriminée, et du droit de détenir préventivement l'auteur... Quant à l'œuvre, nous décidons, par une dérogation libérale, soit au droit commun, soit au droit spécial, que la saisie ne pourra avoir lieu que dans l'hypothèse où le dépôt prescrit par les art. 3 et 10 de la loi nouvelle n'aurait pas été effectué. Quand le dépôt aura été fait, la saisie ne sera pas autorisée ; dans le cas contraire, la saisie sera restreinte à quatre exemplaires seulement ; nous n'avons pas voulu que cette saisie dégénérât en une mesure préventive ; nous n'en avons fait qu'un moyen de constater le corps du délit. C'est là une dérogation réfléchie aux art. 37, 39, 47 et 61 du Code d'instruction criminelle, ainsi qu'aux art. 7 et suivants de la loi du 26 mai 1819... Voici maintenant ce que décide le paragraphe en ce qui concerne l'auteur de l'œuvre inculpée. Nous dérogeons encore sur ce point, fidèles à notre programme libéral, et au droit commun et à la législation spéciale. En droit commun, la mise en liberté provisoire peut être ordonnée par le juge en toute matière ; mais c'est là une faculté purement discrétionnaire. La mise en liberté est quelquefois de droit, mais cinq jours après l'interrogatoire du prévenu, et quand il s'agit d'une certaine pénalité déterminée ; elle est, dans d'autres cas, subordonnée au versement d'un cautionnement. D'après certaines des lois sur la presse, la mise en liberté provisoire n'a lieu que sous cette dernière condition. Dans le système de la loi nouvelle, plus de détention préventive, sauf le cas de crime. »

Le nouveau texte a été, sans débat, adopté par l'une et l'autre Chambre, et il forme, comme je l'ai déjà indiqué, l'art. 49 de la loi ; en voici les termes : « Immédiatement après le réquisitoire, le juge d'instruction pourra, mais seulement en cas d'omission du dépôt prescrit par les art. 3 et 10 ci-dessus, ordonner la saisie de quatre exemplaires de l'écrit, du journal ou du dessin incriminé. Cette disposition ne déroge en rien à ce qui est prescrit par l'art. 28 de la présente loi. — Si le prévenu est domicilié en France, il ne pourra être arrêté préventivement, sauf en cas de crime. — En cas de condamnation, l'arrêt pourra ordonner la saisie et la suppression ou la destruction de tous les exemplaires qui seraient mis en vente, distribués ou exposés aux regards du public. — Toutefois, la suppression ou la destruction pourra ne s'appliquer qu'à certaines parties des exemplaires saisis. »

376. La suppression de la disposition finale de l'art. 48 du projet primitif, qui rendait les dispositions de cet article communes au procureur de la République (V. *suprà*, n. 374), n'a pu évidemment avoir pour effet de laisser à ce magistrat le droit de saisie qui a été enlevé au juge d'instruction. A la vérité, dans sa réponse à l'observation de M. Ribot, qui a provoqué la suppression dont il s'agit, M. Lisbonne a soutenu que le procureur de la République avait le droit de faire opérer la saisie en cas de flagrant délit; mais M. Ribot a protesté contre cette affirmation, et le rapport verbal, rappelé plus haut, dans lequel M. Lisbonne a déclaré lui-même que, d'après le vœu de la commission, la saisie ne devait jamais être préventive (si ce n'est dans le cas de l'art. 28), par dérogation, notamment, à l'art. 37 du Code d'instruction criminelle, montre suffisamment que les attributions conférées, dans le cas de flagrant délit, au procureur de la République, n'ont point à s'exercer en matière de presse.

377. Dans les cas où, suivant les art. 28 et 49 (§ 1er), la saisie est exceptionnellement autorisée, elle ne peut avoir lieu qu'après le réquisitoire à fin d'information. Les principes s'opposent, en effet, à ce que le juge instructeur procède à cet acte de poursuite avant que cette poursuite ait été formalisée par le ministère public au moyen du réquisitoire. Aussi, la même prescription avait-elle été déjà édictée par l'art. 7 de la loi de 1819. V. à ce sujet Chassan, t. 2, n. 1503.

378. Après condamnation du prévenu, la loi a dû permettre, non seulement la saisie, mais même la suppression ou destruction de l'écrit délictueux, afin d'empêcher le délit de se perpétuer. Ce motif explique, d'ailleurs, le soin qu'elle a pris de restreindre ces mesures aux exemplaires mis en vente, distribués ou exposés aux regards du public, et de la limiter, par sa disposition finale, aux parties délictueuses de l'écrit (Rapport verbal de M. Lisbonne; circulaire du ministre de la justice).

379. C'est seulement le prévenu de délits de presse qui, aux termes du § 2 de l'art. 49, ne peut être arrêté préventivement,

lorsqu'il est domicilié en France. Dans le cas de crime, les principes du droit commun touchant la détention préventive repren-
nent leur empire. — V. aussi *suprà*, n. 206.

380. La Cour d'Alger a très bien décidé, par arrêt du 13 août
1881 (S.-V.82.1.239), que la disposition de l'art. 49 de la loi
nouvelle qui interdit la détention préventive en matière de délits de presse, a dû avoir un effet rétroactif au profit des inculpés
de semblables délits qui se trouvaient détenus au moment de la
promulgation de cette loi. C'est là une juste application du principe suivant lequel les lois d'instruction et de procédure saisissent les poursuites commencées avant qu'elles soient devenues
exécutoires. V. *suprà*, n. 348.

381. Lorsque c'est par voie de citation directe que la poursuite est engagée, soit à la requête du ministère public, soit à
la requête de la partie civile, des formes semblables à celles
prescrites pour le réquisitoire à fin d'information doivent être
observées, dans l'objet de mettre le prévenu en mesure de connaître exactement les faits qui lui sont imputés et la peine dont
l'application est demandée contre lui. L'art. 6 de la loi du 26 mai
1819, dont j'ai déjà rappelé la disposition ci-dessus, n. 370,
plaçait sur la même ligne, dans ses prescriptions, le réquisitoire
de la partie publique et la plainte de la partie civile. L'art. 16
de la loi du 27 juillet 1849, qui ne s'occupait que de la citation
directe du ministère public, la soumettait, en termes à peu près
identiques, aux conditions exigées par l'art. 6 de la loi de 1819.
A son tour, l'art. 50 de la loi du 29 juillet 1881 applique à la
citation, tant du ministère public que du plaignant, les prescriptions édictées à l'égard du réquisitoire par l'art. 48, en l'as-
sujettissant, d'ailleurs, à d'autres formalités qui lui sont propres.

Cet article, qui n'a donné lieu à aucune discussion, ni à la
Chambre des députés, ni au Sénat, dispose : « La citation contiendra l'indication précise des écrits, des imprimés, placards,
dessins, gravures, peintures, médailles, emblèmes, des discours
ou propos publiquement proférés qui seront l'objet de la poursuite, ainsi que la qualification des faits. Elle indiquera les textes de la loi invoqués à l'appui de la demande. — Si la citation
est à la requête du plaignant, elle portera, en outre, copie de
l'ordonnance du président ; elle contiendra élection de domicile
dans la ville où siège la Cour d'assises et sera notifiée tant au
prévenu qu'au ministère public. — Toutes ces formalités seront
observées à peine de nullité de la poursuite. »

382. Relativement aux prescriptions du paragraphe 1er, je ne puis que renvoyer à ce que j'ai dit sur l'art. 48, ci-dessus, n. 370, ainsi qu'aux explications que je donne plus loin, n°s 422 et suiv. sur l'art. 60. Je dois cependant mentionner ici un arrêt de la Cour d'assises de la Seine du 26 déc. 1881 (S. V.82.1.233), décidant qu'il est inutile de reproduire *in extenso*, dans la citation de la partie civile, le texte de l'article de loi invoqué.

383. L'art. 24 de la loi de 1819 voulait que le plaignant, immédiatement après l'arrêt de renvoi, fît élection de domicile près la Cour d'assises et la notifiât au prévenu et au ministère public; à défaut de quoi toutes significations lui seraient valablement faites au greffe de la Cour. La loi de 1881, qui n'a pas reproduit ces dispositions dans le cas de poursuite par voie d'information préalable, en a appliqué le principe au cas de citation directe. Le paragraphe 2 de l'art. 50 exige que la citation du plaignant contienne élection de domicile dans la ville où siège la Cour d'assises, mais sans attacher à cette prescription aucune espèce de sanction. Il ne me semble pas permis de suppléer ici la disposition de l'art. 24 de la loi de 1819, déclarant valables les significations faites au plaignant au greffe de la Cour d'assises.

384. L'art. 50 n'a pas non plus emprunté à la loi du 27 juill. 1849 le dernier paragraphe de son art. 16, portant que dans le cas où une saisie aurait été ordonnée ou exécutée, copie de l'ordonnance ou du procès-verbal de la saisie serait, à peine de nullité, notifiée au prévenu en tête de la citation. Il convient assurément que le ministère public observe cette formalité dans le cas exceptionnel où la loi actuelle permet la saisie ; mais le défaut de copie de l'ordonnance ou du procès-verbal de saisie ne peut aujourd'hui entraîner la nullité de la citation.

385. En disant que la citation du plaignant doit être notifiée *tant au prévenu qu'au ministère public*, l'art. 50 (§ 2) n'entend point sans doute que le plaignant doive assigner le ministère public, comme le prévenu lui-même, à comparaître devant la Cour d'assises. Tout ce qu'il peut vouloir prescrire, c'est que la citation donnée au prévenu soit portée à la connaissance du ministère public par une notification qui lui sera faite séparément. Quel délai doit être observé entre cette notification et le jour de l'audience ? La loi se borne à fixer, par l'art. 51 ci-après, l'intervalle qui doit séparer la citation du prévenu de sa comparution en Cour d'assises. La mesure du temps laissé au ministère public pour prendre connaissance de la citation qui lui est notifiée ne

saurait être nécessairement la même, et le silence de la loi autorise à regarder la notification comme valable, de quelques mo-
ments qu'elle précède le jour de l'audience. Cependant, il est
convenable, ainsi que le disent MM. Faivre et Benoit-Lévy, p. 236,
de délivrer cet acte quelques jours avant.

386. Nul doute que si le prévenu dont le lieu de la résidence
actuelle est ignoré, n'avait pas abandonné, au moment de la citation, son domicile en France, cette citation ne lui soit valablement signifiée par affiche à la principale porte de l'auditoire
de la Cour d'assises et par remise d'une seconde copie au parquet, selon les prescriptions de l'art. 69, § 8, du Code de procédure civile. — Cass. 4 mars 1882 (*J. du Minist. publ.*, t. 25).

387. D'après l'art. 16 de la loi du 27 juill. 1849, la citation
directe du ministère public devait être donnée à trois jours,
outre un jour par cinq myriamètres de distance. La loi nouvelle
a augmenté ce délai pour la citation tant de la partie civile que
du ministère public. « Le délai entre la citation et la comparution en Cour d'assises, porte l'art. 51, sera de cinq jours francs,
outre un jour par cinq myriamètres de distance. »

Cette disposition n'a rencontré aucune contradiction ni dans
l'une ni dans l'autre Chambre.

La distance à raison de laquelle un supplément de délai est
accordé par la loi est évidemment celle qui existe entre le domicile du prévenu et le lieu où siège la Cour d'assises. Lorsque
cette distance comprend une ou plusieurs fois cinq myriamètres
et de plus une fraction inférieure à cinq myriamètres, cette fraction elle-même donne-t-elle droit au supplément d'un jour, si
minime qu'elle soit ? MM. Faivre et Benoit-Lévy, p. 242, adop-
tent l'affirmative. Quant à moi, il me semble plus rationnel
d'appliquer ici la règle établie par l'art. 1033 du Code de procédure civile d'après laquelle, dans le calcul du délai supplémentaire d'un jour par cinq myriamètres accordé aussi par cet article
pour les ajournements, les citations et autres actes signifiés à
personne ou domicile, les fractions de moins de quatre myriamètres ne sont pas comptées, mais les fractions de quatre myriamètres et au-dessus augmentent le délai d'un jour entier. L'art.
1033 précité ne dispose, il est vrai, que pour les exploits en matière civile, mais on sait que plusieurs des règles concernant la
signification de ces exploits sont reconnues applicables en matière criminelle (V. mon *Mémor. du Minist. publ.*, v° *Instruction
criminelle*, n. 34 et s.). Du reste, si l'on n'admettait pas la base

posée par l'art. 1033, il faudrait, à moins d'ajouter à la loi, décider, dans un sens diamétralement opposé à la solution de MM. Faivre et Benoit-Lévy, qu'il ne doit être tenu compte d'aucune fraction dans la supputation du délai supplémentaire dont parle notre art. 51. C'est d'ailleurs ainsi que la jurisprudence et les auteurs interprétaient les dispositions analogues des art. 146 et 184 du Code d'instruction criminelle avant la modification apportée à l'art. 1033 par la loi du 3 mai 1862. V. Cass. 11 mai 1843; F. Hélie, *Instr. crim.*, t. 6, n. 2575 et 2837.

388. Dans le cas de poursuite pour diffamation, le prévenu peut vouloir, en vue de sa justification, prouver la vérité des faits diffamatoires, et l'administration de cette preuve exige un échange de notifications pour lesquelles le délai de cinq jours entre la citation et la comparution à l'audience serait manifestement insuffisant. Un délai plus long est donc nécessaire dans ce cas. La loi de 1849 n'avait pas pourvu à cette nécessité; celle de 1881 a été plus prévoyante.

Déjà, l'art. 3 de la loi du 15 avril 1871, qui avait remis en vigueur les art. 21 et 22 de la loi du 26 mai 1819, fixant les délais dans lesquels devaient être faites les notifications relatives à la preuve, avait, en donnant pour point de départ à ces délais la date de la citation du ministère public, prescrit que l'affaire ne serait pas portée à l'audience avant leur expiration (V. aussi l'art. 7 de la loi du 29 déc. 1875.) — La loi nouvelle a préféré déterminer pour la comparution un délai préfix assez long pour que ces mêmes notifications puissent être faites pendant sa durée.

Elle dispose par son art. 52, qui a été aussi voté sans discussion: « En matière de diffamation, ce délai (celui entre la citation et la comparution) sera de douze jours, outre un jour par cinq myriamètres. — Quand le prévenu voudra être admis à prouver la vérité des faits diffamatoires, conformément aux dispositions de l'art. 35 de la présente loi, il devra, dans les cinq jours qui suivront la notification de la citation, faire signifier au ministère public près la Cour d'assises ou au plaignant, au domicile par lui élu, suivant qu'il est assigné à la requête de l'un ou de l'autre: — 1° les faits articulés et qualifiés dans la citation, desquels il entend prouver la vérité; — 2° la copie des pièces; — 3° les noms, professions et demeures des témoins par lesquels il entend faire sa preuve. Cette signification contiendra élection de domicile près la Cour d'assises, le tout à peine d'être déchu du droit de faire la preuve. »

389. Le délai de douze jours prescrit par cet article est incontestablement, comme celui de l'art. 51, dont il ne constitue que le prolongement dans un cas déterminé, un délai franc, c'est-à-dire dans lequel ne sont compris ni le jour de la signification de la citation en Cour d'assises, ni celui de la comparution. Conf., Faivre et Benoit-Lévy, n. 241. Tel est, du reste, en règle générale, le caractère du délai de comparution devant les tribunaux (Arg. Cod. proc. civ. 1033). V. notamment F. Hélie, *Instr.crim.*, t. 6, n. 2837; Dalloz, *Répert.*, v^{is} *Délai*, n. 22 et s. et *Exploit*, n. 733.

390. En ce qui concerne l'augmentation du délai à raison de la distance, il me suffit de renvoyer aux explications données ci-dessus, n. 387.

391. Voici ce que porte l'art. 53, qui n'a donné lieu non plus à aucun débat : « Dans les cinq jours suivants, le plaignant ou le ministère public, suivant les cas, sera tenu de faire signifier au prévenu, au domicile par lui élu, la copie des pièces et les noms, professions et demeures des témoins par lesquels il entend faire la preuve contraire, sous peine d'être déchu de son droit. »

392. M. Lisbonne a indiqué de la manière suivante, dans son rapport à la Chambre des députés, le motif pour lequel la loi nouvelle a réduit à cinq jours le délai pour les notifications relatives à la preuve: « Nous avons pensé que le délai de cinq jours était suffisant, d'autant mieux qu'un pareil délai doit être accordé à la partie adverse, et que celui de la comparution ne doit être que de douze jours, en vue de la célérité qu'exige la solution de semblables procès, devant une juridiction qui n'est pas permanente. Si la loi du 26 mai 1819, art. 21, a fixé un délai de huit jours, c'est qu'à cette époque les communications étaient moins faciles et moins rapides qu'au temps où nous vivons. »

393. Dans chacun des deux délais de cinq jours impartis au prévenu, d'une part, au plaignant ou au ministère public, d'autre part, le jour du terme se trouve compris; le délai est accompli le cinquième jour qui suit la notification à partir de laquelle il commence. Comp. Chassan, t. 2, n. 1827.

394. Lorsque le prévenu a été condamné par défaut et qu'il a formé opposition à l'arrêt rendu contre lui, jouit-il encore, pour la notification de ses moyens de preuve, du délai imparti par la loi, et s'il en jouit, quel est alors le point de départ du délai? L'art. 20 de la loi de 1819 résolvait affirmativement la première question, et faisait dans ce cas, courir le délai à partir du jour de l'opposition. Mais la loi du 9 sept. 1835 ayant ensuite pres-

crit, par son art. 25, que l'opposition emporterait *citation à la première audience*, les auteurs en avaient conclu que le prévenu n'avait plus droit qu'au délai qui s'écoulerait entre l'opposition et l'audience la plus prochaine. (V. Chassan, t. 2. n. 1829; de Grattier, t. 1er p. 479.)

Telle est aussi la solution que, sous la loi nouvelle, voulait faire admettre le procureur général dans une affaire soumise à la Cour d'assises de la Seine. Mais cette Cour, se fondant, d'un côté, sur ce que, d'après l'art. 56 (V. *infrà*), l'opposition vaut citation à la première audience *utile*, et, d'un autre côté, sur ce que la disposition finale de cet article fait entendre qu'une nouvelle citation doit être donnée à l'opposant, a décidé, par arrêt du 15 nov. 1881 (*J. du Minist. publ.*, t. 25), que ce dernier a droit à un nouveau délai de cinq jours à partir de cette seconde citation. Comme un délai semblable appartient nécessairement au plaignant ou au ministère public, il en résulte que la première audience utile pour statuer sur l'opposition sera celle qui suivra l'expiration du double délai de cinq jours. Cette interprétation me parait aussi juridique qu'elle est équitable.

395. Les art. 52 et 53 édictent la peine de déchéance du droit d'administrer la preuve contre la partie qui laisse expirer le délai de cinq jours, sans faire les notifications prescrites. Mais, pour le prévenu, cette déchéance résulte en outre, d'après la disposition finale de l'art. 52, du défaut d'élection de domicile de sa part près la Cour d'assises, dans l'exploit de notification. — Comp. en ce sens, Parant, p. 252; Chassan, t. 2, n. 1841; de Grattier, t. 1er, p. 481.

La déchéance étant d'ordre public, la partie qui l'a encourue n'en peut être relevée par le consentement de l'autre partie. — Cass., 1er avril 1881 (*J. du Min. publ.*, t. 25); Cour d'assises de la Seine, 15 nov. 1881 (arrêt précité).

396. Quant au plaignant qui n'a pas élu domicile dans la citation, il n'encourt pour cela aucune déchéance. Sous l'empire de la loi de 1819, on décidait que les notifications du prévenu lui étaient valablement faites au greffe de la Cour d'assises (Parant, *loc. cit.*; de Grattier, p. 447 ; Chassan, n. 1842). Mais la même solution ne me paraît pas pouvoir être admise aujourd'hui (V. *suprà*, n. 383), et je crois qu'en pareil cas les notifications doivent être faites à la personne ou au domicile du plaignant.

397. Bien que les directeurs et administrateurs d'entreprises industrielles, commerciales ou financières, contre lesquels la

loi autorise la preuve des faits diffamatoires, doivent porter leur action en diffamation devant le tribunal correctionnel, et non devant la Cour d'assises, c'est la procédure prescrite par les art. 52 et 53, et non celle tracée par le Code d'instruction criminelle, qui doit être observée pour cette preuve. — Cass., 29 juin 1882 (*J. du Min. publ.*, t. 25). — *Contra*, Trib. correct. de Lille, 28 janv. 1882 (*ibid*).

398. Les juges ne peuvent, ni en Cour d'assises, ni en police correctionnelle, ordonner la preuve des faits imputés, sans qu'elle ait été offerte ou demandée par le prévenu, et malgré l'opposition du plaignant. — Cass.. 29 juin 1882, précité.

399. Comme les art. 21 et 22 de la loi du 25 mai 1819, les art. 52 et 53 de la loi du 29 juillet 1881 admettent le prévenu et la partie publique ou civile à faire, l'un la preuve des faits diffamatoires, l'autre la preuve contraire, non seulement par écrit (ce qu'impliquent les mots « la copie des pièces »), mais encore par témoins, contrairement à ce que disposaient les art. 18 de la loi du 25 mars 1822 et 28 du décret du 17 février 1852.

400. Bien que la loi nouvelle n'ait pas reproduit la disposi-tion de l'art. 23 de la loi du 26 mai 1879, retenue par la loi du 15 avril 1871 (art. 3), et autorisant le plaignant en diffamation à faire entendre des témoins pour attester sa moralité, on ne saurait, selon moi, contester au plaignant cette faculté dont rien, ni dans le texte de la loi, ni dans les travaux qui l'ont pré-parée, ne permet de supposer que le législateur ait entendu le priver. Il me semble d'ailleurs rationnel de soumettre l'admis-sibilité de cette preuve aux conditions prescrites par l'art. 53.

L'art. 23 précité de la loi de 1819 interdisait, au contraire, au prévenu, de faire entendre des témoins contre la moralité du plaignant. En l'absence d'une interdiction semblable dans la loi nouvelle, il appartient, selon moi, aux juges d'apprécier, eu égard aux circonstances, s'il convient ou non d'accorder ce droit au prévenu.

401. Il est important de fixer la phase de la procédure jus-qu'à laquelle, devant la Cour d'assises, le prévenu de délit de presse conserve le droit de faire défaut. La loi du 9 septembre 1835 contenait à cet égard des dispositions (art. 25, §§ 3 et 4) qui ont été reproduites, avec certaines modifications, par la loi du 27 juillet 1849 (art. 18 et 19), et que la loi du 29 juillet 1881 s'est appropriées, à son tour, en y apportant aussi quelques chan-gements.

Cette dernière loi dispose : Art. 54. « Toute demande en renvoi pour quelque cause que ce soit, tout incident sur la procédure suivie devront être présentés avant l'appel des jurés, à peine de forclusion. » — Art. 55. « Si le prévenu a été présent à l'appel des jurés, il ne pourra plus faire défaut, quand bien même il se fût retiré pendant le tirage au sort. En conséquence, tout arrêt qui interviendra, soit sur la forme, soit sur le fond, sera définitif, quand bien même le prévenu se retirerait de l'audience ou refuserait de se défendre. Dans ce cas, il sera procédé avec le concours du jury et comme si le prévenu était présent. »

Ces dispositions ont été votées par les deux Chambres sans aucun débat.

402. A les prendre à la lettre, il en résulterait que, si le prévenu veut conserver le droit de faire défaut, il doit présenter, *avant l'appel* des jurés, toutes les demandes de renvoi qu'il peut avoir à former, toutes les exceptions qu'il croit devoir opposer à la poursuite, tous les incidents que son intérêt lui conseille d'élever, et qu'après cet appel, la cause est liée contradictoirement avec lui. Mais, en réalité, comme on peut s'en convaincre, ce n'est pas l'appel proprement dit des jurés, prescrit par l'art. 339 du Code d'instruction criminelle, qui est le terme extrême au delà duquel prend fin le droit du prévenu d'empêcher, en se retirant, que l'arrêt ne devienne définitif. L'art. 25 de la loi de 1835 déclarait que le prévenu ne pouvait plus faire défaut, alors même qu'il se retirerait *après le tirage du jury* ou durant le cours des débats. L'art. 19 de la loi de 1849 lui refusait ce droit *après l'appel et le tirage au sort des jurés*. L'art. 55 de la loi de 1881 va moins loin ; d'après cet article, c'est seulement *pendant le tirage* que le prévenu ne peut plus, par sa retraite, se rendre défaillant. Donc, jusqu'à l'instant où commence le tirage, le prévenu est encore recevable à former les demandes et à élever les contestations dont parle l'art. 55, sans avoir à craindre que le jugement ne devienne définitif. — Conf., Faivre et Benoit-Lévy, p. 244.

C'est seulement l'arrêt sur le fond que l'art. 25 de la loi de 1835 réputait définitif après l'époque qu'il déterminait. L'art. 19 de la loi de 1849 attribuait ce caractère à tout arrêt, soit sur la forme, soit sur le fond. C'est ce que fait aussi, et à bon droit, notre art. 55.

Le refus qu'après le tirage le prévenu ferait de se défendre, sans se retirer de l'audience, n'aurait, pas plus que sa retraite, pour effet d'empêcher la décision de devenir contradictoire et définitive.

403. Les dispositions des art. 51 à 55 doivent recevoir leur application dans le cas où le ministère public a pris la voie de l'information préalable, aussi bien que dans celui où il a été procédé par voie de citation directe. — Compar. Circul. du minist. de la just. ; — Chassan, *Tr. des délits de la parole, de l'écriture*, etc., t. 2, p. 363 et suiv., et *Lois sur la presse depuis le 24 février* 1848, p. 117.

404. La circulaire du garde des sceaux fait très justement remarquer que toutes les dispositions du Code d'instruction criminelle qui supposent la détention préventive sont nécessairement inapplicables aux prévenus des délits de presse. et de parole, et qu'il en est ainsi notamment de l'art. 293 prescrivant l'interrogatoire de l'accusé.

Mais, en matière de presse comme en matière criminelle ordinaire, la liste des jurés doit être signifiée au prévenu, à peine de nullité des débats et de tout ce qui a suivi. — Cass., 8 déc. 1881 (*Gaz. des Trib.* du 16) ; Petit, p. 106, à la note.

Même en matière de presse, le droit de récuser les jurés n'appartient pas à la partie civile et ne peut être exercé que par le prévenu et le ministère public. — Cass., 8 déc. 1881, précité.

405. Quelle est la procédure à suivre lorsque le prévenu cité en Cour d'assises fait défaut? La loi nouvelle établit à cet égard les règles suivantes, qu'elle a empruntées, partie aux lois des 9 septembre 1835 (art. 25) et 27 juillet 1849 (art. 17), partie à l'art. 187 du Code d'instruction criminelle : — Art. 56. « Si le prévenu ne comparaît pas au jour fixé par la citation, il sera jugé par défaut par la Cour d'assises sans assistance ni intervention des jurés. — La condamnation par défaut sera comme non avenue si, dans les cinq jours de la signification qui en aura été faite au prévenu ou à son domicile, outre un jour par cinq myriamètres, celui-ci forme opposition à l'exécution de l'arrêt et notifie son opposition tant au ministère public qu'au plaignant. Toutefois, si la signification n'a pas été faite à personne ou s'il ne résulte pas d'actes d'exécution (1) de l'arrêt que le prévenu en a eu connaissance, l'opposition sera recevable jusqu'à l'expi-

---

(1) C'est par une erreur évidente que le texte officiel porte : « de l'acte « d'exécution. »

ration des délais de la prescription de la peine. L'opposition vaudra citation à la première audience utile. Les frais de l'expédition, de la signification de l'arrêt, de l'opposition et de
la réassignation pourront être laissés à la charge du prévenu. »

Sur cet article, qui a été encore adopté sans discussion par
les deux Chambres, M. Lisbonne a donné, dans son rapport, les
explications ci-après : « Nous avons reproduit la disposition de
l'art. 17 de la loi du 27 juillet 1849. Nous y avons introduit deux
modifications que nous avons empruntées au nouvel art. 187 du
Code d'instruction criminelle. En premier lieu, le délai pour
l'opposition sera de cinq jours, au lieu de trois, à partir de la
signification de l'arrêt. En second lieu, le délai ne courra que si
cette signification a été faite à la personne même du prévenu, ou
s'il résulte d'actes d'exécution de l'arrêt que le prévenu en a eu
connaissance. Dans le cas contraire, l'opposition sera recevable
jusqu'à l'expiration des délais de la prescription. — Adoptant
une règle consacrée par l'usage en matière civile, nous donnons
à la Cour d'assises la faculté de laisser à la charge du prévenu
demandeur en opposition les frais de l'expédition, de la signification de l'arrêt et de l'opposition. »

406. Le délai imparti au prévenu, pour former opposition à
l'arrêt rendu par défaut contre lui, est exactement des cinq jours
qui suivent la signification qu'il a reçue de cet arrêt, et ce délai
n'est pas prorogé au lendemain, si le dernier jour est férié. —
Comp. F. Hélie, *Instr. crim.*, n. 2971, et les arrêts mentionnés
ibid.

En ce qui touche l'augmentation du délai à raison de la distance, je renvoie à ce que j'ai dit ci-dessus, n. 387.

407. Nul doute que le plaignant auquel doit être notifiée l'opposition ne soit celui qui s'est porté partie civile, et non la personne qui a seulement adressé une plainte au parquet (arg. 187,
Cod. instr. crim.). — Faivre et Benoît-Lévy, p. 248.

L'opposition signifiée à la partie civile seule, et non au ministère public, ne serait point valable quant aux intérêts civils,
malgré l'acquiescement donné par le prévenu au jugement par
défaut relativement aux condamnations prononcées contre lui
sur l'action publique. — F. Hélie, n. 2972; mon *Mémorial du
Ministère public*, vº *Jugement et arrêt par défaut*, n. 20. — *Contrà*, Cass., 18 juin 1863 (*J. du Min publ.*, 6.165). Tandis qu'au
contraire, la notification du prévenu est valable relativement à
l'action publique, quoique notifiée seulement au ministère pu-

blic et non à la partie civile, en cas d'acquiescement du prévenu au jugement quant à l'action civile.—Cass., 11 août 1853 (S.-V. 53. 1.800); F. Hélie, *ib.*; *Mémor. du Minist. publ.*, *verb. cit.*, n. 21.

408. Quoique, aux termes de l'art. 56, l'opposition vaille citation à la première audience utile, dans la pratique, une nouvelle citation est donnée au prévenu par le ministère public, et cet usage se trouve confirmé par l'art. 56 lui-même, lorsque, dans sa disposition finale, en s'inspirant du paragraphe 2 de l'art. 18 de la loi du 26 mai 1819, il autorise les juges à laisser à la charge du prévenu, entre autres frais, ceux de la *réassignation*. — Comp. d'ailleurs *supra*, n. 394.

409. Sur ce qu'il faut entendre ici par *audience utile*, V. *ibid.*

410. La loi du 29 juillet 1881 ne fait que consacrer spécialement, en matière de presse, les principes généraux dans son art. 57, ainsi conçu : « Faute par le prévenu de former son opposition dans le délai fixé en l'art. 56 et de la signifier aux personnes indiquées dans cet article, ou de comparaître par lui-même au jour fixé en l'article précédent, l'opposition sera réputée non avenue et l'arrêt par défaut sera définitif. »

Cette disposition, du reste, est empruntée aux art. 19 de la loi du 26 mai 1819 et 17 de la loi du 27 juillet 1849.

411. L'art. 19 précité de la loi de 1819 reconnaissait au prévenu, qui ne se présentait pas en personne sur son opposition, la faculté de se faire représenter par un fondé de pouvoir. La loi nouvelle, en ne lui conférant pas elle-même cette faculté, a-t-elle entendu la lui interdire? Cette question s'était présentée sous l'empire de la loi de 1849, qui n'avait pas non plus reproduit la disposition dont il s'agit, et plusieurs arrêts de Cours d'assises l'avaient résolue affirmativement (V. Chassan, *Les Lois sur la presse depuis le 24 février* 1848, p. 117). C'est aussi la solution que la Cour suprême a consacrée sous le décret du 17 février 1852 (Cass., 25 août 1854, S.-V.54.1.660). Quelque rigoureuse qu'elle soit, elle ne peut faire difficulté aujourd'hui en présence de l'art. 57, qui déclare l'opposition non avenue et l'arrêt par défaut définitif, dès que le prévenu n'a pas comparu par lui-même.

412. L'opposition anéantissant de plein droit, à la différence de l'appel, la décision contre laquelle elle est formée et nécessitant un nouvel examen de l'affaire, il s'ensuit que la Cour d'assises est autorisée par cette voie de recours à aggraver la peine à laquelle le prévenu avait été condamné par défaut. — Cass. 2 mars 1882 (*Journ. du Minist. publ.*, t. 25).

413. En autorisant la Cour d'assises à condamner l'accusé, même acquitté, à des dommages-intérêts au profit de la partie civile, l'art. 358 du Code d'instruction criminelle a créé une source de fâcheux abus, et c'est surtout dans les poursuites de presse, auxquelles une jurisprudence constante avait déclaré cet article applicable (V. Chassan, t. 2, n. 1881), que les inconvénients d'un tel pouvoir se sont fait sentir. Les auteurs de la loi du 29 juillet 1881 n'ont pas hésité à en dépouiller la Cour d'assises. « Nous avons pensé, dit M. Lisbònne dans son rapport à la Chambre des députés, qu'il était difficile, dans la matière qui nous occupe, de laisser subsister un quasi-délit, après l'acquittement du délit, et surtout de supposer que le jury, en répondant *non* sur la question de culpabilité intentionnelle, n'a pas eu la volonté d'absoudre entièrement le prévenu. — D'ailleurs c'est par une sorte de prorogation de juridiction que la Cour d'assises connaît des délits commis par la voie de la presse ou de la parole. Or, en matière de délits, les tribunaux correctionnels ne peuvent condamner à des dommages-intérêts le prévenu acquitté. C'est le plaignant seul qui, dans ce cas, y est exposé. »

La loi dispose donc par son art. 58, qui, de même que les précédents, n'a donné lieu à aucun débat dans le Parlement : « En cas d'acquittement par le jury, s'il y a partie civile en cause, la Cour ne pourra statuer que sur les dommages-intérêts réclamés par le prévenu. Ce dernier devra être renvoyé de la plainte sans dépens ni dommages-intérêts au profit du plaignant. »

414. Après avoir tracé les règles de procédure auxquelles est soumise la poursuite des délits de presse devant la Cour d'assises, la loi a dû prévoir une hypothèse à laquelle l'emploi de la citation directe, de la part, tantôt du ministère public, tantôt du plaignant, peut donner lieu de se produire fréquemment, celle où la session ordinaire des assises se trouve terminée au moment de l'exercice de l'action, et où il ne doit pas s'en ouvrir une autre à une époque rapprochée. Différer, dans ce cas, le jugement de la poursuite jusqu'à la session suivante, c'était, avant la loi nouvelle, prolonger, pendant un espace de temps qui pouvait aller jusqu'à trois mois, le séquestre de la publication et la détention du prévenu. Aussi la loi du 9 sept. 1835 avait décidé, par son art. 27, qu'en pareille circonstance, il serait formé une Cour d'assises extraordinaire par ordonnance motivée du premier président prescrivant le tirage au sort des jurés, conformément à l'art. 388 du Code d'instruction criminelle, et l'art. 22 de la loi

du 27 juillet 1849 avait reproduit cette disposition. Seulement, tandis que l'art. 27 de la loi de 1835 voulait que le conseiller qui devait précider la Cour d'assises extraordinaire fût désigné par l'ordonnance du premier président, l'art. 22 de la loi de 1849 rendait applicable à cette hypothèse l'art. 81 du décret du 6 juillet 1810, aux termes duquel « dans les cas prévus par l'art. 259 du Code d'instruction criminelle d'une tenue extraordinaire d'assises, les présidents de la dernière assise sont nommés de droit pour présider les assises extraordinaires. En cas de décès ou empêchement légitime, le président de l'assise sera remplacé à l'instant où la nécessité de la tenue de l'assise extraordinaire sera connue : le remplacement sera fait par le premier président. L'ordonnance de remplacement contiendra l'époque fixe de l'ouverture de cette assise. »

Quoique l'interdiction de la saisie et la suppression de la détention préventive (V. *suprà*, n. 373 et s., 379 et s.) rendent aujourd'hui moins préjudiciable pour le prévenu l'ajournement de la décision, le législateur a pensé que non seulement le prévenu, mais la partie publique ou la partie civile pouvait néanmoins en éprouver assez de tort pour qu'il fût nécessaire d'emprunter à la législation précédente les prescriptions que je viens de rappeler.

L'art. 59, reproduction littérale de l'art. 22 de la loi du 27 juillet 1849, porte : « Si, au moment ou le ministère public ou le plaignant exerce son action, la session de la Cour d'assises est terminée, et s'il ne doit pas s'en ouvrir d'autre à une époque rapprochée, il pourra être formé une Cour d'assises extraordinaire par ordonnance motivée du premier président. Cette ordonnance prescrira le tirage au sort des jurés conformément à la loi. L'article 81 du décret du 6 juillet 1810 sera applicable aux Cours d'assises extraordinaires formées en exécution du paragraphe précédent. »

415. La loi ne dit point comment doit être provoquée l'ordonnance motivée du premier président. C'est évidemment, suivant que la poursuite émane du ministère public ou du plaignant, par un réquisitoire de l'un ou par une requête de l'autre, que le premier président, qui ne peut ordonner d'office la formation de la Cour d'assises extraordinaire, doit être saisi de la demande tendant à cette mesure. Si l'ordonnance de ce magistrat, contre laquelle il n'existe pas de voie de recours, est favorable à cette demande, le ministère public ou le plaignant procède ensuite devant la Cour d'assises constituée extraordinairement, selon les

formes prescrites pour les affaires jugées pendant les sessions ordinaires.

La circulaire du ministre de la justice fait aux magistrats du parquet les recommandations suivantes : « Le ministère public ne devra évidemment provoquer la formation de ces assises (extraordinaires) que dans les cas d'absolue nécessité ; il aura d'ailleurs d'autant moins l'occasion d'y recourir qu'il a, comme le plaignant, la faculté d'exercer ses poursuites devant toutes les Cours compétentes à raison du lieu de délit ; et qu'à défaut de celle du domicile, il pourra parfois porter l'affaire dans telle autre où s'ouvrirait une session prochaine, sans préjudice sérieux pour les personnes. »

ART. 2. — POLICE CORRECTIONNELLE ET SIMPLE POLICE.

SOMMAIRE.

416. Economie du projet primitif de la commission de la Chambre des députés relativement à la procédure à suivre devant les tribunaux correctionnels et de simple police.
417. Un amendement de M. Lorois, réduisant à 24 heures le délai de la citation en cas de diffamation ou d'injure contre un candidat pendant la période électorale, a été accepté par la commission de la Chambre des députés et voté par cette Chambre.
418. Nouvelle rédaction de la commission, adoptée par la Chambre avec quelques modifications. — Autre changement voté par le Sénat.— Texte de l'art. 60.
419. C'est par une erreur de numéro que l'avant-dernier paragraphe de cet article renvoie à l'art. 48 ; il faut lire 49.
420. Plainte préalable. — Renvoi.
421. L'abréviation du délai de la citation en diffamation pendant la période électorale concerne même la procédure d'appel.
422. Formes de la citation. — Qualification. — Renvoi. — Espèce.
423. Indication du texte de loi applicable. — Il ne suffit pas d'indiquer la loi de 1881 d'une manière générale.
424. Nécessité d'indiquer les numéros des articles applicables. — L'erreur de cette indication emporte nullité. — Espèces.
425. Le texte de loi applicable s'entend seulement de l'article qui prononce la peine, et non de ceux qui définissent le délit, règlent la compétence et déterminent la responsabilité comme auteur ou comme complice. — Espèce.
426. En cas de nullité de la citation pour omission des énonciations prescrites par le numéro 3 de l'art. 60, le prévenu ne peut demander des dommages-intérêts contre le plaignant.

427. Les prescriptions de ce numéro 3 s'appliquent à la citation en simple police.

428. La nullité résultant de l'inobservation de ces prescriptions est susceptible de se couvrir et ne peut être proposée pour la première fois en appel ni prononcée d'office. — Jurisprudence.

416. Le projet de la commission de la Chambre des députés (art. 63) se contentait, relativement à la procédure à suivre devant les tribunaux correctionnels et devant les tribunaux de simple police, de renvoyer aux règles établies par le Code d'instruction criminelle (chapitre 2 du titre 1er du livre II), en rappelant seulement, pour les formes de la citation en police correctionnelle ou en simple police, les prescriptions déjà édictées à l'égard de la citation en Cour d'assises. Diverses additions ont été faites à ces dispositions du projet.

417. Lors de la première délibération à la Chambre des députés, M. Lorois a proposé un paragraphe additionnel ainsi conçu : « En cas de diffamation ou d'injure, pendant la période électorale, contre un candidat à une fonction élective, ce candidat pourra, pendant la même période, donner assignation à comparaître dans un délai franc de vingt-quatre heures. » — « Vous comprenez, a dit l'auteur de cet amendement, quel inconvénient sérieux il y aurait à ce qu'un candidat diffamé n'obtînt la réparation à laquelle il a droit que lorsque la période électorale serait terminée. Il y a donc intérêt à abréger les délais de la procédure en sa faveur. »

La commission a adhéré à la pensée de l'amendement, mais elle a préféré cette autre rédaction, qu'elle a intercalée dans l'article du projet : « Toutefois, en cas de diffamation ou d'injure pendant la période électorale contre un candidat à une fonction élective, le délai de la citation sera réduit à vingt-quatre heures, outre les délais de distance. »

Le texte de la commission a été ensuite adopté, avec cette modification, par la Chambre.

418. Cependant, entre la première et la deuxième délibération, la commission l'a retouché de nouveau, et y a ajouté encore plusieurs dispositions. La rédaction sur laquelle la Chambre a été appelée à voter en seconde lecture était celle-ci : « Art. 59. La poursuite devant les tribunaux correctionnels et de simple police aura lieu conformément aux dispositions du chapitre 2 du titre 1er du livre II du Code d'instruction crimi-

nelle, sauf les modifications suivantes : — 1° Dans le cas de diffamation envers les particuliers, prévu par l'art. 32, et dans le cas d'injure, prévu par l'art. 33, paragraphe 2, la poursuite n'aura lieu que sur la plainte de la personne diffamée ou injuriée. — 2° Dans le cas d'outrage envers les chefs d'Etat ou agents diplomatiques étrangers, la poursuite aura lieu soit à leur requête, soit d'office, sur leur demande adressée au ministre des affaires étrangères, et par celui-ci au ministre de la justice. — 3° En cas de diffamation ou d'injure pendant la période électorale …(comme ci-dessus, n. 417, avant-dernier alinéa). —4° La citation précisera et qualifiera le fait incriminé ; elle indiquera le texte de loi applicable à la poursuite ; le tout à peine de nullité de ladite poursuite. — Sont applicables au cas de poursuite et de condamnation les dispositions de l'article 48 de la présente loi. »

Sur une observation de M. Lelièvre, la disposition du n° 2, relative à la poursuite pour outrage envers les chefs d'Etat et agents diplomatiques étrangers, a été retranchée, comme appartenant à l'art. 47, par suite du vote antérieur qui avait attribué ce délit aux Cours d'assises (V. *suprà*, n. 345) ; puis, le nouveau texte a été lui-même adopté.

La commission du Sénat s'est bornée à introduire dans ce texte une disposition finale proposée par M. Bozérian et ainsi conçue : « Le désistement du plaignant arrêtera la poursuite commencée. » — « Il est de toute justice, dit sur ce point le rapport de M. Pelletan, que celui qui a lancé la poursuite dans un intérêt essentiellement privé, reste toujours maître de la retirer ou de la maintenir. »

Le Sénat a voté, sans discussion, l'article ainsi modifié, qui est devenu l'art. 60 de la loi, et qui se trouve dès lors conçu en ces termes : — « La poursuite devant les tribunaux correctionnels et de simple police aura lieu conformément aux dispositions du chapitre 2 du titre 1er du livre II du Code d'instruction criminelle, sauf les modifications suivantes : — 1° Dans le ca sde diffamation envers les particuliers prévu par l'article 32, et dans le cas d'injure prévu par l'article 33, paragraphe 2, la poursuite n'aura lieu que sur la plainte de la personne diffamée ou injuriée. — 2° En cas de diffamation ou d'injure pendant la période électorale contre un candidat à une fonction élective, le délai de la citation sera réduit à vingt-quatre heures, outre le délai de distance. — 3° La citation précisera et qualifiera le fait incriminé ; elle indiquera le texte de loi applicable à la poursuite, le tout à peine de nullité de ladite poursuite. — Sont applicables au cas de poursuite et de condamnation les dispositions de l'article 48 de la présente loi. — Le désistement du plaignant arrêtera la poursuite commencée. »

419. Avant d'entrer dans les explications que cet article comporte, je dois faire observer qu'une erreur qui paraît n'avoir pas encore été remarquée, et dont la rectification est essentielle, s'est glissée, dans l'avant-dernier paragraphe, relativement à la désignation de l'article auquel il se réfère.

Ce paragraphe dit, comme le faisait le dernier paragraphe de l'art. 59 du projet (V. à la page précédente) : « Sont applicables au cas de poursuite et de condamnation, les dispositions de l'article 48 de la présente loi ». Mais l'article qui portait le numéro 48 au moment où l'art. 59 du projet a été voté par la Chambre des députés, n'est point le même que celui qui a pris ce numéro dans la loi. Lors de ce vote, l'art. 48 contenait les dispositions qui constituent actuellement l'art. 49, ainsi qu'on le voit par les explications que M. Lisbonne a données dans la séance du 5 février 1881, et par la lecture des articles faite au moment du vote par le président, soit dans cette même séance, soit dans celle du 17 février. Il aurait donc fallu, dans la rédaction définitive, substituer le chiffre 49 au chiffre 48, et c'est par un oubli regrettable que ce dernier chiffre y a été maintenu.

L'erreur, s'il en était besoin, serait encore démontrée par le contexte même de chacun des deux articles 48 et 49 de la loi. L'art. 48 est celui qui indique les énonciations que doit contenir le réquisitoire du ministère public à fin d'information. L'art. 49 trace les règles concernant la saisie de l'écrit ou du dessin délictueux au moment de la poursuite, la détention préventive de l'inculpé, et enfin la saisie et la suppression ou destruction de l'écrit ou du dessin en cas de condamnation. Qui pourrait hésiter à reconnaître que ce sont les dispositions de ce dernier article, et non celles du précédent, que l'art. 60 a entendu rendre applicables *au cas de poursuite et de condamnation* correctionnelles ?

Comment expliquerait-on l'emploi de ces dernières expressions, si le législateur avait voulu rappeler l'art. 48, qui est complétement étranger au cas de condamnation? Et comment admettre, d'un autre côté, qu'après avoir indiqué avec soin les énonciations que doit contenir la citation en police correctionnelle ou en simple police, le législateur ait songé à déclarer ap-

plicables à cette citation les dispositions de l'art. 48 qui renfer·
ment des prescriptions identiques pour le réquisitoire du ministère public? S'il avait voulu se référer, sur ce point, à d'autres
dispositions, n'aurait-il pas rappelé plutôt l'art. 50, qui règle les
formes de la citation en Cour d'assises? Mais toute référence de
ce genre était inutile; tandis qu'il était nécessaire, puisque la
loi résumait dans l'art. 60 toute la procédure devant les tribunaux correctionnels, d'y déclarer que les dispositions de l'art 49
s'étendaient au cas de poursuite devant ces tribunaux et à celui
de condamnation prononcée par eux.

Il faut donc lire dans l'avant-dernier paragraphe de l'art. 60 :
« sont applicables... les dispositions de l'art 49 de la présente loi. »

420. Sur le caractère de la plainte préalable qu'exige le n° 1
de l'art. 60, je ne puis que me référer à ce que j'ai dit *suprà*, n.
363, à propos de la poursuite devant la Cour d'assises.

421. Le délai de comparution que le n° 2 de notre article réduit à vingt-quatre heures, outre le délai de distance, dans le
cas de poursuite en diffamation ou en injure pendant la période
électorale, concerne-t-il même la procédure d'appel? MM. Faivre
et Benoit-Lévy, p. 257, admettent l'affirmative, qui me paraît
aussi être conforme à l'esprit de la loi.

422. Les dispositions de l'art. 60 dont l'application présente le
plus d'embarras sont celles que comprend le n° 3 et qui concernent les formes de la citation.

Ici, comme dans l'art. 50, relatif à la citation en Cour d'assises,
la loi exige que l'exploit précise et qualifie le fait incriminé. J'ai
déjà indiqué la portée de cette double prescription ci-dessus, n.
370. Mais un jugement du tribunal correctionnel de la Seine du
20 juin 1882 (*Journ. du Minist. publ.*, t. 25.) me fournit l'occasion d'ajouter que la qualification du fait ne consiste pas exclusivement dans l'emploi de la dénomination légale du délit
poursuivi, mais qu'elle peut résulter aussi d'énonciations se bornant à indiquer les éléments de ce délit; et qu'ainsi, par exemple,
comme l'a décidé ce jugement, dans le cas de poursuite pour diffamation, la citation qualifie suffisamment le fait incriminé,
bien qu'elle ne déclare pas expresément que l'écrit dans lequel
le plaignant a été attaqué renferme une *diffamation*, si, après
avoir reproduit des passages de cet écrit, elle les signale comme
portant atteinte à sa considération.

423. Quant à l'indication du texte de loi applicable, nul doute
que la citation ne remplisse point le vœu de l'art. 60, si elle in-

dique seulement la loi du 29 juillet 1881 d'une manière générale, sans faire connaître l'article ou les articles sous l'application desquels tombe le fait poursuivi. — Trib. corr. de la Seine,
9 et 25 nov. 1881 (*Courr. des trib.* du 17). V. aussi Trib. corr.
de Cholet, 10 déc. 1881 (*J. du Min. publ.*, t. 25, p. 52),

424. Il n'est certainement point nécessaire de reproduire dans
la citation le texte des articles invoqués; il suffit, mais il est
indispensable d'indiquer les numéros de ces articles. — Paris,
25 janv. et 4 février 1882 (*Journ. du Minist. publ.* t. 25; S.-V.
82.2.134). — La citation serait incontestablement nulle, si elle
contenait une erreur sur le numéro de l'article indiqué; par
exemple, si, la poursuite étant exercée à raison d'une diffamation envers un particulier, la citation indiquait comme] applicable l'art. 33, relatif à l'injure, au lieu de l'art: 32. — Trib.
correct. de la Seine, 18 janv. 1882 (S.-V.82.2.93).

Mais la citation satisfait à toutes les exigences de la loi, quand
elle « désigne avec précision les écrits » qui donnent lieu à la
poursuite; qu'elle «affirme que ces écrits, rendus publics, renferment les éléments du délit de diffamation », et qu'elle « indique l'article de la loi sur la presse qui punit ce délit. » —
Cass. 10 mars 1882 (*Journ. du Minist. publ.*, t. 25).

425. Le *texte de loi applicable* que la citation doit indiquer
s'entend-il seulement de l'article qui prononce la peine dont le
délit est passible, ou bien ces expressions comprennent-elles encore les articles qui définissent le délit, qui règlent la compétence
et qui déterminent la responsabilité des prévenus, soit comme
auteurs du fait incriminé, soit comme complices? L'arrêt de la
Cour de Paris du 25 janv. 1882, déjà mentionné plus haut, et qui
a été maintenu, sur le pourvoi en cassation, par l'arrêt de la
Chambre criminelle du 10 mars 1882 également précité, décide,
avec pleine raison, qu'il suffit de l'indication de l'article qui
prononce la peine applicable. Après avoir rappelé que c'est en
ce sens que la jurisprudence constante de la Cour de cassation
a interprété les art. 163, 195 et 369 du Code d'instruction criminelle, l'arrêt ajoute: « Considérant que s'il en est ainsi, il n'y a
plus qu'à rechercher si la loi du 29 juill. 1881 a entendu innover
à cet égard; — Considérant que cette innovation paraît d'abord
bien invraisemblable;... que, quelle que soit la liberté que le législateur de 1881 ait entendu donner à la presse, il faut bien admettre qu'en se décidant à maintenir le droit de poursuite au
profit des citoyens diffamés ou injuriés, il n'a pas voulu rendre

cette poursuite sinon impossible, du moins tellement difficile, qu'il serait plus prudent de s'en abstenir; qu'il n'eût pas été digne de lui d'environner la protection qu'il offrait des piéges et des embûches d'une procédure écrivassière et inutile ; que sa seule préoccupation a dû être, après avoir donné au diffamé le moyen de sauvegarder son honneur, d'assurer le droit si légitime et si respectable de la défense du prétendu diffamateur ; et qu'enfin, s'il voulait après tout créer des difficultés nouvelles de procédure pour rendre plus rares les procès en diffamation, il devait s'en exprimer clairement et faire connaître les motifs d'une innovation si étrange ; — Considérant que le législateur de 1881 n'a innové que sur un point, en attachant la peine de nullité au défaut d'indication du texte de loi applicable à la poursuite ; mais, qu'il n'a rien innové quant au sens jusque-là adopté de ces mots; qu'il a si peu entendu innover que, sur d'autres points, il n'a fait que copier l'art. 6 de la loi du 26 mai 1819; qu'en tous cas, il n'a pas été dit un mot ni dans l'exposé des motifs, ni dans le rapport, ni dans la discussion, qui permette de soutenir que la loi nouvelle ait voulu exiger, outre l'indication du texte relatif à la peine, l'indication du texte relatif à la définition du délit ou du titre de la responsabilité; qu'en matière de nullité tout est de droit étroit... »

De là, la Cour de Paris induit que, spécialement, la citation pour diffamation envers un particulier est essentiellement régulière dès qu'elle indique l'art. 32 de la loi du 29 juillet 1881, en dénommant le délit de diffamation qui doit être puni, sans qu'elle ait besoin de mentionner, en outre, ni l'art. 29, qui définit simplement le délit, ni les art. 42 et 43, qui se bornent à définir l'auteur du délit et le complice, à déterminer les responsabilités et à régler l'ordre de celles-ci, en renvoyant, pour les peines, à d'autres dispositions. — V. toutefois en sens contraire, M. Petit, p. 112, note *b*.

426. Lorsque la citation se trouve frappée de nullité pour omission des énonciations prescrites par le n° 3 de l'art. 60 de la loi de 1881, le prévenu ne peut demander des dommages-intérêts contre le plaignant en se fondant sur l'art. 191 du Code d'instruction criminelle, parce que cet article suppose que le tribunal correctionnel a été régulièrement saisi, et ne l'autorise à accorder des dommages-intérêts qu'après avoir reconnu que le fait ne constitue ni délit, ni contravention. — Trib. corr. de la Seine, 18 janv. 1882 (S.-V.82.2.93).

427. Les prescriptions du n° 3 de l'art. 60 s'appliquent à la citation en simple police aussi bien qu'à la citation en police correctionnelle. — Trib. de police de Tours, 30 mars 1882.

428. La nullité résultant de l'inobservation de ces prescriptions doit-elle être considérée comme touchant à l'ordre public, et faut-il admettre dès lors qu'elle n'est pas couverte par les agissements des parties, que celle-ci sont recevables à l'invoquer en tout état de cause, et qu'elle peut même être prononcée d'office? Quelques décisions dénuées de motifs ont résolu ce point affirmativement. — Trib. corr. de Compiègne, 22 nov. 1881 (S.V.82.2.93); Trib. corr. d'Oran, 14 déc., 1881 (*ibid.*); Trib. corr. de la Seine, 18 janv. 1882 (*ibid.*); Paris, 4 févr. 1882 (S.V.82.2.134). — Mais plusieurs arrêts ont, avec raison, selon moi, admis la solution contraire, et décidé notamment que la nullité ne peut être proposée pour la première fois en appel, et qu'elle est couverte par l'assistance du prévenu à l'audition des témoins et par les conclusions qu'il a prises au fond. — Douai, 28 mars 1882 (aff. Beccue C. Degenton, *Gaz. des Trib.*); Agen, 5 mai 1882 *Journ. du Minist. publ*, t. 25); Besançon, 7 juin 1882 (*ibid.*); Angers, 17 juill. 1882 (*ibid.*). — «Considérant, en droit, porte ce dernier arrêt, qu'aux termes de l'art. 173 du Code de procédure civile, toute nullité d'exploit ou d'acte de procédure est couverte si elle n'est proposée avant toute défense ou exception autre que les exceptions d'incompétence; qu'une doctrine constante et une jurisprudence unanime ont déclaré ce principe applicable aux matières civiles; qu'aucune dérogation n'y avait été apportée par l'art. 6 de la loi du 26 mai 1819, que la loi du 29 juillet et 1881 ne fait que reproduire dans les art. 50 et 60; que rien, ni dans le texte de la loi nouvelle, ni dans les discussions qui en ont précédé le vote, n'autorise à penser que le législateur ait voulu innover à cet égard...;—Qu'aux termes de l'art. 54, tout incident sur la procédure suivie devant la Cour d'assises doit, à peine de forclusion, être soulevé avant l'appel des jurés, c'est-à-dire avant toute défense au fond; qu'on ne voit pas pourquoi il en serait autrement devant les tribunaux correctionnels; — Qu'en matière de diffamation, notamment, la validité de la citation intéresse si peu l'ordre public, que l'action publique est constamment tenue en échec par la partie civile, puisque le ministère public ne peut poursuivre sans une plainte de la partie lésée, et que le plaignant reste toujours maître d'arrêter la poursuite par un désistement. »

La Cour de cassation a, en effet, décidé, par de nombreux arrêts que la règle édictée par l'art 173 du Code de procédure civile
est applicable en matière criminelle (V. Cass. 25 nov. 1875,
Journ. du Minist. publ., 19.284, et les autres décisions mentionnées à la suite. Conf., F. Hélie. *Instr. crim.*, t. 6, n. 2832). —
Compar. mon *Mémor. du Minist. publ.*, v° *Instr. crim.*, n. 44).
Et, sous l'empire de la loi du 29 décembre 1875, cette doctrine
a été appliquée à la nullité de la citation en matière de délits de
presse. — Bourges, 7 mars, 1879 (*J. du Minist. publ.*, 22.142).
Il faudrait, dans la loi de 1881, une disposition formelle pour
donner un autre caractère à la nullité de la citation en police correctionnelle ou en simple police, et cette disposition n'existe pas.

ART. 3. — VOIES DE RECOURS.

SOMMAIRE.

429. L'opposition aux jugements par défaut des tribunaux correction-
    nels et de simple police est régie par le droit commun.
430. Il en est de même de l'appel.
431. Pourvoi en cassation. — Il n'est ouvert qu'au prévenu et à la par-
    tie civile. — Dispense de la consignation de l'amende et de la
    mise en état.
432. Le pourvoi peut être formé avant l'arrêt ou le jugement définitif
    contre les arrêts ou jugements statuant sur la compétence, mais
    non contre les décisions préparatoires ou incidentes. — Espèces.
433. Le recours en cassation est aussi ouvert contre les arrêts des cham-
    bres d'accusation.
434. Délai pour se pourvoir en cassation; — pour envoyer les pièces;
    — pour rendre la décision. — Le délai du pourvoi est franc. —
    Point de départ.
435. Dans quel cas le délai du pourvoi contre l'arrêt de renvoi est porté
    à cinq jours.
436. Le délai pour l'envoi des pièces et celui pour la décision de la Cour
    de cassation ne sont pas prescrits à peine de déchéance.

429. La loi nouvelle, qui a cru devoir tracer des règles particulières pour l'opposition aux arrêts par défaut de la Cour d'assises (V. *suprà*, n. 405 et suiv.), n'en a prescrit aucune pour l'opposition aux jugements par défaut des tribunaux correctionnels
ou de simple police ; elle a donc laissé celle-ci sous l'empire des

dispositions du Code d'instruction criminelle (art. 150, 151, 187 et 188), qui constituent le droit commun.

430. C'est également d'après les règles du droit commun (Cod. instr. crim., 172 et suiv., 199 et suiv.), que, dans le silence gardé aussi par la loi de 1881 relativement à l'appel, doit être exercée cette voie de recours en matière de police correctionnelle et de simple police.

431. Les auteurs de la loi de 1881 ont cru devoir, au contraire, à l'exemple des législateurs précédents (V. L. 9 sept. 1835, art. 26 ; L. 27 juill. 1849, art. 20 et 21 ; L. 29 déc. 1875, art. 9), réglementer les conditions d'admissibilité et d'exercice du pourvoi en cassation. Les art. 61 et 62, dont l'adoption n'a souffert aucune difficulté ni à la Chambre des députés, ni au Sénat, sont consacrés à cet objet.

Le premier de ces articles dispose : « Le droit de se pourvoir en cassation appartiendra au prévenu et à la partie civile, quant aux dispositions relatives à ses intérêts civils. L'un et l'autre seront dispensés de, consigner l'amende, et le prévenu de se mettre en état. »

Le rapport de M. Lisbonne à la Chambre des députés explique cette disposition de la manière suivante : « Nous donnons au prévenu, ainsi qu'à la partie civile, quant à ses intérêts civils, le droit de se pourvoir en cassation. Le même droit ne pouvait être attribué au ministère public ; ç'aurait été déroger aux règles du droit commun au préjudice de la liberté. — Il est certains cas où le pourvoi en cassation est subordonné, pour être recevable, à la mise en état du prévenu. Il est également nécessaire, hors le cas d'indigence constatée, de consigner l'amende qui est de 150 francs. La mise en état du prévenu nous a paru exceptionnellement rigoureuse, d'autant mieux que les tribunaux ont la faculté discrétionnaire d'en dispenser. Quant à la consignation de l'amende, c'est une sorte de cautionnement. Nous avons supprimé l'une et l'autre de ces mesures. Il y avait d'autant moins lieu d'hésiter, quant à la seconde, que la même dispense existe en fait de pourvoi contre les décisions du jury en matière d'expropriation pour utilité publique. »

432. Le recours en cassation, ouvert ainsi, d'une manière générale, au profit du prévenu et de la partie civile, peut être dirigé contre les décisions préparatoires et incidentes, ou statuant sur la compétence, aussi bien que contre les décisions sur le fond. Mais est-on recevable à le former contre les premières

avant le jugement ou l'arrêt définitif? En droit commun, le recours en cassation contre les arrêts ou jugements préparatoires et d'instruction n'est ouvert qu'après l'arrêt ou jugement définitif ; mais cette règle ne s'applique point aux arrêts ou jugements rendus sur la compétence (Cod. instr. crim., 301 et 416). La loi du 9 septembre 1835, par son art. 26, § 1er, avait modifié, dans la matière spéciale des délits commis par voie de publication, les principes du Code d'instruction criminelle, en prescrivant que le pourvoi contre les arrêts qui auraient statué « tant sur les questions de compétence que sur les incidents », ne serait formé qu'après l'arrêt définitif « et en même temps que le pourvoi contre ces arrêt. » La loi du 27 juillet 1849 s'était approprié cette disposition, pour la formuler d'une manière encore plus énergique dans son art. 20, portant: « Aucun pourvoi en cassation contre les arrêts qui auront statué, soit sur les demandes en renvoi, soit sur les incidents de procédure, ne pourra être formé qu'après l'arrêt définitif, et en même temps que le pourvoi contre cet arrêt, à peine de nullité. » Enfin, l'art. 9 de la loi du 29 décembre 1875 avait reproduit à peu près littéralement le § 1er de l'art. 26 de la loi de 1835.

En gardant un silence absolu sur le point que j'examine, la loi nouvelle a laissé le droit commun régir les pourvois contre les arrêts et jugements préparatoires ou d'instruction et contre ceux statuant sur la compétence, en matière de presse. D'où il suit qu'à l'égard de ces derniers, il est permis de former le pourvoi avant l'arrêt ou jugement définitif, et que c'est seulement en ce qui concerne les autres que la recevabilité du pourvoi est surbordonnée à la préexistence de la décision sur le fond. La Cour de cassation s'est prononcée en ce sens par arrêt du 24 fév. 1882 (*J. du Min. publ.*, t. 25).

Dans cette même décision, la chambre criminelle déclare que l'arrêt de la Cour d'assises qui statue sur la demande en nullité de la citation pour inobservation des prescriptions de l'art. 60 de la loi de 1881, présente le caractère d'un jugement préparatoire et d'instruction dans le sens de l'art. 416 du Code d'instruction criminelle : « Attendu, y est-il dit, que si l'arrêt du 26 décembre qui a prononcé sur la prétendue irrégularité de la citation est définitif sur l'incident, il doit être rangé dans la classe des arrêts préparatoires et d'instruction contre lesquels le pourvoi en cassation n'est ouvert qu'après la décision définitive sur le fond. »

Mais, par un autre arrêt du 10 mars 1882 (*ibid.*), la Cour su-

prême a dénié, au contraire, le caractère de décision préparatoire et d'instruction à l'arrêt par lequel la Cour d'appel, en
infirmant un jugement correctionnel, a déclaré la citation valable
et évoqué le fond : « Attendu que la disposition qui ordonne
l'évocation a enlevé au prévenu le bénéfice du double degré de
juridiction pour ce qui concerne le fond ; qu'un pareil arrêt ne
saurait être considéré comme purement préparatoire et d'instruction, parce qu'il renferme non seulement une décision sur un
incident de procédure, mais une sentence définitive d'attribution,
qui intéresse essentiellement l'ordre des juridictions et les droits
de la défense. »

433. Ce ne sont pas seulement les arrêts des Cours d'assises
et les jugements et arrêts correctionnels qui peuvent être attaqués par le pourvoi en cassation ; cette voie de recours est également ouverte contre les arrêts des chambres d'accusation, en
matière de presse comme dans les autres matières criminelles
(V. Chassan, t. 2, n. 1592 et suiv. ; F. Hélie, *Instr. crim.*, t. 5,
n. 2264 et suiv., ainsi que les arrêts cités par ces auteurs) ; et
les conditions de son exercice se trouvent alors déterminées par
les art. 296 et suivants du Code d'instruction criminelle.

434. La loi du 27 juillet 1849 (art. 21) avait cru devoir réduire
à vingt-quatre heures le délai du pourvoi en cassation, qui, d'a-
près le droit commun, est de trois jours. La loi du 29 juillet 1881
n'a pas maintenu cette dérogation à la règle générale.

Aux termes de l'art. 62, « le pourvoi devra être formé dans
les trois jours, au greffe de la Cour ou du tribunal qui aura rendu
la décision. Dans les vingt-quatre heures qui suivront, les pièces seront envoyées à la Cour de cassation, qui jugera d'urgence
dans les dix jours à partir de leur réception. »

En ce qui touche le délai pour l'envoi des pièces et celui dans
lequel doit statuer la Cour de cassation, cet article ne fait que
reproduire les prescriptions de l'art. 21 de la loi de 1849.

C'est un délai de trois jours *francs* après celui où a été prononcé l'arrêt, que l'art. 373 du Code d'instruction criminelle
impartit pour former le pourvoi en cassation. Bien que l'art. 62
de la loi de 1881 ne s'explique pas sur ce point, sa disposition
doit être entendue dans le même sens. Dès lors, il faut admettre
ici, comme en matière criminelle ordinaire, que le délai du
pourvoi ne comprend ni le jour où la décision a été prononcée,
ni le dernier des trois jours accordés pour exercer ce recours ;
en sorte que si la décision attaquée a été rendue le 1er, le pour-

voi sera valablement formé le 5 (Cass., 7 déc. 1832 et 8 nov. 1834, S.-V.33.1.560; 35.1.283; F. Hélie, t. 8, n. 3909), et ne doit pas l'être, au plus tard, le 4, comme lé disent MM. Faivre et Benoît-Lévy, p. 258.

Le délai de trois jours court, pour les décisions contradictoires, à partir du jour de leur prononciation, et pour celles qui ont été rendues par défaut, du jour où le délai de l'opposition est expiré. — Compar. Cass., 5 déc. 1846 (S.-V.47.1.157); 11 fév. 1848 (*Bull.*, n° 47); 27 mars et 17 sept. 1857 (*Id.*, nᵒˢ 127 et 345); F. Hélie, t. 8, n. 2913.

435. Il importe de remarquer que si, d'après les art. 296 et 298 du Code d'instruction criminelle, le délai pour attaquer l'arrêt de renvoi devant la Cour d'assises est de cinq jours, ces dispositions, suivant une jurisprudence constante, ne sont applicables qu'aux arrêts de la chambre d'accusation qui prononcent le renvoi pour un fait qualifié crime par la loi, et ne peuvent être invoquées à l'égard des arrêts qui renvoient devant la Cour d'assises un prévenu de délit de presse.—V. notamment Cass., 28 juil. 1820 et 19 juill. 1851 (*Bull. crim.*, n° 300); F. Hélie, t. 5, n. 2302 et 2304.

436. Le délai de vingt-quatre heures pour l'envoi des pièces à la Cour de cassation, et celui de dix jours pour la décision de cette Cour, ne sont pas prescrits à peine de déchéance par l'art. 62. — Faivre et Benoît-Lévy, p. 258. — Compar. *suprà*, n. 47.

§ 3.—*Récidive, non-cumul des peines, circonstances atténuantes, prescription.*

SOMMAIRE.

n'avaient admise que dans de certaines limites, est édictée d'une manière générale par la loi nouvelle.

442. Rejet, par la Chambre des députés, d'un amendement de MM. Bardoux et Durand, tendant à la suppression du paragraphe qui, dans le cas d'admission des circonstances atténuantes, défend d'élever la peine au-dessus de la moitié de celle prononcée par la loi.

443. Quand, par application de l'art. 463, l'amende est substituée à l'emprisonnement, elle ne peut être portée à un chiffre supérieur à 16 francs.

444. B. Prescription. — La loi nouvelle, en maintenant l'égalité de durée entre l'action publique et l'action civile, réduit cette durée à trois mois, et applique même cette limitation aux prescriptions commencées au moment de la promulgation de la loi, et pour lesquelles une durée plus longue était exigée.

445. La prescription est de trois mois, même pour le délit consistant à commettre une action qualifiée crime ou délit.

446. Le bénéfice de cette prescription s'étend aux crimes.

447. Ce qu'il faut entendre par acte de poursuite interruptif de la prescription. — Espèce.

448. Après l'interruption, le nouveau cours de la prescription de trois mois, à partir du dernier acte de poursuite, a lieu même quand il s'agit d'une prescription commencée avant la loi nouvelle.

449. Le délai comprend le jour du délit, et, en cas d'interruption, le jour du dernier acte de poursuite.

450. Mode de calcul des mois.

437. A. *Récidive, non-cumul des peines, circonstances atténuantes.* — La législation précédente sur la presse admettait l'aggravation des peines à raison de la récidive, tantôt comme simplement facultative (L. 17 mai 1819, art. 25; L. 9 juin 1819, art. 10, 2ᵉ disposit.; L. 25 mars 1822, art. 7, § 3, et art. 13; L. 15 juill. 1828, art 15; L. 9 sept. 1835, art. 12, § 1ᵉʳ, 2ᵉ alinéa; L. 11 mai 1868, art. 12, §§ 2 et 3), tantôt comme obligatoire (L. 9 juin 1819, art. 10, dispos. finale; L. 25 mars 1822, art. 7, § 2, et art. 13; L. 25 mars 1835, art. 12, § 1ᵉʳ, 1ᵉʳ alinéa).

La commission de la Chambre des députés s'était proposé de donner, dans tous les cas, par la loi nouvelle, un caractère purement facultatif à cette conséquence de la réitération des délits dans les conditions déterminées par le Code pénal. L'art. 66 (plus tard 62) de son projet portait : « En cas de récidive des crimes et délits prévus et punis par la présente loi, l'aggravation des peines prononcée par le chapitre IV, livre Iᵉʳ, du Code pénal, ne sera pas obligatoire. »

Votée sans débat à la première lecture, cette disposition a été, lors de la deuxième délibération, et par le résultat d'un amendement qu'avait présenté M. Lorois et qu'a accepté la commission, remplacée par le texte suivant : « Les dispositions du chapitre IV, livre Ier, du Code pénal, ne sont pas applicables aux crimes et délits prévus par la présente loi. » La Chambre a également voté cette rédaction, qui excluait d'une manière absolue l'aggravation résultant de la récidive dans les termes du Code pénal.

La commission du Sénat a, de son côté, admis ce principe; mais elle a cru devoir le formuler en ces termes : « L'aggravation des peines résultant de la récidive n'est pas applicable aux infractions prévues par la présente loi. » Et cette dernière rédaction, adoptée par les deux Chambres, est devenue le paragraphe Ier de l'art. 63 de la loi nouvelle.

438. Entre la première et la deuxième délibération, la commission de la Chambre des députés a proposé un second paragraphe ainsi conçu : « En cas de conviction de plusieurs crimes ou délits prévus par la présente loi, les peines ne se cumuleront pas, et la plus forte sera seule prononcée. » C'était un retour au droit commun, auquel avaient dérogé, en matière de délits de presse, d'abord la loi du 9 septembre 1835 (art. 12, § 2), pour toutes les peines sans distinction, puis, après l'abrogation de cette loi, celle du 16 juillet 1850 (art. 9), pour les peines pécuniaires seulement. La Chambre des députés et le Sénat n'ont point hésité à voter aussi cette disposition libérale.

439. L'art. 63 est donc rédigé en ces termes : « L'aggravation des peines résultant de la récidive ne sera pas applicable aux infractions prévues par la présente loi. — En cas de conviction de plusieurs crimes ou délits prévus par la présente loi, les peines ne se cumuleront pas, et la plus forte sera seule prononcée. »

On saisit difficilement le motif qui a fait préférer, pour la disposition excluant l'aggravation des peines en cas de récidive, à la rédaction de la commission de la Chambre des députés celle qu'a arrêtée la commission du Sénat. Cette dernière rédaction n'a pas, en tout cas, l'avantage de prêter moins à l'équivoque, car si on la prenait à la lettre, on pourrait croire que la loi du 29 juillet 1881 n'admet aucune aggravation de peine à raison de quelque récidive que ce soit; et l'on se tromperait, puisque : 1° l'art. 2 permet de prononcer la peine de l'emprisonnement, au lieu de l'amende, contre l'imprimeur qui a omis d'indiquer son nom et son domicile au bas d'un imprimé, lorsque, dans les douze mois précédents, il a été condamné pour contravention de même nature ; 2° l'art. 21 veut que l'emprisonnement dont peuvent être punis l'exercice de la profession de colporteur sans déclaration préalable, la fausseté de la déclaration, etc., soit nécessairement prononcé en cas de récidive ; et 3° l'art. 41 augmente, aussi quand il y a récidive, la peine de suspension dont les avocats et officiers ministériels sont passibles dans le cas qu'il prévoit.

Ce n'est certainement que de l'aggravation de peine édictée par les art. 56, 57 et 58 du Code pénal, qu'entend parler le § 1er de l'art. 63 ; mais alors n'était-il pas plus simple et plus exact de s'en tenir au texte que la Chambre des députés avait, sur la proposition de sa commission, voté en deuxième lecture, texte qui visait exclusivement ces mêmes articles, les seuls dont se compose le chapitre 4 du livre 1er du Code pénal ?

440. Quant au paragraphe 2 de notre article, il ne fait qu'abroger la disposition de la loi du 16 juillet 1850, mentionnée au numéro précédent, qui admettait le cumul des peines pécuniaires, même lorsqu'il s'agissait de contraventions punies correctionnellement (Cass. 1er décembre 1877, *J. du Min. publ.*, 21.26) ; car, pour les autres peines, une jurisprudence constante déclarait déjà la règle de l'art. 365 du Code instruction criminelle applicable en matière de presse, quelle que fût la nature de l'infraction (V. Chambéry, 13 nov. 1873 ; Dijon, 17 février 1875 ; Trib. corr. d'Annecy, 27 janv. 1880, *J. du Min. publ.*, 16.307 ; 18.107 ; 23.57 ; Cass. 1er déc. 1877, précité, dans ses motifs).

441. Prohiber l'aggravation des peines, c'était faire dans la voie de l'indulgence un pas qui devait en amener un autre ; il eût été illogique d'empêcher que la circonstance défavorable de la récidive ne pût faire augmenter la rigueur de la répression, et de ne pas permettre que les circonstances favorables pussent faire atténuer cette rigueur. Aussi, la commission de la Chambre des députés n'avait-elle point manqué d'inscrire dans son projet (art. 67, puis 62, § 1er), cette disposition, aussi générale que possible : « L'article 463 du Code pénal est applicable dans tous les cas prévus par la présente loi. »

Les lois antérieures qui avaient également admis le principe de la réduction des peines en cas de circonstances atténuantes, l'avaient toutes renfermé dans de certaines limites, les unes, en le restreignant à des infractions déterminées (L. 25 mars 1822, art. 14 ; L. 10 déc. 1830, art. 8 ; L. 16 fév. 1834, art. 2 ; L.

6 juill. 1871, art. 7; L. 29 déc. 1875, art. 1er); les autres en l'appliquant seulement au délits de presse, ce qui semblait exclure les contraventions punies de peines correctionnelles (Décr. 11 août 1848, art. 8; L. 27 juillet 1849, art. 23, § 1er), et la loi du 11 mai 1868 elle-même, bien qu'elle étendît ce principe à toutes les infractions, en interdisant de réduire l'amende à un chiffre inférieur à 50 fr. (art. 15).

442: L'art. 23 précité de la loi du 27 juillet 1849 portait dans son paragraphe 2 : « Lorsqu'en matière de délits, le jury aura déclaré l'existence des circonstances atténuantes, la peine ne s'élèvera jamais au-dessus de la moitié du maximum déterminé par la loi. » C'est en s'inspirant de cette disposition que la commission de la Chambre des députés avait également introduit dans l'art. 67 de son projet, un second paragraphe ainsi conçu : « Lorsqu'il y aura lieu de faire cette application (celle de l'art. 463, Cod. pén.), la peine prononcée ne pourra excéder la moitié de celle édictée par la loi. »

A la Chambre, M. Durand a développé un amendement présenté par lui et par M. Bardoux, et tendant à la suppression de ce second paragraphe, qui apportait, a-t-il dit, à une règle générale et fort sage une dérogation dont l'effet serait dangereux pour le prévenu lui-même, parce que la défense d'élever la peine au-dessus de la moitié de celle prononcée par la loi pourrait détourner les juges de l'admission des circonstances atténuantes. Une courte réponse de M. Lisbonne, rapporteur, montrant combien il serait inique de laisser à la Cour d'assises la faculté d'appliquer le maximum d'une peine correctionnelle, au mépris de la déclaration du jury qui aurait admis les circonstances atténuantes, a entraîné le rejet de cet amendement.

Le texte du projet a été ensuite voté par la Chambre, et le Sénat, à son tour, n'a fait aucune difficulté de l'adopter.

Il constitue l'art. 64 de la loi, conçu dès alors en ces termes: « L'art. 463 du Code pénal est applicable dans tous les cas prévus par la présente loi. Lorsqu'il y aura lieu de faire cette application, la peine prononcée ne pourra excéder la moitié de la peine édictée par la loi. »

443. L'art. 463 autorise les juges à substituer l'amende à l'emprisonnement, « sans qu'en aucun cas elle puisse être au-dessous des peines de simple police ». Mais il ne détermine pas la limite jusqu'à laquelle l'amende pourra être élevée, et nulle autre disposition du Code pénal ne fixe non plus de maximum

pour les amendes correctionnelles. Quel doit être ce maximum? La question est controversée, surtout en doctrine; mais une jurisprudence fortement établie décide que les juges ne peuvent porter l'amende à un chiffre supérieur au minimum des amendes correctionnelles, c'est-à-dire à 16 francs. V. mon *Mémor. du Minist. publ.*, v° *Peine*, n. 13. *Adde* Pau, 7 févr. 1872 ; Besançon, 13 oct. 1877, et Cass., 3 janv. 1880 (*Journ. du Minist. publ.*, 15.176 ; 20.247 ; 23.116).

444. B. *Prescription.* Contrairement au principe suivant lequel l'action publique et l'action civile se prescrivent par le même laps de temps (Cod. instr. crim., 637,638 et 640), l'art. 29 de la loi du 26 mai 1819 avait assigné une durée de trois ans à la prescription de l'action publique résultant des crimes et délits commis par les voies de publication, et de six mois seulement à celle de l'action publique contre les mêmes crimes et délits. L'art. 27 du décret du 17 février 1852 avait fait cesser cette anomalie en prescrivant que les poursuites pour délits de presse seraient exercées dans les délais fixés par le Code d'instruction criminelle ; mais il en résultait que, pour l'action publique comme pour l'action civile, la durée de la prescription était de trois ans. Et rien n'avait été changé à cet état de la législation par les lois des 15 avril 1871 et 29 déc. 1875 (V. Cass. 8 juin 1872 et 31 juill. 1874 ; Trib. corr. d'Annecy, 27 janv. 1880, *Journ. du Minist. publ.*, 18.32 ; 23.57.)

Les auteurs de la loi de 1881, en maintenant eux-mêmes l'égalité de durée entre la prescription de l'action publique et celle de l'action civile, ont réduit cette durée à trois mois, et ont appliqué cette limitation même aux prescriptions commencées lors de la promulgation de la loi nouvelle et pour lesquelles la législation antérieure exigeait une durée plus longue.

L'art. 65, qui n'a donné lieu à aucune discussion, dispose : «L'action publique et l'action civile résultant des crimes, délits et contraventions prévus par la présente loi se prescriront après trois mois révolus, à compter du jour où ils auront été commis, ou du jour du dernier acte de poursuite, s'il en a été fait.—Les prescriptions commencées à l'époque de la publication de la présente loi et pour lesquelles il faudrait encore, suivant les lois existantes, plus de trois mois à compter de la même époque, seront, par ce laps de trois mois, définitivement accomplies. »

445. Lorsque le délit de presse consiste dans la provocation à commettre une action qualifiée crime ou délit (art. 23 et 24),

quelle prescription atteint l'action publique et l'action civile résultant de ce délit de presse, la prescription spéciale édictée par l'art. 65 de la loi du 29 juill. 1881, ou la prescription de droit commun affectant le fait principal? A cette question, posée par un député, M. Lorois, le rapporteur a répondu que la poursuite du délit de presse, même dans ce cas, se prescrit par le délai de trois mois qu'établit la loi nouvelle.

446. Le texte voté en première lecture par la Chambre des députés commençait ainsi : « Les *délits et contraventions prévus* par la présente loi se prescriront, etc. », et, dans son rapport, M. Lisbonne avait dit : « Si la prescription de trois mois efface les délits et contraventions prévus par la loi nouvelle, il en est différemment des *crimes*, ils restent soumis à la prescription ordinaire. » Mais , entre la première et la deuxième délibération, la commission a étendu aux crimes mêmes le bénéfice de la prescription de courte durée, et arrêté la rédaction qui est entrée dans la loi.

447. Lorsque des actes de poursuite ont été faits avant qu'il se soit écoulé trois mois depuis le jour où l'infraction a été commise, la prescription, qu'ils ont interrompue, recommence à courir du jour du dernier de ces actes (art. 65, § 1er). Mais que faut-il entendre par acte de poursuite ? Je renvoie sur ce point à mon *Mémor. du Minist. publ.*, vo *Prescription criminelle*, n. 50, et je me borne à mentionner un jugement du tribunal correctionnel de St-Jean d'Angely du 16 décembre 1881 (aff. Labatut C. Roy de Loulay et Ossian Pie, *Gaz des Trib.*), qui a décidé avec pleine raison qu'une plainte adressée au parquet, mais dans laquelle le plaignant ne s'est pas porté partie civile, ne constitue point un acte de poursuite interruptif de la prescription établie par l'art 65 de la loi du 29 juillet 1881.

448. Le nouveau cours de la prescription de trois mois à partir du dernier acte de poursuite a lieu aussi bien dans le cas où la prescription se trouvait déjà commencée lors de la promulgation de la loi nouvelle, que dans celui où l'infraction n'a été commise que depuis cette promulgation. — Douai, 19 juin 1882 (aff. Bœrus Pouyadon c. Hubert et autres, *Gaz. des Trib.*).

449. C'est un point controversé que celui de savoir si le jour du délit compte dans l'espace de temps requis pour la prescription. J'ai embrassé l'affirmative dans mon *Mémor., verb. cit.*, n. 34. Et j'y ai également émis l'opinion que lorsque la prescription a été interrompue, le jour du dernier acte de poursuite est compris dans le délai qui reprend cours (*ibid.*, n. 75).

450. Il est constant que le calcul des mois pour la prescription doit se faire d'après le calendrier grégorien, de date à date, et non par périodes de trente jours. V. mon *Mémor du Minist. publ., verb. cit.,* n. 35.

DISPOSITIONS TRANSITOIRES.

SOMMAIRE.

451. Par les art. 66 et 67, qui ont été votés sans débat et qui
n'exigent aucune explication, la loi nouvelle a déterminé, d'une
part, le délai dans lequel les gérants et propriétaires de journaux existant au moment de sa promulgation, devraient remplir la formalité de la déclaration prescrite à l'égard de tous les
écrits périodiques, et, d'autre part, le délai et les conditions du
remboursement du montant des cautionnements versés par les
journaux auxquels la législation précédente imposait cette obligation.

Ils sont ainsi conçus : « Art. 66. — Les gérants et propriétaires de journaux existant au jour de la promulgation de la présente loi seront tenus de se conformer, dans un délai de
quinzaine, aux prescriptions édictées par les articles 7 et 8, sous
peine de tomber sous l'application de l'article 9.

« Art. 67. — Le montant des cautionnements versés par les
journaux ou écrits périodiques actuellement soumis à cette obligation sera remboursé à chacun d'eux par le Trésor public
dans un délai de trois mois, à partir du jour de la promulgation
de la présente loi, sans préjudice des retenues qui pourront
être effectuées, au profit de l'Etat et des particuliers, pour les
condamnations à l'amende et les réparations civiles auxquelles
il n'aura pas été autrement satisfait à l'époque du remboursement. »

452. Puisque la loi nouvelle était destinée à remplacer toute
la législation antérieure sur la presse, elle devait nécessairement abroger les différents actes de cette législation. Tel était
l'objet de l'art. 1er du projet de loi de la Chambre des députés,
qui n'exceptait de l'abrogation que des dispositions mentionnées
dans l'art. 2, et contenues soit dans le Code pénal ordinaire, soit
dans des lois spéciales indépendantes de la législation à laquelle
la loi nouvelle allait se substituer.

La Chambre des députés ayant décidé, dès la première séance
consacrée à la discussion du projet de loi sur la presse, que ces
art. 1 et 2 seraient réservés jusqu'après le vote de toutes les

dispositions de fond contenues dans le projet, la commission a mis ce sursis à profi, pour en reviser le texte ; et à la séance du 5 février 1881, M. Lisbonne, rapporteur, a annoncé qu'en présence de l'abrogation complète et absolue de tous les textes relatifs aux crimes et délits commis par la presse ou autres moyens de publication que renfermait l'art. 1ᵉʳ, la commission regardait l'art. 2 comme inutile. « Cette disposition, a-t-il dit, exceptait en effet de l'abrogation des lois, des arrêtés, des dispositions qui sont étrangers à la législation sur la presse. Nous avons considéré cette formule comme superflue. Elle n'était même pas sans inconvénient, en ce sens que si, dans l'énumération des textes non sujets à l'abrogation, nous eussions fait quelque omission, il aurait semblé que les dispositions simplement omises rentraient implicitement dans le cadre des dispositions abrogées. C'était là un danger qu'il fallait éviter, et nous l'avons évité en généralisant d'une façon plus large la formule de l'art. 1ᵉʳ. »

La commission proposait en conséquence de remplacer les art. 1 et 2 du projet primitif par la disposition suivante, à laquelle elle donnait le numéro 67 : « Sont abrogés les édits, lois, décrets, ordonnances, arrêtés, règlements, déclarations généralement quelconque, relatifs à l'imprimerie, à la librairie, à la presse périodique et non périodique, au colportage, à l'affichage, à la vente sur la voie publique et aux crimes et délits prévus par les lois sur la presse et les autres moyens de publication, sans que puissent revivre les dispositions abrogées par les lois antérieures. »

La Chambre a adopté ce texte en première lecture ; mais à la deuxième délibération, MM. Barthe et Gaslonde ont présenté un amendement tendant à comprendre dans l'abrogation le deuxième paragraphe de l'art. 31 de la loi du 10 août 1871, sur les conseils généraux, interdisant aux journaux d'apprécier les discussions de ces conseils sans reproduire en même temps la portion du compte rendu officiel afférente à cette discussion. Cet amendement, accepté par la commission et par le gouvernement lui-même, a été aussi voté par la Chambre.

Le Sénat a adopté à son tour, sans discussion, l'art. 67 du projet, amendé comme je viens de l'expliquer, et qui est devenu l'art. 68 de la loi, conçu, par suite, en ces termes : « Sont abrogés les édits, lois, décrets, ordonnances, arrêtés, règlements, déclarations généralement quelconques, relatifs à l'imprimerie, à la librairie, à la presse périodique et non périodique, au colportage, à l'affichage, à la vente sur la voie publique, et aux crimes et délits prévus par les lois sur la presse et les autres moyens de publication, sans que puissent revivre les dispositions abrogées par les lois antérieures. — Est également abrogé le second paragraphe de l'article 31 de la loi du 10 août 1871 sur les conseils généraux, relatif à l'appréciation de leurs discussions par les journaux » (1).

453. J'ai déjà rappelé plus haut (n. 348) qu'il est de principe

---

(1) J'emprunte à la circulaire du ministre de la justice relative à l'exécution de la loi du 29 juillet 1881, la liste suivante des principaux délits supprimés par l'effet de l'abrogation que prononce l'art. 68 :

1° Apologie de faits qualifiés crimes ou délits (art. 3 de la loi du 27 juillet 1849).

2° Appréciation des discussions des conseils généraux sans la reproduction des comptes rendus y afférents. (art. 31, §§ 2 et 3, de la loi du 10 août 1871).

3° Attaques contre la Constitution, le principe de la souveraineté du peuple et du suffrage universel (art. 1er du décret du 11 août 1848).

4° Attaques contre le respect dû aux lois et à l'inviolabilité des droits qu'elles ont consacrés (art. 3 du décret du 27 juillet 1849)

5° Attaques contre la liberté des cultes, le principe de la propriété et les droits de la famille (art. 3 du décret du 11 août 1848).

6° Enlèvement ou dégradation des signes publics de l'autorité du gouvernement, en haine ou au mépris de cette autorité (art. 6 du même décret).

7° Excitation à la haine et au mépris du gouvernement (art. 4 du même décret).

8° Excitation à la haine et au mépris des citoyens les uns contre les autres (art. 7 du même décret).

9° Exposition publique, distribution ou mise en vente de signes ou symboles séditieux (art. 6 du même décret).

10° Infidélité et mauvaise foi dans les comptes rendus des séances des Chambres et des Cours et tribunaux (art. 16 de la loi du 25 mars 1822).

11° Offense envers les Chambres (art. 11 de la loi du 17 mai 1819 et 2 du décret du 11 août 1848).

12° Outrage à la morale publique et religieuse (art. 8 de la loi du 17 mai 1819).

13° Outrage à une religion reconnue par l'Etat (art. 1er de la loi du 25 mars 1822).

14° Port public de signes de ralliement non autorisés (art. 6 du décret du 11 août 1848).

que les lois modificatives de la compétence et de la procédure,
en matière criminelle, s'appliquent rétroactivement aux faits

---

15° Provocation à la désobéissance aux lois (art. 6 de la loi du
17 mai 1819).

16° Provocation aux crimes ou délits non suivie d'effet, en dehors
des cas réservés par les articles 24 et 25 (art. 2 de la loi du 17 mai 1819).

17° Publication d'articles politiques ou d'économie sociale émanant
d'individus condamnés à une peine afflictive ou infamante (art. 21 du
décret du 17 février 1852).

18° Publication de faits relatifs à la vie privée (art. 11 de la loi du
11 mai 1868).

Voici, d'autre part, la nomenclature des principaux textes législatifs
qui n'ont pas été compris dans l'abrogation :

1° Art. 1er, 3 et 4 de la loi du 18 germinal an X (publication et
impression des bulles, brefs, rescrits, etc., de la Cour de Rome et des
décrets des Synodes ou Conciles étrangers).

2° Art. 36 de la loi du 21 germinal an XI et art. 1er de la loi [du
29 pluviôse an XIII (annonces ou affiches de remèdes non autorisés).

3° Art. 1er et 2 du décret du 7 germinal au XIII (impression des
livres d'église).

4° Art. 1er et 2 du décret du 20 février 1809 (impression des ma-
nuscrits de l'Etat).

5° Art. 9 de la loi du 24 mai 1834 et art. 6 de la loi du 7 juin 1848
(provocation à des attroupements).

6° Art. 4 de la loi du 21 mai 1836 (distribution des billets de loteries
interdites).

7° Art. 5, § 5, de la loi du 25 mai 1838 (action civile pour diffamation ou injures autrement que par la voie de la presse).

8° Art. 40 du décret du 2 février 1852 (emploi de fausses nouvelles,
bruits calomnieux, etc., pour surprendre ou détourner des suffrages, ou
pour déterminer des abstentions).

10° Art. 45 du même décret (outrages par les membres d'un Collège
électoral envers le bureau).

11° Art. 201 à 206 du Code pénal (critiques, censures ou provocations, de la part des ministres des cultes, contre l'autorité publique).

12° Art. 222 à 227 du même Code (outrages non publics envers les
dépositaires de l'autorité et de la force publique).

13° Art. 260 à 264 du même Code (entraves à l'exercice des cultes).

14° Art. 419 et 420 du même Code (fausses nouvelles pour opérer la
hausse ou la baisse du prix des denrées ou marchandises, ou des effets
publics).

qui se trouvaient accomplis au moment de leur promulgation. Il résulte de là qu'à dater du jour où la loi du 29 juill. 1881 est devenue exécutoire, la partie qui aurait été lésée par un fait commis antérieurement, et auquel la législation de l'époque attribuait le caractère de délit, n'a pu en poursuivre la réparation devant le tribunal correctionnel, si, par suite de l'abrogation que prononce l'art. 68, ce fait a cessé d'être punissable. C'est ce qu'un jugement du tribunal correctionnel de la Seine du 17 août 1881 (S.-V. 82.2.92) a très bien décidé au sujet d'un fait de publication de fausse nouvelle n'ayant point troublé la paix publique, qui remontait à une date antérieure à celle où la loi de 1881 est entrée dans sa phase d'exécution. La partie lésée n'a plus eu que le droit de demander devant les tribunaux civils la réparation du dommage que le fait qui a cessé d'être délictueux lui a occasionné.—V. aussi Trib. civ. de la Seine, 4 août 1882 (aff. Supér. génér. de l'Instit. des frères des Ecoles chrét. et autres c. Léo Taxil (*J. du Min. publ.*, t. 25).

454. Quoique la jurisprudence ne présente pas une complète unité sur le point de savoir si les actes législatifs qui régissent la métropole ne sont exécutoires en Algérie qu'en vertu d'une promulgation spéciale, lorsqu'il n'en a pas été autrement ordonné, l'affirmative, consacrée par les arrêts les plus récents de la Cour suprême (5 janv. 1871, S.-V.71.1.63, et 4 août 1881, *J. du Min. publ.*, 25.13), semble être la solution la plus exacte. Et, pour les autres colonies, la nécessité d'une promulgation particulière n'est pas contestable (V. Dalloz, *Répert.*, v° *Organis. des col.*, n. 66). La loi nouvelle sur la presse ne devait donc pas être applicable de plein droit dans nos possessions d'outre-mer, auxquelles il était si désirable qu'elle apportât le bienfait d'une liberté dont elles se trouvaient privées bien plus rigoureusement encore que la France (V. *op. cit.*, *eod. verb.*, n. 131 et suiv., et v° *Organis. de l'Algér.*, n. 560 et suiv.). Aussi, lors du vote des dispositions transitoires, des députés de l'Algérie et des colonies

---

15° Toutes les lois et dispositions législatives qui régissent la propriété industrielle, littéraire ou artistique.

16° Toutes les lois fiscales concernant l'imprimerie et la presse.

17° Et enfin, toutes les dispositions du Code d'instruction criminelle qui ne sont pas contraires à celles du chapitre V de la loi du 29 juillet 1881.

ont-ils demandé que cette applicabilité fût déclarée par la loi ;
et la Chambre, puis le Sénat ont adopté, sans hésitation, la disposition suivante, qui constitue l'art. 69 de la loi du 29 juill. 1881 :
« La présente loi est applicable en Algérie et aux colonies. »

455. Mais, pour assurer l'exécution de cette disposition dans
celles de nos colonies qui ne possèdent pas de Cours d'assises, il
fallait encore déterminer la juridiction qui aurait à connaître
des crimes et des délits en matière de presse. Tel a été l'objet
d'un décret du 14 mars 1882, qui porte : « Art. 1er. Dans les
colonies françaises de la Guyane, du Sénégal, de Saint-Pierre
et Miquelon, de la Nouvelle-Calédonie et de la Cochinchine, ainsi
que dans les établissements français de l'Inde et de l'Océanie,
les crimes et délits prévus par la loi du 29 juillet 1881 sur la
liberté de la presse, et qui sont déférés, en France, à des Cours
d'assises, seront portés devant les tribunaux criminels, compo-
sés conformément aux ordonnances et aux décrets sur l'organi-
sation judiciaire en vigueur dans ces possessions. — Lorsqu'un
prévenu ne comparaîtra pas au jour fixé par la citation, il sera
jugé par défaut par le tribunal criminel, sans assistance ni intervention des assesseurs. »

456. Le législateur de 1881 aurait laissé incomplète l'œuvre
d'affranchissement pour la presse qu'il s'était proposé d'accom-
plir, s'il avait maintenu leur effet aux condamnations prononcées
en vertu de la législation rigoureuse qu'il abolissait. Une amnistie pour les crimes et délits commis sous le régime antérieur
était le corollaire indiqué de la loi nouvelle. Cependant aucune
disposition du projet de loi n'assurait cette faveur à la presse.
Mais un député, M. Villiers, a proposé à la Chambre une disposition additionnelle portant : « A dater de la promulgation de la
présente loi, une amnistie est accordée à tous les délits politiques commis par la voie de la presse et réprimés en vertu de la
législation antérieure. — Les amendes déjà perçues ne seront
pas restituées ; les amendes non perçues ne seront pas exigées. »

La commission, s'appropriant cette disposition, l'a modifiée
en ces termes : « Amnistie est accordée pour tous les crimes et
délits commis par la voie de la presse ou autres moyens de publications, et non punis par la présente loi, sans préjudice des
droits des tiers... » (Le reste, comme dans la proposition mentionnée ci-dessus.) L'addition des mots « non punis par la présente loi » a été combattue et par MM. Lockroy et Clémenceau,
qui en demandaient la suppression pure et simple, et par M. Vil-

liers, qui proposait de les remplacer par cette réserve : « Sauf l'outrage aux bonnes mœurs puni par l'art. 28 de la présente loi. » C'est cette dernière proposition que la Chambre a adoptée, dans sa séance du 15 février 1881. Seulement, sur l'observation faite par M. Ribot, que le gouvernement ne pouvait rester désarmé pour tout le temps qui s'écoulerait avant la ratification de la loi par le Sénat, il a été ajouté, dans la disposition votée par la Chambre, que l'amnistie était accordée pour les crimes et délits « commis antérieurement au 16 février 1881 ».

Une seule correction a été faite, dans un sens libéral du reste, à cette disposition par la commission du Sénat ; elle a consisté à restreindre aux amendes perçues avant le 16 février 1881, date à laquelle étaient arrêtés les effets de l'amnistie, le refus de restitution écrit dans la loi.

Au Sénat, M. Jules Simon a présenté un amendement tendant à faire décide que l'amnistie ne serait soumise à aucune restriction ; mais ses efforts ont échoué ; et le Sénat a adopté purement et simplement le texte admis par la Chambre des députés.

457. Lorsque la Chambre a été saisie de nouveau du projet de loi après le vote avec modifications du Sénat, M. Gatineau a proposé de reculer jusqu'au 20 juillet 1881, époque qui ne devait précéder que de quelques jours la promulgation de la loi, la date à laquelle s'arrêterait l'amnistie. Mais la Chambre a rejeté cet amendement, déterminée sans doute par la crainte que lui avait suggérée M. Lelièvre, au nom de la commission, de compromettre le vote de la loi en le retardant, et, par l'observation d'un autre député, qu'il était plus simple de faire de la proposition de M. Gatineau l'objet d'une loi spéciale.

En conséquence, la disposition proclamant l'amnistie est restée rédigée dans les termes qu'avait acceptés le Sénat. Elle forme l'art. 70 et dernier de la loi du 29 juillet, ainsi conçu : « Amnistie est accordée pour tous les crimes et délits commis antérieurement au 16 février 1881, par la voie de la presse ou autres moyens de publication, sauf l'outrage aux bonnes mœurs puni par l'art. 28 de la présente loi (1), et sans préjudice des

---

(1) J'ai dit, sous l'art. 28, *suprà*, n. 204 et suiv., que, pour atteindre, d'une manière plus sûre et plus efficace, le délit d'outrage aux bonnes mœurs, déjà réprimé par cet article, la Chambre des députés avait voté, le 26 juin 1882, une loi spéciale aggravant, dans une certaine mesure, la peine édictée par la loi de 1881, lorsque l'outrage aux bonnes mœurs con-

droits des tiers.—Les amendes non perçues ne seront pas exigées. Les amendes déjà perçues ne seront pas restituées, à l'exception de celles qui ont été payées depuis le 16 février 1881. »

---

siste dans la vente, l'exposition ou la distribution gratuite, non seulement de dessins, emblèmes ou images obscènes, mais encore d'écrits ou d'imprimés autres que le livre, également entachés d'obscénité, et appliquant, en pareil cas, à ce délit les règles du droit commun relatives à la compétence, aux formes et aux conditions de la poursuite, à la récidive, à l'imputabilité et à la complicité. Et j'ai ajouté qu'au moment où j'écrivais le texte adopté par la Chambre des députés n'avait pas encore été soumis aux délibérations du Sénat. Depuis, le projet de loi a été, de la part de la commission du Sénat, l'objet d'un rapport favorable, à la suite duquel cette dernière chambre l'a, sans discussion, voté à son tour, dans sa séance du 29 juillet 1882.

Le paragraphe 2 de l'art. 28 de la loi de 1881 se trouve donc désormais remplacé par la loi modificative ci-après, qui a été promulguée le 2 août 1882 :

Art. 1er. — Est puni d'un emprisonnement de un mois à deux ans et d'une amende de 16 à 3,000 francs quiconque aura commis le délit d'outrage aux bonnes mœurs, par la vente, l'offre, l'exposition, l'affichage ou la distribution gratuite sur la voie publique ou dans les lieux publics d'écrits, imprimés autres que le livre, d'affiches, dessins, gravures, peintures, emblèmes ou images obscènes.

Art. 2. — Les complices de ces délits, dans les conditions prévues et déterminées par l'article 60 du Code pénal, seront punis de la même peine, et la poursuite aura lieu devant le tribunal correctionnel, conformément au droit commun et suivant les règles édictées par le Code d'instruction criminelle.

Art. 3.—L'article 463 du Code pénal s'applique aux délits prévus par la présente loi.

Art. 4. — Sont abrogées toutes les dispositions contraires à la présente loi.

Dans le rapport mentionné plus haut, M. le sénateur Devaux a présenté, à l'appui de ces dispositions, les considérations suivantes : « Il suffit de lire attentivement les textes pour se convaincre que la loi du 29 juillet 1881 n'assure pas la répression du délit d'outrage aux bonnes mœurs dans tous les cas où il se produit. Il n'est pas douteux que le législateur de cette époque ait aperçu, comme ses prédécesseurs, le danger des publications obscènes, et qu'il ait voulu le conjurer; c'est le but de l'article 28 de cette loi, mais il ne l'a atteint que pour les publications obscènes par la gravure, le dessin, l'emblème ; justement sévère et armé contre le délit réalisé sous cette modalité, il a été trop indulgent et sans

Les Chambres ont ensuite adopté, sans discussion, une loi distincte consacrant la proposition de M. Gatineau et qui a été promulguée à la même date du 29 juillet 1881. L'article

---

force quand il se produit, avec le même danger cependant, par la voie de l'écrit. Le coupable qui a eu la précaution d'éviter le dessin, la gravure ou l'emblème, échappe à la répression, parce que la répression, en pareil cas, ne peut être poursuivie que devant le jury, c'est-à-dire trop tard, parce que le mal ne peut être conjuré par des mesures préventives, et que si la réparation de l'outrage arrive longtemps après qu'il a été commis, le bénéfice du délit n'en est pas moins acquis aux spéculateurs éhontés qui avant tout envisagent le profit de leur méfait....

« Où donc serait le péril ? Dans la juridiction correctionnelle? Mais il ne s'agit pas de discussion politique, religieuse ou morale. Le délit d'outrage à la morale publique et religieuse a été justement effacé de nos lois. Quelque large que soit la part qu'on veuille supposer à l'arbitraire, il n'y a pas un magistrat qui puisse et qui veuille surtout confondre la discussion de thèses politiques, religieuses ou morales avec l'obscénité....

« Faut-il craindre que le livre lui-même, que le projet de loi veut excepter de son application, ne puisse être distingué des écrits susceptibles d'être poursuivis et réprimés par la juridiction de droit commun, et ne soit soustrait à la juridiction sympathique et populaire du jury? C'est ici une question de bonne foi. Le bon sens, l'usage, la pratique suffiront à diriger l'appréciation et le jugement du magistrat et à déjouer toutes les ruses, sous quelque forme que cherche à se dissimuler le délit. Le juge est habitué par sa fonction même à se diriger par des principes de droit qui éclairent les points obscurs, et en matière criminelle il sait très bien que la sévérité doit être limitée et l'indulgence étendue, *odia restringenda, favores ampliandi.* S'il y a doute dans son esprit, il se prononcera dans le sens le plus favorable, on peut en être certain, parce que c'est la règle, c'est la loi. »

Le 7 août 1882, le garde des sceaux a adressé aux procureurs généraux, touchant la nouvelle loi répressive de l'outrage aux bonnes mœurs, une circulaire où il est dit notamment : « Ni le Gouvernement ni le législateur n'ont entendu porter la moindre atteinte à la liberté de la presse.... Les écrits obscènes autres que le livre ont été seuls visés, mais vous êtes désormais fortement armé pour réprimer les écarts des auteurs, vendeurs et propagateurs de ces écrits. Le droit commun leur est applicable ; les complices ne sont plus à l'abri de la poursuite ; les spéculateurs peuvent aussi bien être atteints que les colporteurs. L'imprimeur qui, en vue du lucre, prête ses presses à l'auteur ou à l'éditeur de ces honteuses productions ne sera plus impuni ; la saisie préventive pourra être faite, et l'arrestation ordonnée. Le châtiment suivra de près le délit. »

unique dont se compose cette loi porte: « L'amnistie prévue
par la loi sur la liberté de la presse sera appliquée à tous les
crimes et délits commis antérieurement au 21 juillet 1881. »

458. On ne saurait douter qu'à part l'outrage aux bonnes
mœurs, formellement exclu par l'art. 70, l'amnistie ne comprenne toutes les infractions commises par les voies de publication, sans distinction entre les délits de la presse et ceux de la
parole, entre les délits qui ont un caractère politique et ceux
qui appartiennent plus particulièrement au droit commun, ainsi
que l'a décidé un arrêt de la Cour de Paris du 11 nov. 1881 (S.-V.
82.2.84). Cette distinction ne serait justifiée ni par le texte
de la loi, ni par les termes des propositions relatives à l'amnistie
qui ont été discutées soit à la Chambre des députés, soit au Sénat. C'est donc à bon droit que l'arrêt précité a fait bénéficier de
l'amnistie un délit d'injures publiques.

459. Il n'est pas de principe plus certain que celui suivant lequel l'amnistie, en éteignant l'action publique à l'égard des infractions auxquelles elle est applicable, laisse subsister l'action
civile des personnes lésées par ces infractions. Pour que les
droits des tiers soient sauvegardés, il n'est même pas nécessaire
que la loi d'amnistie prenne soin de les réserver; ils sont maintenus par la force des principes, et il ne faudrait, au contraire,
rien moins qu'une disposition formelle de cette loi pour que l'effet de l'amnistie pût être étendu à l'action civile. V. mon *Mémorial du Ministère public*, v⁰ *Amnistie*, n. 1, et Cass. 2 mai
et 20 juillet 1878 (S.-V.79.1.48). Sous l'empire de l'art. 70 de la
loi du 29 juill. 1881, qui a cru cependant devoir déclarer que
l'amnistie ne préjudicierait pas aux tiers, la survivance de l'action civile est d'autant plus incontestable; aussi a-t-elle été
proclamée par toutes les décisions qui ont eu à se prononcer sur
ce point. V. Toulouse, 19 août 1881 ; Cass. 18 nov. 1881 (deux
arrêts) ; Bourges, 24 nov. 1881 ; Paris, 26 nov. 1881 ; Dijon, 13
déc. 1881 (S.-V.82.2.82 et 84; 1.236); Trib. civ. de Chambéry,
25 janv. 1882 (aff. Possoz, C. Audé et Chatelain); Alger, 27 févr.
1882 (*J. du Min. publ.*, 25. 164).

Les parties lésées conservent donc le droit d'exercer une action en dommages-intérêts à raison des faits auxquels s'applique
l'amnistie. — Mêmes décisions.

460. Mais la condamnation qu'elles viennent à obtenir peut-
elle être exécutée par la voie de la contrainte par corps? Cette
question a été récemment l'objet de deux décisions opposées.

Par un arrêt du 30 mars 1882 (*J. du Min. publ.*, 25.164), la Cour de Paris l'a résolue affirmativement, en se fondant sur ce que le droit à une réparation réservé par la loi d'amnistie ne serait pas entier, s'il était dépourvu de la sanction de la contrainte par corps, qui lui était acquise avant cette loi. L'arrêt de la Cour d'Alger du 27 février 1882, déjà cité au numéro précédent, a consacré la solution contraire, d'après ce motif, que la contrainte par corps n'étant attachée aux condamnations pécuniaires en matière correctionnelle ou criminelle qu'à raison du caractère délictueux des faits qui les ont motivées, le recouvrement de ces condamnations cesse de pouvoir être poursuivi par une telle voie d'exécution, du moment que, par une conséquence nécessaire de l'amnistie, les faits dont il s'agit ont cessé d'être punissables. J'ai essayé de démontrer dans le *Journal du Ministère public* (*loc. cit.*) l'exactitude de cette dernière interprétation.

461. De ce que l'amnistie éteint l'action publique, mais laisse subsister l'action civile, il résulte qu'après la promulgation de la loi qui l'a proclamée, la Cour de cassation n'a pas à statuer soit sur le pourvoi formé par le ministère public contre l'arrêt d'une Cour d'appel à laquelle avaient été déférés les faits couverts par l'amnistie, soit sur le pourvoi du condamné, en ce qui touche l'action publique (Cass. 29 sept. 1881, S.-V.82.1.239, et 18 nov. 1881, deux arrêts, déjà cités *suprà*, n. 459); tandis qu'elle doit, au contraire, prononcer sur ce dernier pourvoi au point de vue de l'action civile (mêmes arrêts du 18 nov. 1881.)

462. Relativement à l'influence de l'amnistie sur la compétence pour connaître de l'action civile des parties lésées par des faits auxquels cette mesure s'applique, V. ce que j'ai dit ci-dessus, n. 355.

463. La loi complémentaire du 29 juillet 1881 n'ayant eu d'autre objet que de changer, dans l'art. 70 de la loi sur la presse, la date à laquelle devaient cesser les effets de l'amnistie (V. *suprà*, n. 457), il ne saurait y avoir de doute qu'elle n'ait apporté aucune modification à la disposition de cet article qui a fixé au 16 février 1881 le point de départ du droit à la restitution des amendes perçues.

464. Aux dispositions transitoires qui devaient terminer la loi sur la presse, M. Jules Simon avait proposé à la commission du Sénat d'ajouter un article supprimant l'impôt du papier. La commission avait écarté cette proposition par ces motifs, consi-

gnés dans le rapport de M. Pelletan : « Le nouveau budget abolit en principe cet impôt. Le ministre des finances accepte la suppression ; il a même présenté, à ce sujet, une loi à la Chambre des députés. » M. Jules Simon a néanmoins développé son amendement devant le Sénat, mais sans insister pour obtenir un vote. — Compar. *suprà*, n. 23.

465. La loi du 29 juill. 1881, qui constitue maintenant le Code unique de la presse, n'a point sans doute réalisé l'idéal qu'avaient rêvé beaucoup de ceux que l'intérêt de la liberté du journalisme rendait impatients de voir tomber les entraves dans lesquelles il était tenu depuis tant d'années. Elle n'est pas non plus, au point de vue purement juridique, à l'abri de critiques plus ou moins graves. Avec ses imperfections cependant, elle est un bienfait pour la presse, qui ne peut plus — pour longtemps au moins — qu'en désirer une loyale et judicieuse application.

Je termine en reproduisant les recommandations fort sages que le ministre de la justice adressait à ce sujet aux procureurs généraux dans sa circulaire du 9 nov. 1881 : « La loi, porte cette circulaire, a affranchi de toutes les mesures préventives l'imprimerie et la presse ; elle n'a maintenu que quelques formalités dont le but unique est d'assurer la responsabilité des écrits délictueux, soit au regard de l'action publique, soit au regard des tiers. Ces formalités sont en assez petit nombre, elles sont assez peu coûteuses, assez faciles à remplir pour qu'elles doivent être exécutées rigoureusement. Vous tiendrez la main à leur entier accomplissement. Vous pourrez adresser officieusement aux contrevenants, lorsque vous le jugerez convenable, un avertissement préalable ; mais vous n'hésiterez pas ensuite à les déférer aux tribunaux. — Vous poursuivrez rigoureusement toutes les contraventions de simple police et même toutes les infractions qui, bien que déférées aux tribunaux correctionnels, ont surtout un caractère contraventionnel. — En ce qui concerne les délits proprement dits, vous aurez à apprécier dans chaque cas particulier l'intention, le préjudice, l'intérêt public en jeu...

« Vous pèserez les poursuites avec calme et maturité ; mais, lorsqu'elles seront résolues, vous devrez les conduire avec la plus grande célérité possible. Vous prendrez la voie rapide de la citation directe toutes les fois qu'une information préalable ne sera pas nécessaire...

« Je ne puis que vous recommander, dans cette épreuve d'une loi nouvelle, la conciliation des devoirs de modération et de prudence dont vous vous êtes inspiré jusqu'ici, avec la protection qui est due aux grands intérêts dont vous avez la garde. »

APPENDICE.

Au moment du tirage de cette feuille, des documents, qui ne manquent point d'intérêt, parviennent à ma connaissance, et je crois utile de les mentionner ici.

Dans une lettre adressée au garde des sceaux, à la date du 16 mars 1882, le ministre des finances a exprimé l'opinion qu'en admettant que l'abrogation prononcée par l'art. 68 de la loi du 29 juillet 1881 atteigne les dispositions du décret du 25 août 1852, sur l'affichage, qui prescrivent des mesures de police, il n'en est pas de même pour les dispositions fiscales soit de ce décret, soit de la loi du 8 juillet précédent, réglant la perception du droit d'affichage, et que dès lors, les affiches peintes demeurent, au point de vue de l'impôt, soumises au même régime qu'avait la loi nouvelle.

De son côté, en répondant à son collègue le 31 du même mois, le ministre de la justice a déclaré partager son sentiment : — « L'art. 68 de la loi du 29 juill. 1881, a-t-il dit, en proclamant la liberté de l'affichage, n'a eu, à mon avis, d'autre effet que d'abroger les dispositions du décret du 25 août 1852 qui obligeaient l'individu qui veut apposer des affiches à se munir de l'autorisation préalable de l'autorité municipale ou préfectorale, et elle n'a porté aucune atteinte aux prescriptions de la loi de 1852, dont on ne saurait méconnaître le caractère purement fiscal. Aucun motif, en conséquence, ne fait obstacle à ce que l'art. 30 de cette loi soit appliqué, et à ce que la partie du décret du 25 août 1852 qui a un rapport direct à l'exécution de cette loi soit également observée. »

Enfin, la même interprétation a été admise par le ministre de l'intérieur dans une lettre au ministre des finances, en date du 27 avril 1882.

Le moindre doute ne saurait, selon moi, s'élever sur l'exactitude de cette doctrine. Comp. *suprà*, n. 98 et 99.

TEXTE

DE LA

LOI DU 29 JUILLET 1881

CHAPITRE Ier.

DE L'IMPRIMERIE ET DE LA LIBRAIRIE.

Art. 1er. — L'imprimerie et la librairie sont libres.

Art. 2. — Tout imprimé rendu public, à l'exception des ouvrages dits de ville ou bilboquets, portera l'indication du nom et du domicile de l'imprimeur, à peine, contre celui-ci, d'une amende de 5 francs à 15 francs. — La peine de l'emprisonnement pourra être prononcée si, dans les douze mois précédents, l'imprimeur a été condamné pour contravention de même nature.

Art. 3. — Au moment de la publication de tout imprimé, il en sera fait, par l'imprimeur, sous peine d'une amende de 16 francs à 300 francs, un dépôt de deux exemplaires, destinés aux collections nationales. — Ce dépôt sera fait au ministère de l'intérieur pour Paris; à la préfecture, pour les chefs-lieux de département; à la sous-préfecture, pour les chefs-lieux d'arrondissement; et, pour les autres villes, à la mairie. — L'acte de dépôt mentionnera le titre de l'imprimé et le chiffre du tirage. — Sont exceptés de cette disposition les bulletins de vote, les circulaires commerciales ou industrielles et les ouvrages dits *de ville* ou *bilboquets*.

Art. 4. — Les dispositions qui précèdent sont applicables à tous les genres d'imprimés ou de reproductions destinés à être publiés — Toutefois, le dépôt prescrit par l'article précédent sera de trois exemplaires pour les estampes, la musique et en général les reproductions autres que les imprimés.

CHAPITRE II.

DE LA PRESSE PÉRIODIQUE.

§ 1er. — *Du droit de publication, de la gérance, de la déclaration et du dépôt au parquet.*

Art. 5. — Tout journal ou écrit périodique peut être publié, sans autorisation préalable et sans dépôt de cautionnement, après la déclaration prescrite par l'article 7.

Art. 6. — Tout journal ou écrit périodique aura un gérant. — Le gérant devra être Français, majeur, avoir la jouissance de ses droits civils, et n'être privé de ses droits civiques par aucune condamnation judiciaire.

Art. 7. — Avant la publication de tout journal ou écrit périodique, il sera fait, au parquet du procureur de la République, une déclaration contenant : — 1° Le titre du journal ou écrit périodique et son mode de publication ; — 2° Le nom et la demeure du gérant : — 3° L'indication de l'imprimerie où il doit être imprimé. — Toute mutation dans les conditions ci-dessus énumérées sera déclarée dans les cinq jours qui suivront.

Art. 8. — Les déclarations seront faites par écrit, sur papier timbré, et signées des gérants. Il en sera donné récépissé.

Art 9. — En cas de contravention aux dispositions prescrites par les articles 6, 7, 8, le propriétaire, le gérant, ou, à défaut, l'imprimeur, seront punis d'une amende de 50 francs à 500 francs. — Le journal ou écrit périodique ne pourra continuer sa publication qu'après avoir rempli les formalités ci-dessus prescrites, à peine si la publication irrégulière continue d'une amende de 100 francs, prononcée solidairement contre les mêmes personnes, pour chaque numéro publié à partir du jour de la prononciation du jugement de condamnation, si ce jugement est contradictoire, et du troisième jour qui suivra sa notification, s'il a été rendu par défaut ; et ce, nonobstant opposition ou appel, si l'exécution provisoire est ordonnée. — Le condamné, même par défaut, peut interjeter appel. Il sera statué par la Cour dans le délai de trois jours.

Art. 10. — Au moment de la publication de chaque feuille ou livraison du journal ou écrit périodique, il sera remis au parquet du procureur de la République, ou à la mairie, dans les villes où il n'y a pas de tribunal de première instance, deux exemplaires signés du gérant. — Pareil dépôt sera fait au ministère de l'intérieur, pour Paris et le département de la Seine ; et pour les autres départements, à la préfecture, à la sous-préfecture ou à la mairie, dans les villes qui ne sont ni chefs-lieux de département, ni chefs-lieux d'arrondissement. — Chacun de ces dépôts sera effectué sous peine de 50 francs d'amende contre le gérant.

Art. 11. — Le nom du gérant sera imprimé au bas de tous les exemplaires, à peine, contre l'imprimeur, de 16 francs à 100 francs d'amende par chaque numéro publié en contravention de la présente disposition.

§ 2. — *Des rectifications.*

Art. 12. — Le gérant sera tenu d'insérer gratuitement, en tête du plus prochain numéro du journal ou écrit périodique, toutes les rectifications qui lui seront adressées par un dépositaire de l'autorité publique, au sujet des actes de sa fonction qui auront été inexactement rapportés par ledit journal ou écrit périodique. — Toutefois ces rectifications ne dépasseront pas le double de l'article auquel elles répondront. — En cas de contravention, le gérant sera puni d'une amende de 100 francs à 1,000 francs.

Art. 13. — Le gérant sera tenu d'insérer, dans les trois jours de leur réception ou dans le plus prochain numéro, s'il n'en était pas publié avant l'expiration des trois jours, les réponses de toute personne nommée ou désignée dans un journal ou écrit périodique, sous peine d'une amende de 50 francs à 500 francs., sans préjudice des autres peines et dommages-intérêts auxquels l'article pourrait

donner lieu. — Cette insertion devra être faite à la même place et en mêmes caractères que l'article qui l'aura provoquée. — Elle sera gratuite, lorsque les réponses ne dépasseront pas le double de la longueur dudit article. Si elles le dépassent, le prix d'insertion sera dû pour le surplus seulement. Il sera calculé au prix des annonces judiciaires.

§ 3. — *Des journaux ou écrits périodiques étrangers.*

Art. 14. — La circulation en France des journaux ou écrits périodiques publiés à l'étranger ne pourra être interdite que par une décision spéciale délibérée en conseil des ministres. — La circulation d'un numéro peut être interdite par décision du ministre de l'intérieur. — La mise en vente ou la distribution, faite sciemment au mépris de l'interdiction, sera punie d'une amende de 50 francs ou 500 francs.

CHAPITRE III.

DE L'AFFICHAGE, DU COLPORTAGE ET DE LA VENTE SUR LA VOIE PUBLIQUE.

§ 1er. — *De l'affichage.*

Art. 15. — Dans chaque commune, le maire désignera, par arrêté, les lieux exclusivement destinés à recevoir les affiches des lois et aux autres actes de l'autorité publique. — Il est interdit d'y placarder des affiches particulières. — Les affiches des actes émanés de l'autorité seront seules imprimées sur papier blanc. — Toute contravention aux dispositions du présent article sera punie des peines portées en l'article 2.

Art. 16. — Les professions de foi, circulaires et affiches électorales pourront être placardées, à l'exception des emplacements réservés par l'article précédent, sur tous les édifices publics autres que les édifices consacrées aux cultes, et particulièrement aux abords des salles de scrutin.

Art. 17. — Ceux qui auront enlevé, déchiré, recouvert ou altéré, par un procédé quelconque, de manière à les travestir ou à les rendre illisibles, des affiches apposées par ordre de l'administration dans les emplacements réservés, seront punis d'une amende de 5 francs à 15 francs. — Si le fait a été commis par un fonctionnaire ou un agent de l'autorité publique, la peine sera d'une amende de 16 à 100 francs, et d'un emprisonnement de six jours à un mois, ou de l'une de ces deux peines seulement. — Seront punis d'une amende de 5 francs à 15 francs, ceux qui auront enlevé, déchiré, recouvert ou altéré par un procédé quelconque, de manière à les travestir ou à les rendre illisibles, des affiches électorales émanant de simples particuliers, apposées ailleurs que sur les propriétés de ceux qui auront commis cette lacération ou altération.— La peine sera d'une amende de 16 francs à 100 francs et d'un emprisonnement de six jours à un mois, ou de l'une de ces deux peines seulement, si le fait a été commis par un fonctionnaire ou un agent de l'autorité publique, à moins que les affiches n'aient été apposées dans les emplacements réservés par l'article 15.

§ 2. — *Du colportage et de la vente sur la voie publique.*

Art. 18. — Quiconque voudra exercer la profession de colporteur ou de distributeur sur la voie publique ou en tout autre lieu public ou privé, de livres, écrits, brochures, journaux, dessins, gravures, lithographies et photographies, sera tenu d'en faire la déclaration à la préfecture du département où il a son domicile. — Toutefois, en ce qui concerne les journaux et autres feuilles périodiques, la déclaration pourra être faite soit à la mairie de la commune dans laquelle doit se faire la distribution, soit à la sous-préfecture. Dans ce dernier cas, la déclaration produira son effet pour toutes les communes de l'arrondissement.

Art. 19. — La déclaration contiendra les nom, prénoms, profession, domicile, âge et lieu de naissance du déclarant. — Il sera délivré immédiatement et sans frais au déclarant un récépissé de sa déclaration.

Art. 20. — La distribution et le colportage accidentels ne sont assujettis à aucune déclaration.

Art. 21. — L'exercice de la profession de colporteur ou de distributeur sans déclaration préalable, la fausseté de la déclaration, le défaut de présentation, à toute réquisition, du récépissé, constituent des contraventions. — Les contrevenants seront punis d'une amende de 5 francs à 15 francs et pourront l'être, en outre, d'un emprisonnement d'un à cinq jours. — En cas de récidive ou de déclaration mensongère, l'emprisonnement sera nécessairement prononcé.

Art. 22. — Les colporteurs et distributeurs pourront être poursuivis conformément au droit commun, s'ils ont sciemment colporté ou distribué des livres, écrits, brochures, journaux, dessins, gravures, lithographies et photographies présentant un caractère délictueux, sans préjudice des cas prévus à l'article 42.

CHAPITRE IV.

DES CRIMES ET DÉLITS COMMIS PAR LA VOIE DE LA PRESSE OU PAR TOUT AUTRE MOYEN DE PUBLICATION.

§ 1er. — *Provocation aux crimes et délits.*

Art. 23. — Seront punis comme complices d'une action qualifiée crime ou délit ceux qui, soit par des discours, cris ou menaces proférés dans des lieux ou réunions publics, soit par des écrits, des imprimés vendus ou distribués, mis en vente ou exposés dans des lieux ou réunions publics, soit par des placards ou affiches exposés aux regards du public, auront directement provoqué l'auteur ou les auteurs à commettre ladite action, si la provocation a été suivie d'effet. — Cette disposition sera également applicable lorsque la provocation n'aura été suivie que d'une tentative de crime prévue par l'article 2 du Code pénal.

Art. 24. — Ceux qui, par les moyens énoncés en l'article précédent, auront directement provoqué à commettre les crimes de meurtre, de pillage et d'incendie, ou l'un des crimes contre la sûreté de l'Etat prévus par les articles 75 et suivants, jusques et y compris l'article 101 du Code pénal, seront punis, dans le cas où cette provocation n'aurait pas été suivie d'effet, de trois mois à deux ans d'emprisonnement et de 100 fr. à 3,000 francs d'amende.— Tous cris ou chants séditieux proférés dans des lieux ou réunions publics seront punis d'un emprisonnement de six jours à un mois et d'une amende de 16 francs à 500 francs, ou de l'une de ces deux peines seulement.

Art. 25. —Toute provocation par l'un des moyens énoncés en l'article 23, adressée à des militaires des armées de terre ou de mer, dans le but de les détourner de leurs devoirs militaires et de l'obéissance qu'ils doivent à leurs chefs dans tout ce qu'ils leur commandent pour l'exécution des lois et règlements militaires, sera punie d'un emprisonnement d'un à six mois et d'une amende de 16 francs à 100 francs.

§ 2. — *Délits contre la chose publique.*

Art. 26. — L'offense au Président de la République par l'un des moyens énoncés dans l'article 23 et dans l'article 28 est punie d'un emprisonnement de trois mois à un an et d'une amende de 100 francs à 3,000 francs, ou de l'une de ces deux peines seulement.

Art. 27.— La publication ou reproduction de nouvelles fausses, de pièces fabriquées, falsifiées ou mensongèrement attribuées à des tiers, sera punie d'un emprisonnement d'un mois à un an et d'une amende de 50 francs à 1,000 francs, ou de l'une de ces deux peines seulement, lorsque la publication ou reproduction aura troublé la paix publique, et qu'elle aura été faite de mauvaise foi.

Art. 28. — L'outrage aux bonnes mœurs, commis par l'un des moyens énoncés en l'article 23 sera puni d'un emprisonnement d'un mois à deux ans et d'une amende de 16 fr. à 2,000 francs.— Les mêmes peines seront applicables à la mise en vente, à la distribution ou à l'exposition de dessins, gravures, peintures, emblèmes ou images obscènes. Les exemplaires de ces dessins, gravures, peintures, emblèmes ou images obscènes exposés aux regards du public, mis en vente, colportés ou distribués, seront saisis.

§ 3. — *Délits contre les personnes.*

Art. 29. —Toute allégation ou imputation d'un fait qui porte atteinte à l'honneur ou à la considération de la personne ou du corps auquel le fait est imputé est une diffamation. —Toute expression outrageante, terme de mépris ou invective qui ne renferme l'imputation d'aucun fait est une injure.

Art. 30. — La diffamation commise par l'un des moyens énoncés en l'article 23 et en l'article 28, envers les cours, les tribunaux, les armées de terre ou de mer, les corps constitués et les administrations publiques, sera punie d'un emprisonnement de huit jours à un an et d'une amende de 100 francs à 3,000 francs, ou de l'une de ces deux peines seulement.

Art. 31. — Sera punie de la même peine la diffamation commise par les mêmes moyens, à raison de leurs fonctions ou de leur qualité, envers un ou plusieurs membres du ministère, un ou plusieurs membres de l'une ou de l'autre Chambre, un fonctionnaire public, un dépositaire ou agent de l'autorité publique, un ministre de l'un des cultes salariés par l'État, un citoyen chargé d'un service ou d'un mandat public, temporaire ou permanent, un juré ou un témoin, à raison de sa déposition.

Art. 32. — La diffamation commise envers les particuliers par l'un des moyens énoncés en l'article 23 et en l'article 28 sera punie d'un emprisonnement de cinq jours à six mois et d'une amende de 25 francs à 2,000 francs, ou de l'une de ces deux peines seulement.

Art. 33. — L'injure commise par les mêmes moyens envers les corps ou les personnes désignés par les articles 30 et 31 de la présente loi sera punie d'un emprisonnement de six jours à trois mois et d'une amende de 18 francs à 500 francs, ou de l'une de ces deux peines seulement. —L'injure commise de la même manière envers les particuliers, lorsqu'elle n'aura pas été précédée de la provocation, sera punie d'un emprisonnement de cinq jours à deux mois et d'une amende de 16 francs à 300 francs, ou de l'une de ces deux peines seulement.— Si l'injure n'est pas publique, elle ne sera punie que de la peine prévue par l'article 471 du Code pénal.

Art. 34.— Les articles 29, 30 et 31 ne seront applicables aux diffamations ou injures dirigées contre la mémoire des morts, que dans les cas où les auteurs de ces diffamations ou injures auraient eu l'intention de porter atteinte à l'honneur ou à la considération des héritiers vivants. — Ceux-ci pourront toujours user du droit de réponse prévu par l'article 13.

Art. 35. — La vérité du fait diffamatoire, mais seulement quand il est relatif aux fonctions, pourra être établie par les voies ordinaires, dans le cas d'imputations contre les corps constitués, les armées de terre ou de mer, les administrations publiques et contre toutes les personnes énumérées dans l'article 31. — La vérité des imputations diffamatoires et injurieuses pourra être également établie contre les directeurs ou administrateurs de toute entreprise industrielle, commerciale ou financière, faisant publiquement appel à l'épargne ou au crédit.—Dans les cas prévus aux deux paragraphes précédents la preuve contraire est réservée. Si la preuve du fait diffamatoire est rapportée, le prévenu sera renvoyé des fins de la plainte. — Dans toute autre circonstance et envers toute autre personne non qualifiée, lorsque le fait imputé est l'objet de poursuites commencées à la requête du ministère public, ou d'une plainte de la part du prévenu, il sera, durant l'instruction qui devra avoir lieu, sursis à la poursuite et au jugement du délit de diffamation.

§ 4. — *Délits contre les chefs d'État et agents diplomatiques étrangers.*

Art. 36. — L'offense commise publiquement envers les chefs d'Etat étrangers sera punie d'un emprisonnement de trois mois à un an et d'une amende de 100 francs à 3,000 francs, ou de l'une de ces deux peines seulement.

Art. 37. — L'outrage commis publiquement envers les ambassadeurs et ministres plénipotentiaires, envoyés, chargés d'affaires ou autres agents diplomatiques accrédités près du gouvernement de la République, sera puni d'un emprisonnement de huit jours à un an et d'une amende de 50 francs à 2,000 francs, ou de l'une de ces deux peines seulement.

§ 5. — *Publications interdites, immunités de la défense.*

Art. 38. — Il est interdit de publier les actes d'accusation et tous autres actes de procédure criminelle ou correctionnelle avant qu'ils aient été lus en audience publique, et ce, sous peine d'une amende de 50 francs à 1,000 francs.

Art. 39. — Il est interdit de rendre compte des procès en diffamation où la preuve des faits diffamatoires n'est pas autorisée. La plainte seule pourra être publiée par le plaignant. Dans toute affaire civile, les cours et tribunaux pourront interdire le compte rendu du procès. Ces interdictions ne s'appliqueront pas aux jugements, qui pourront toujours être publiés. — Il est également interdit de rendre compte des délibérations intérieures, soit des jurys, soit des cours et tribunaux. — Toute infraction à ces dispositions sera punie d'une amende de 100 francs à 2,000 francs.

Art. 40. — Il est interdit d'ouvrir ou d'annoncer publiquement des souscriptions ayant pour objet d'indemniser des amendes, frais et dommages-intérêts prononcés par des condamnations judiciaires, en matière criminelle et correctionnelle, sous peine d'un emprisonnement de huit jours à six mois et d'une amende de 100 francs à 1,000 francs, ou de l'une de ces deux peines seulement.

Art. 41. — Ne donneront ouverture à aucune action les discours tenus dans le sein de l'une des deux Chambres, ainsi que les rapports ou toutes autres pièces imprimées par l'ordre de l'une des deux Chambres. — Ne donnera lieu à aucune action le compte rendu des séances publiques des deux Chambres, fait de bonne foi dans les journaux. — Ne donneront lieu à aucune action en diffamation, injure ou outrage, ni le compte rendu fidèle fait de bonne foi des débats judiciaires, ni les discours prononcés ou les écrits produits devant les tribunaux.—Pourront néanmoins les juges, saisis de la cause et statuant sur le fond, prononcer la suppression des discours injurieux, outrageants ou diffamatoires, et condamner qui il appartiendra à des dommages-intérêts. Les juges pourront aussi, dans le même cas, faire des injonctions aux avocats et officiers ministériels et même les suspendre de leurs fonctions. La durée de cette suspension ne pourra excéder deux mois, et six mois en cas de récidive dans l'année. — Pourront toutefois les faits diffamatoires étrangers à la cause donner ouverture, soit à l'action publique, soit à l'action civile des parties, lorsque ces actions leur auront été réservées par les tribunaux et, dans tous les cas, à l'action civile des tiers.

CHAPITRE V.

DES POURSUITES ET DE LA RÉPRESSION.

§ 1er. — *Des personnes responsables des crimes et délits commis par la voie de la presse.*

Art 42. — Seront passibles, comme auteurs principaux, des peines qui constituent la répression des crimes et délits commis par la voie de la presse, dans l'ordre ci-après, savoir : 1° les gérants ou éditeurs, quelles que soient leurs professions ou leurs dénominations ; 2° à leur défaut, les auteurs ; 3° à défaut des auteurs, les imprimeurs ; 4° à défaut des imprimeurs, les vendeurs, distributeurs ou afficheurs.

Art. 43. — Lorsque les gérants ou les éditeurs seront en cause, les auteurs seront poursuivis comme complices. — Pourront l'être, au même titre et dans tous les cas, toutes personnes auxquelles l'article 60 du Code pénal pourrait s'appliquer. Ledit article ne pourra s'appliquer aux imprimeurs pour faits d'impression, sauf dans le cas et les conditions prévus par l'article 6 de la loi du 7 juin 1848 sur les attroupements.

Art. 44. — Les propriétaires des journaux ou écrits périodiques sont responsables des condamnations pécuniaires prononcées au profit des tiers contre les personnes désignées dans les deux articles précédents, conformément aux dispositions des articles 1382, 1383 et 1384 du Code civil.

Art. 45. — Les crimes et délits prévus par la présente loi seront déférés à la Cour d'assises. — Sont exceptés et déférés aux tribunaux de police correctionnelle les délits et infractions prévus par les articles 3, 4, 9, 10, 11, 12, 13, 14, 17, paragraphes 2 et 4; 28, paragraphe 2; 32, 33, paragraphe 2 ; 38, 39 et 40 de la présente loi. — Sont encore exceptées et renvoyées devant les tribunaux de simple police les contraventions prévues par les articles 2, 15, 17, paragraphes 1 et 3, 21 et 33, paragraphe 3, de la présente loi.

Art. 46. — L'action civile résultant des délits de diffamation prévus et punis par les articles 30 et 31 ne pourra, sauf dans le cas de décès de l'auteur du fait incriminé ou d'amnistie, être poursuivie séparément de l'action publique.

§ 2. — De la procédure.

A. — COUR D'ASSISES.

Art. 47. — La poursuite des crimes et délits commis par la voie de la presse ou par tout autre moyen de publication aura lieu d'office et à la requête du ministère public, sous les modifications suivantes : — 1° Dans le cas d'injure ou de diffamation envers les cours, tribunaux et autres corps indiqués en l'article 30, la poursuite n'aura lieu que sur une délibération prise par eux en assemblée générale, et requérant les poursuites, ou, si le corps n'a pas d'assemblée générale, sur la plainte du chef du corps ou du ministre duquel ce corps relève. — 2° Dans le cas d'injure ou de diffamation envers un ou plusieurs membres de l'une ou de l'autre Chambre, la poursuite n'aura lieu que sur la plainte de la personne ou des personnes intéressées. — 3° Dans le cas d'injure ou de diffamation envers les fonctionnaires publics, les dépositaires ou agents de l'autorité publique autres que les ministres, envers les ministres des cultes salariés par l'Etat et les citoyens chargés d'un service ou d'un mandat public, la poursuite aura lieu, soit sur leur plainte, soit d'office, sur la plainte du ministre dont ils relèvent. — 4° Dans le cas de diffamation envers un juré, ou un témoin, délit prévu par l'article 31, la poursuite n'aura lieu que sur la plainte du juré ou du témoin qui se prétendra diffamé. — 5° Dans le cas d'offense envers les chefs d'Etat ou d'outrage envers les agents diplomatiques étrangers, la poursuite aura lieu soit à leur requête, soit d'office sur leur demande adressée au ministre des affaires étrangères et par celui-ci au ministre de la justice. — 6° Dans les cas prévus par les paragraphes 3 et 4 du présent article le droit de citation directe devant la cour d'assises appartiendra à la partie lésée. — Sur sa requête, le président de la cour d'assises fixera les jour et heure auxquels l'affaire sera appelée.

Art. 48. — Si le ministère public requiert une information, il sera tenu, dans son réquisitoire, d'articuler et de qualifier les provocations, outrages, diffamations et injures à raison desquels la poursuite est intentée, avec indication des textes dont l'application est demandée, à peine de nullité du réquisitoire et de ladite poursuite.

Art. 49. — Immédiatement après le réquisitoire, le juge d'instruction pourra, mais seulement en cas d'omission du dépôt prescrit par les articles 3 et 10 ci-dessus, ordonner la saisie de quatre exemplaires de l'écrit, du journal ou du dessin incriminé. Cette disposition ne déroge en rien à ce qui est prescrit par l'article 28 de la présente loi. — Si le prévenu est domicilié en France, il ne pourra être arrêté préventivement, sauf en cas de crime. — En cas de condamnation, l'arrêt pourra ordonner la saisie et la suppression ou la destruction de tous les exemplaires qui seraient mis en vente, distribués ou exposés aux regards du public. — Toutefois, la suppression ou la destruction pourra ne s'appliquer qu'à certaines parties des exemplaires saisis

Art. 50. — La citation contiendra l'indication précise des écrits, des imprimés, placards, dessins, gravures, peintures, médailles, emblèmes, des discours ou propos publiquement proférés qui seront l'objet de la poursuite, ainsi que de la qualification des faits. Elle indiquera les textes de la loi invoqués à l'appui de la demande. — Si la citation est à la requête du plaignant, elle portera, en outre, copie de l'ordonnance du président; elle contiendra élection de domicile dans la ville où siège la cour d'assises et sera notifiée tant au prévenu qu'au ministère public. — Toutes ces formalités seront observées à peine de nullité de la poursuite.

Art. 51. — Le délai entre la citation et la comparution en cour d'assises sera de cinq jours francs, outre un jour par cinq myriamètres de distance.

Art. 52. — En matière de diffamation, ce délai sera de douze jours, outre un jour par cinq myriamètres. — Quand le prévenu voudra être admis à prouver la vérité des faits diffamatoires, conformément aux dispositions de l'article 35 de la présente loi, il devra, dans les cinq jours qui suivront la notification de la citation, faire signifier au ministère public près la cour d'assises ou au plaignant, au domicile par lui élu, suivant qu'il est assigné à la requête de l'un ou de l'autre : — 1° Les faits articulés et qualifiés dans la citation, desquels il entend prouver la vérité; — 2° La copie des pièces ; — 3° Les noms, professions et demeures des témoins par lesquels il entend faire sa preuve. Cette signification contiendra élection de domicile près la cour d'assises, le tout à peine d'être déchu du droit de faire la preuve.

Art. 53.—Dans les cinq jours suivants, le plaignant ou le ministère public, suivant les cas, sera tenu de faire signifier au prévenu, au domicile par lui élu, la copie des pièces et les noms, professions et demeures des témoins par lesquels il entend faire la preuve contraire, sous peine d'être déchu de son droit.

Art. 54. — Toute demande en renvoi, pour quelque cause que ce soit, tout incident sur la procédure suivie devront être présentés avant l'appel des jurés, à peine de forclusion.

Art. 55. — Si le prévenu a été présent à l'appel des jurés, il ne pourra plus faire défaut, quand bien même il se fût retiré pendant le tirage au sort. — En conséquence, tout arrêt qui interviendra, soit sur la forme, soit sur le fond, sera définitif, quand bien même le prévenu se retirerait de l'audience ou refuserait de se défendre. Dans ce cas, il sera procédé avec le concours du jury et comme si le prévenu était présent.

Art. 56. — Si le prévenu ne comparaît pas au jour fixé par la citation, il sera jugé par défaut par la cour d'assises, sans assistance ni intervention des jurés. — La condamnation par défaut sera comme non avenue si, dans les cinq jours de la signification qui en aura été faite au prévenu ou à son domicile, outre un jour par cinq myriamètres, celui-ci forme opposition à l'exécution de l'arrêt et notifie son opposition tant au ministère public qu'au plaignant. Toutefois, si la signification n'a pas été faite à personne ou s'il ne résulte pas de l'acte d'exécution de l'arrêt que le prévenu en a eu connaissance, l'opposition sera recevable jusqu'à l'expiration des délais de la prescription de la peine. L'opposition vaudra citation à la première audience utile. Les frais de l'expédition, de la signification de l'arrêt, de l'opposition et de la réassignation pourront être laissés à la charge du prévenu.

Art. 57. — Faute par le prévenu de former son opposition dans le délai fixé en l'article 56, et de la signifier aux personnes indiquées dans cet article, ou de comparaître par lui-même au jour fixé en l'article précédent, l'opposition sera réputée non avenue et l'arrêt par défaut sera définitif.

Art. 58. — En cas d'acquittement par le jury, s'il y a partie civile en cause, la cour ne pourra statuer que sur les dommages-intérêts réclamés par le prévenu. Ce dernier devra être renvoyé de la plainte sans dépens ni dommages-intérêts au profit du plaignant.

Art. 59.—Si, au moment où le ministère public ou le plaignant exerce son action, la session de la cour d'assises est terminée, et s'il ne doit pas s'en ouvrir d'autre à une époque rapprochée, il pourra être formé une cour d'assises extraordinaire, par ordonnance motivée du premier président. Cette ordonnance prescrira le tirage au sort des jurés conformément à la loi. — L'article 81 du décret du 6 juillet 1810 sera applicable aux cours d'assises extraordinaires formées en exécution du paragraphe précédent.

B. — POLICE CORRECTIONNELLE ET SIMPLE POLICE.

Art. 60.—La poursuite devant les tribunaux correctionnels et de simple police aura lieu conformément aux dispositions du chapitre II du titre 1er du livre 2 du Code d'instruction criminelle, sauf les modifications suivantes:—1° Dans le cas de diffamation envers les particuliers prévu par l'article 32 et dans le cas d'injure prévu par l'article 33, paragraphe 2, la poursuite n'aura lieu que sur la plainte de la personne diffamée ou injuriée. —

2° En cas de diffamation ou d'injure pendant la période électorale contre un candidat à une fonction élective, le délai de la citation sera réduit à vingt-quatre heures, outre le délai de distance. — 3° La citation précisera et qualifiera le fait incriminé; elle indiquera le texte de loi applicable à la poursuite. — Sont applicables au cas de poursuite et de condamnation les dispositions de l'article 48 de la présente loi. — Le désistement du plaignant arrêtera la poursuite commencée.

C. — POURVOIS EN CASSATION.

Art. 61. — Le droit de se pourvoir en cassation appartiendra au prévenu et à la partie civile, quant aux dispositions relatives à ses intérêts civils. L'un et l'autre seront dispensés de consigner l'amende, et le prévenu de se mettre en état.

Art. 62. — Le pourvoi devra être formé, dans les trois jours, au greffe de la cour ou du tribunal qui aura rendu la décision. Dans les vingt-quatre heures qui suivront, les pièces seront envoyées à la Cour de cassation, qui jugera d'urgence dans les dix jours à partir de leur réception.

§ 3. — *Récidives, circonstances atténuantes, prescription.*

Art. 63. — L'aggravation des peines résultant de la récidive ne sera pas applicable aux infractions prévues par la présente loi. — En cas de conviction de plusieurs crimes ou délits prévus par la présente loi, les peines ne se cumuleront pas, et la plus forte sera seule prononcée.

Art. 64. — L'article 463 du Code pénal est applicable dans tous les cas prévus par la présente loi. Lorsqu'il y aura lieu de faire cette application, la peine prononcée ne pourra excéder la moitié de la peine édictée par la loi.

Art. 65. — L'action publique et l'action civile résultant des crimes, délits et contraventions prévus par la présente loi se prescriront après trois mois révolus, à compter du jour où ils auront été commis ou du jour du dernier acte de poursuites, s'il en a été fait. — Les prescriptions commencées à l'époque de la publication de la présente loi et pour lesquelles il faudrait encore, suivant les lois existantes, plus de trois mois à compter de la même époque, seront, par ce laps de trois mois, définitivement accomplies.

DISPOSITIONS TRANSITOIRES.

Art. 66. — Les gérants et propriétaires de journaux existant au jour de la promulgation de la présente loi seront tenus de se conformer, dans un délai de quinzaine, aux prescriptions édictées par les articles 7 et 8, sous peine de tomber sous l'application de l'article 9.

Art. 67. — Le montant des cautionnements versés par les journaux ou écrits périodiques actuellement soumis à cette obligation sera remboursé à chacun d'eux par le Trésor public dans un délai de trois mois, à partir du jour de la promulgation de la présente loi, sans préjudice des retenues qui pourront être effectuées, au profit de l'État et des particuliers, pour les condamnations à l'amende et les réparations civiles auxquelles il n'aura pas été autrement satisfait à l'époque du remboursement.

Art. 68. — Sont abrogés les édits, lois, décrets, ordonnances, arrêtés, règlements, déclarations généralement quelconques, relatifs à l'imprimerie, à la librairie, à la presse périodique ou non périodique, au colportage, à l'affichage, à la vente sur la voie publique et aux crimes et délits prévus par les lois sur la presse et les autres moyens de publication, sans que puissent revivre les dispositions abrogées par les lois antérieures. — Est également abrogé le second paragraphe de l'article 34 de la loi du 10 août 1871 sur les Conseils généraux, relatif à l'appréciation de leurs discussions par les journaux.

Art. 69. — La présente loi est applicable à l'Algérie et aux colonies.

Art. 70. — Amnistie est accordée pour tous les crimes et délits commis antérieurement au 16 février 1881, par la voie de la presse ou autres moyens de publication, sauf l'outrage aux bonnes mœurs puni par l'article 28 de la présente loi, et sans préjudice du droit des tiers. — Les amendes non perçues ne seront pas exigées. Les amendes déjà perçues ne seront pas restituées, à l'exception de celles qui ont été payées depuis le 16 février 1881.

TABLE

DES

DIVISIONS DE L'OUVRAGE

(Les chiffres indiquent les pages.)

TABLE ALPHABÉTIQUE

DES MATIÈRES

(Les chiffres indiquent les numéros de l'ouvrage.)

A

Abrogation. — La loi nouvelle a abrogé tous les actes législatifs antérieurs concernant les délits commis par les voies de publication, 452. — Liste des délits supprimés, *id.* — Nomenclature des textes non abrogés, *id.* — Fait non punissable par l'effet de l'abrogation, compétence, tribunal civil, 453.

Acquiescement. — Arrêt par défaut, opposition, 407.

Acte d'accusation. — Publication, 277 et s. — Compte rendu, 292. — Formalité facultative, 372.

Acte de procédure criminelle. — Plublication, 277 et s. — Mode de publicité, 280.

Actes de l'autorité. — Affichage, 99 et s.

Action civile. — Discours et écrits produits devant les tribunaux, 324 et s. — Prescription, 444 et s. — Amnistie, 459. — Contrainte par corps, 460.

Action publique. — Compte rendu des débats parlementaires, 343. — Prescription, 444 et s. — Amnistie, 459.

Actionnaire. — Responsabilité, 44.

Administrateurs d'entreprises industrielles, commerciales ou financières. — Diffamation, preuve des faits imputés, 256, 257, 263, 264. — Compétence, 353. — Notifications relatives à la preuve, 397.

Administration publique. — Diffamation, 219, 227, 258 et s. — Injure, 237 et s.

Affichage. — Législation antérieure, 98. — Liberté, 99. — Déclaration supprimée, 99. — Exemption de réglementation, 99. — Actes de l'autorité, 99, 100. —Annonce de la fondation d'un journal, 116.—Contravention, bonne foi, 101, 111.

Affiches administratives. — Enlèvement, altération, peine, 107 et s.

Affiches électorales.—Lieu de l'apposition, 104 et s. — Enlèvement, altération, 107 et s.

Affiches particulières. — Lieu de l'apposition, 103. — Dommage, 115.

Affiches peintes.—Impôt, maintien, p. 246.

Afficheur. — Responsabilité pénale, 327 et s.

Agent de l'autorité publique. — Enlèvement, lacération ou altération d'affiches, 107 et s. —Diffamation, 219 et s., 258 et s. — Injure, 237 et s. — Plainte, poursuite d'office, citation directe, 360.

Agent de police.—Diffamation, 228.

Agents diplomatiques.—Outrage, 274 et s.

Algérie. — Applicabilité de la loi de 1881, 454, 455.

Aliénés (Directeur d'établissement d'). — Diffamation, 228.

Ambassadeurs. — Outrage, 274 et s.

Amende. — Imprimeur, 44, 45, 38 et s., 52, 53. — Gérant, 54, 65, 68. —

FIN DE LA TABLE ALPHABÉTIQUE DES MATIÈRES.

Paris.—Imp. L. BAUDOIN et Cᵉ rue Christine, 2.